Tips zur Pensionierung

Die Deutsche Bibliothek – CIP-Einheitsaufnahme

Dinevski, Andrea:

Tips zur Pensionierung: Der persönliche Pensionierungs-Ratgeber/

Andrea Dinevski, Peter Stocker. –

Wien : Wirtschaftsverlag C. Ueberreuter, 1997

ISBN 3-7064-0299-8

NE: Stocker, Peter

S 0294 1 2 3 / 99 98 97

Gestaltung: MifflinSchmid, CH-8001 Zürich

Realisation: Hans Rudolf Ziegler, CH-8003 Zürich

Printed in Austria

Vorwort

Die Pensionierung markiert den Anfang eines neuen Lebensabschnitts, mit dem sich immer mehr Menschen zu beschäftigen haben. Die demographische Entwicklung lässt den Anteil der über 60jährigen bis ins Jahr 2030 auf 25 Prozent steigen. Gegenwärtig wächst die Zahl der (Früh-) Pensionierten durch den Strukturwandel unserer Wirtschaft. Die kollektiven Altersfinanzierungen von Staat (AHV) und Unternehmen (Pensionskassen) stossen an ihre Grenzen. Anlass genug also, sich mit den finanziellen Aspekten der Pensionierung ausführlich zu beschäftigen.

Der wichtigste Grundsatz im Zusammenhang mit der Pensionierung: Rechtzeitig die notwendigen Abklärungen treffen, um die finanzielle Vorsorge umfassend zu gestalten. Welche Überlegungen zu machen und welche Entscheidungen zu treffen sind, beschreibt dieses Buch.

Das Thema «Pensionierung» ist komplex, weil Fragen zu AHV und Pensionskasse, Steuern und Erbschaft, Versicherungen und Vermögensanlagen zusammentreffen. Konkrete Empfehlungen geben kann nur, wer ausser Fachwissen in jedem Bereich auch Kenntnis von übergeordneten Zusammenhängen besitzt. Und die optimale Lösung sieht in jedem einzelnen Fall wieder anders aus.

Die Autoren dieses Buches stützen sich auf ihre vielfältigen Erfahrungen aus der Beratungspraxis im VZ Banken- und VersicherungsZentrum. Das VZ ist darauf spezialisiert, komplexe Probleme von Privatpersonen und Unternehmen in den Bereichen Geldanlagen, Steuern, Versicherungen und Liegenschaften zu lösen. Das Buch vermittelt in konzentrierter Form die wesentlichen Erkenntnisse aus Hunderten von Beratungsfällen und gibt einen detaillierten, praxisnahen Überblick über das Thema Pensionierung.

Die «Tips zur Pensionierung» ergänzen die früheren Publikationen «GeldTip» und «SteuerTip» in der gleichen bewährten Machart: unabhängig von den Interessen der Anbieter auf dem Finanzmarkt, klar und präzis in den Analysen, fundiert in den Aussagen. Das Buch ist einfach und verständlich geschrieben und verdeutlicht auch komplexe Sachverhalte mit gut nachvollziehbaren Beispielen. Wir sind überzeugt, dass es einem Bedürfnis entspricht und vielen Leserinnen und Lesern Antworten auf brennende Fragen gibt.

Max Bolanz
Matthias Reinhart

Dank

Die Autoren haben von verschiedenen Seiten Unterstützung erhalten, für die sie sich an dieser Stelle herzlich bedanken möchten:

Unser Dank gilt den Steuerbehörden, die unsere Anfragen rasch und kompetent beantwortet haben, den Pensionskassen- und Personalverantwortlichen, die sich Zeit für Auskünfte genommen haben, und dem Bundesamt für Sozialversicherung, das uns umfassendes Datenmaterial zur Verfügung gestellt hat.

Speziell bedanken wir uns bei Ruedi Matter. Er hat Manuskript und Grafiken kritisch durchleuchtet und vollständig überarbeitet. Wenn es uns gelungen ist, die Dinge beim Namen zu nennen und komplexe Sachverhalte auf einen einfachen und verständlichen Nenner zu bringen, so ist das in erster Linie sein Verdienst.

Schliesslich geht unser Dank an Max Bolanz und Matthias Reinhart. Sie haben dieses Buch ermöglicht und mit ihrer in allen Phasen uneingeschränkten Unterstützung massgeblich zum Gelingen beigetragen.

KAPITEL 1

Gesell-schaft im Wandel

Niemals in der Geschichte
hatten die Alten so viel Zukunft wie heute.

Wolfgang Nagel

Demographische Entwicklung

Älter werden ist individuelles Schicksal – seit jeher. Neu ist in den westlichen Industriegesellschaften, dass das Durchschnittsalter kontinuierlich steigt: In wenigen Jahrzehnten wird jeder dritte Westeuropäer oder Nordamerikaner zu den Alten gehören. Diese demographische Wende ist einzigartig in der Geschichte. Schon heute ist die stark wachsende Zahl älterer Menschen eine wesentliche Kraft sozialen Wandels. Das Verhalten der künftigen Alten – keine Randgruppe mehr, sondern ein massgeblicher Teil der Gesellschaft – ist unbekannt. Immer mehr ältere Menschen werden über intakte körperliche und intellektuelle Leistungsfähigkeiten verfügen und diese auch einsetzen wollen. Der Mangel an jungen Arbeitskräften wird kommende Generationen dazu zwingen, das heute unterschätzte Leistungspotential der Alten zu nutzen.

Nach Angaben der UNO gab es 1995 rund 5,7 Milliarden Menschen. Seit 1990 nimmt die Weltbevölkerung jährlich um 1,6 % zu. Nach der Jahrtausendwende wird es mehr als 6 Milliarden Menschen geben, nach dem Jahr 2020 gar über 7 Milliarden. Die Bevölkerungsexplosion ist eines der grössten Probleme der Gegenwart – den Ländern der Dritten Welt stellt sie schier unlösbare Aufgaben. Nach wie vor ist die Geburtenrate in den Entwicklungsländern überdurchschnittlich hoch: eine Afrikanerin beispielsweise bringt durchschnittlich mehr als fünf Kinder zur Welt.

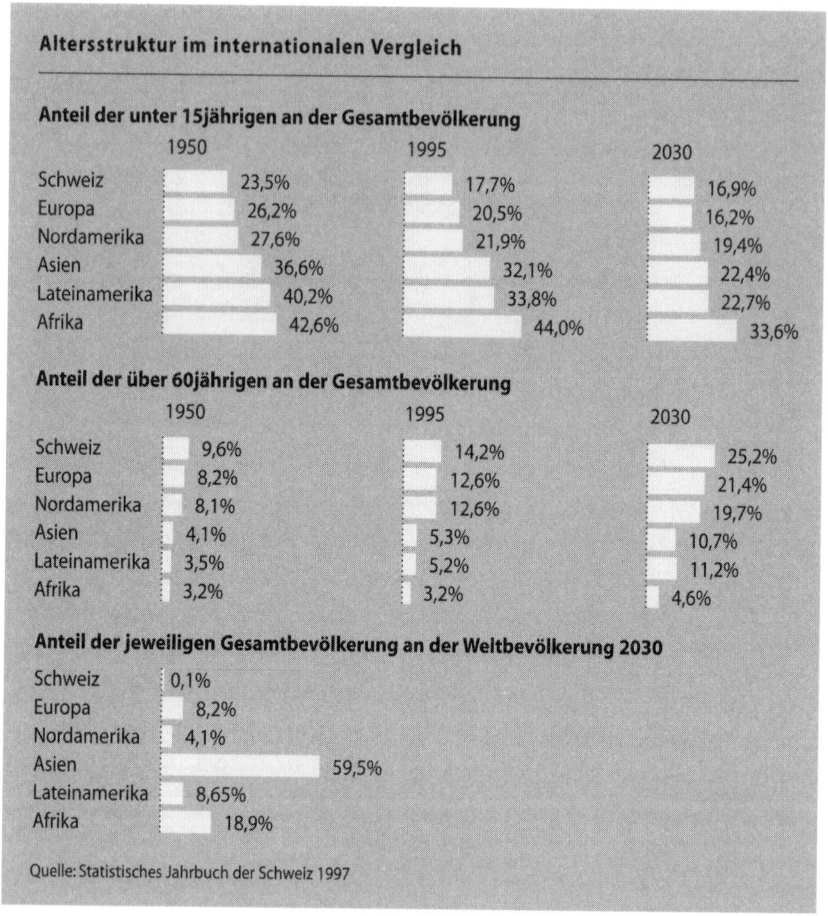

Die Abbildung zeigt die Altersstrukturen in den Jahren 1950, 1995 und 2030. In der Schweiz sinkt der Anteil der unter 15jährigen von 23,5 auf 17,7 (1995) und schliesslich 16,9% im Jahr 2030. Der Anteil der über 60jährigen steigt von 9,6% auf 14,2 (1995) und 25,2%. Die Menschen in Europa und Nordamerika werden im Jahr 2030 nur noch gut 12% der Weltbevölkerung ausmachen, die Menschen in

Asien dagegen rund 60%. Die Geburtenrate in den westlichen Industriestaaten ist so tief, dass die Bevölkerungszahl kleiner wird; jede neue Generation ist zahlenmässig rund dreissig Prozent schwächer als die Generation ihrer Eltern.

Wandel der Altersstruktur

Das Problem stellt sich auch der Schweiz seit langem: Unsere Bevölkerung wird immer älter, der Anteil der Berufstätigen nimmt kontinuierlich ab. Das Bundesamt für Statistik schätzt die Zahl der über 65jährigen im Jahr 2015 auf 1,4 Millionen: 400'000 mehr als 1995. Diese Prognosen sind ziemlich genau, weil die demographische Entwicklung weitgehend bestimmt ist durch die bereits bekannten Geburtenzahlen.

Die Ursachen der sinkenden Geburtenraten: Das allgemein höhere Bildungsniveau, die Gleichstellung von Mann und Frau und die Entwicklung des Wohlfahrtsstaats haben die Lebens- und Familienformen in allen Industriestaaten grundlegend verändert.

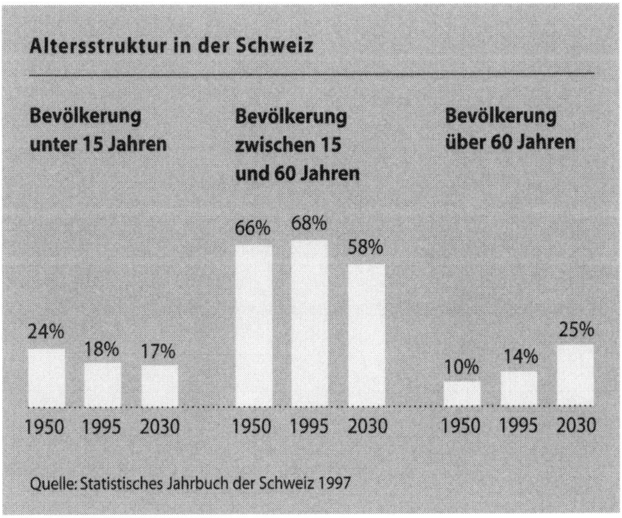

Konsequenzen des Strukturwandels

Sinkende Geburtenraten und steigende Lebenserwartung bewirken einen Strukturwandel, der für das ganze gesellschaftliche Leben bedeutsam wird.

Ursachen und Auswirkungen des Strukturwandels

Ursachen	Auswirkungen
Bessere Bildung auf breiter Basis	Mehr alte Menschen; mehr ältere Arbeitnehmer
Individualisierung und Veränderung der Lebens- und Familienformen	Kleinere Familien, mehr kinderlose Paare
Tiefe Geburtenrate: Jede nachfolgende Generation ist ca. 30% kleiner als die Generation der Eltern.	Weniger Jugendliche und junge Erwachsene
Die individuelle Lebenserwartung nimmt weiter zu.	Weniger Personen im erwerbsfähigen Alter
Die Alterung der Bevölkerung wird sich nach 2005 stark beschleunigen. Das Verhältnis zwischen Personen im erwerbsfähigen Alter und Personen im Rentenalter verändert sich von heute ungefähr 4:1 auf 2:1.	Mehr Alleinstehende
Die Sockelarbeitslosigkeit der erwerbsfähigen Bevölkerung wird ansteigen.	

Quelle: Beiträge zur sozialen Sicherheit, Bundesamt für Sozialversicherung, Nr. I/96

Die Konsequenzen des Strukturwandels scheinen wenig verheissungsvoll: Auf welche Zukunft kann ein Land ohne Jugend setzen? Welche Perspektiven hat eine überalterte

Gesellschaft in einer Zeit, die Innovation, Dynamik und Flexibilität verlangt? Wird die ältere Generation, der naturgemäss am Wohlergehen der folgenden Generationen liegt, entgegen ihrer Absicht zur Bedrohung für die Nachkommen? Die Verschiebung in der Generationenfolge wird unsere Alterskultur und Alterspolitik beeinflussen. Abgeschottet vom Rest der Welt könnte eine überdurchschnittlich alte Gesellschaft neue Formen des Zusammenlebens und der wirtschaftlichen Realitäten entwickeln. Im internationalen Wettbewerb aber arbeiten sich Staaten mit einer ganz anderen Gesellschaftsstruktur vor. Der Kampf um Wohlstand ist dem Kampf um Anteile auf dem Weltmarkt gleichzusetzen – in den aufstrebenden Ländern kann die Wirtschaft dafür Millionen junger Menschen mobilisieren.

Gesundheit im Alter

Die moderne Medizin hat im Kampf gegen Krankheit und Gebrechlichkeit gewaltige Erfolge errungen. Auf keinem anderen Gebiet wird so intensiv und aufwendig geforscht, in keinen anderen Wirtschaftszweig so viel investiert. Die Gesundheit ist unser kostbarstes Gut. Doch mit zunehmendem Alter häufen sich Abnutzungserscheinungen und Funktionsschwächen des Organismus. Die Wahrscheinlichkeit, dass Zellen zu wuchern beginnen, nimmt zu. Typische Alterskrankheiten wie Arthrose oder Alzheimer treten auf. Für unsere immer ältere Gesellschaft ist es deshalb von zentraler Bedeutung, die Alterskrankheiten unter Kontrolle zu bringen: Die zukünftigen Alten müssen gesünder sein als die heutigen. Mediziner gehen in Modellszenarien davon aus, dass es gelingen wird, chronische Alterskrankheiten später als heute auftreten zu lassen. Die Prävention wird verstärkt im Vordergrund stehen, denn Alterskrankheiten sind weitgehend behandlungsresistent und sehr pflegeintensiv.

Kosten der Gesundheit

Die höhere Lebenserwartung hat die Gesundheitskosten dramatisch ansteigen lassen. Auch wenn Alter nicht zwangsläufig mit Krankheit einhergeht – die Zahl der Patienten steigt mit der Zahl der Betagten. Die folgende Abbildung zeigt die Verteilung der Gesundheitskosten auf die Lebensabschnitte. Die höchsten Gesundheitskosten entfallen auf den letzten Lebensabschnitt.

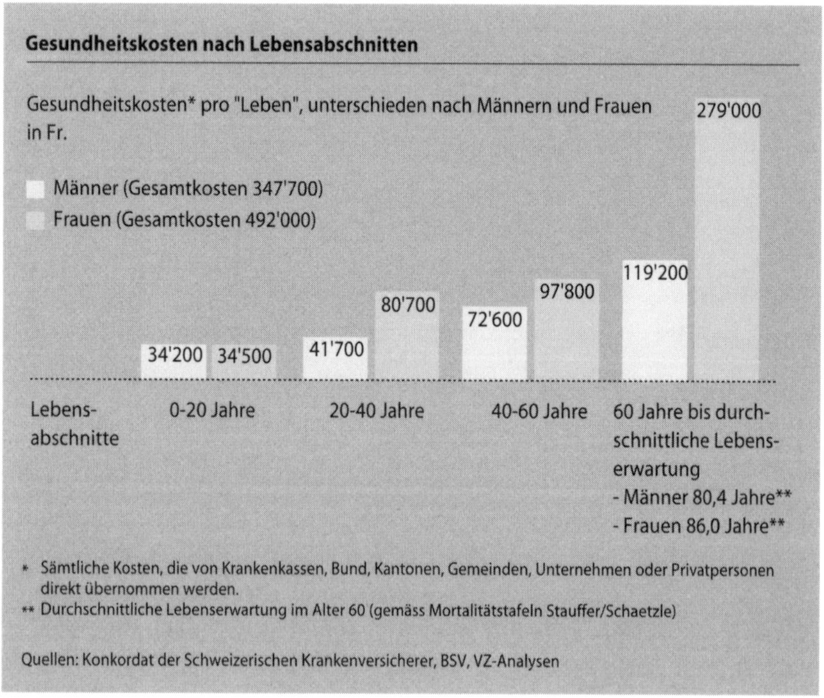

Die Gründe für die Zunahme der Kosten im Gesundheitswesen sind vielfältig, doch steht fest, dass die Verschiebung der Altersstruktur die Kostenexplosion der Krankenversicherung vorantreibt.

Wer finanziert die soziale Sicherheit?

Nach einer guten Gesundheit sind sichere wirtschaftliche Verhältnisse die wichtigste Voraussetzung für ein zufriedenes Alter. Die ältere Generation wird in Zukunft über grössere ökonomische Ressourcen verfügen. Bereits heute ist die Kaufkraft der Senioren hoch: Experten gehen davon aus, dass die über 65jährigen durchschnittlich über 150'000 Franken Vermögen besitzen. Doch nimmt gleichzeitig die Altersarmut zu: Betroffen sind vor allem Frauen, denn ihnen fehlen oft eigene Versicherungsjahre, also Jahre, in denen sie bezahlte Arbeit geleistet haben. Auch in reichen Ländern müssen viele Rentnerinnen mit dem Existenzminimum auskommen.

Zukunft der Sozialversicherung

Die Zukunft des schweizerischen Sozialversicherungssystems präsentiert sich düster: Eine Arbeitsgruppe, die sich im Auftrag des Bundesrates mit der «Finanzierungsperspektive der Sozialversicherungen» beschäftigt hat, ist im Juni 1996 zum Schluss gekommen, dass die zusätzlich aufzubringenden Mittel «bedeutend» seien.

Die Arbeitsgruppe hat die Entwicklung der wichtigsten Sozialversicherungen prognostiziert.[1] Danach steigen die AHV-Ausgaben von 24,5 (1995) auf 39,3 Milliarden Franken (2015). Wegen dieses Wachstums decken die Beiträge von Arbeitnehmern und Arbeitgebern die AHV-

1 Den Prognosen liegt ein Szenario zugrunde mit einem Wachstum des Bruttoinlandproduktes von 1,6% bis 2010 und von 0,5% für die Jahre von 2010 bis 2015. Der Rückgang des BIP ab 2010 ist auf die sinkende potentielle Erwerbsbevölkerung zurückzuführen. Das Szenario rechnet weiter mit einer durchschnittlichen Arbeitslosenquote von 2,5%. Ein alternatives Szenario («Tieferes Wirtschaftswachstum») nimmt ein BIP-Wachstum von 0,8% an und erwartet nach dem Jahr 2000 eine Arbeitslosenquote von 5%.

Renten nur noch zu 84,5%. Der Deckungsgrad kann durch tiefere AHV-Ausgaben oder höhere Beiträge verbessert werden.

Entwicklungsperspektiven von AHV, ALV und KV

zu Preisen von 1995/Beträge in Mio. Fr.

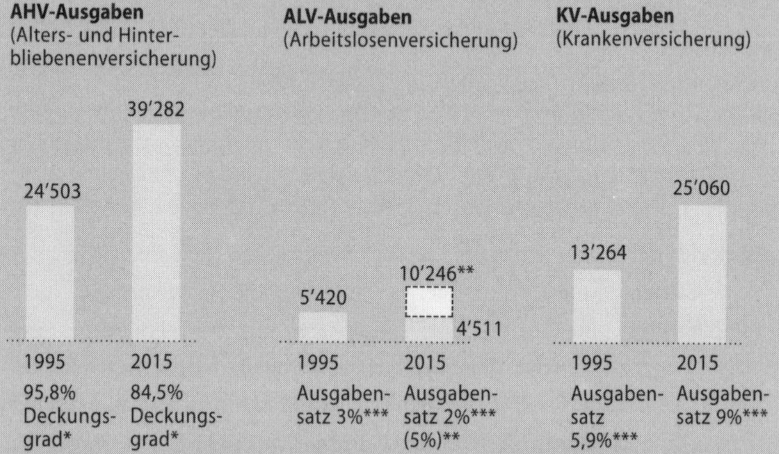

* Deckung der Ausgaben durch Beiträge in %
** Szenario mit tieferem Wirtschaftswachstum[1] (vgl. S. 23)
*** Ausgaben gemessen an der AHV-Lohnsumme

Gestützt auf: Beiträge zur sozialen Sicherheit, Bundesamt für Sozialversicherung, Nr. I/96

Erst seit kurzem wieder ein Problem in der Schweiz ist die Arbeitslosigkeit, 1997 seit Jahrzehnten erstmals wieder über 5%. Die zunehmende Praxis, ältere Mitarbeiter vorzeitig in den Ruhestand zu schicken, um Arbeitsplätze abzubauen, ist kein Rezept gegen die Arbeitslosigkeit. Bereits ist die Beschäftigungsquote der über 55jährigen stark gesunken.

Dieser Trend kann wegen der sinkenden Geburtenraten gefährliche Folgen haben: Laut einem Bericht der Europäischen Union wird es schon in zehn Jahren Regionen mit einem Mangel an Arbeitnehmern geben, da keine jüngeren Arbeitskräfte mehr nachkommen. Mögliche unerwünschte Konsequenz: die Auslagerung von Produktionsstätten.

Die Ausgaben der Arbeitslosenversicherung steigen massiv: von 5,4 (1995) auf 10,2 Milliarden Franken (2015), was eine Erhöhung des Ausgabensatzes (gemessen an der AHV-Lohnsumme) auf 5,0% bedeutet. Die Aufwendungen der Krankenversicherungen steigen von 13,3 (1995) auf 25 Milliarden Franken (2015).

Fazit: Arbeitslosengeld, Altersrente und Heilungskosten sind künftig durch die staatlichen Einrichtungen nicht annähernd im gleichen Ausmass gewährleistet wie bisher. Die individuelle Vorsorge in Form privater Vermögensbildung erhält damit in der Schweiz einen neuen Stellenwert.

Angst um die AHV-Rente

Die AHV ist neben der Krankenversicherung besonders von den demographischen Veränderungen betroffen. Viele bangen um die Sicherheit ihrer künftigen AHV-Rente. Tatsächlich ist ihre Finanzierung durch die Beiträge der beruflich aktiven Generation nicht gewährleistet, wie in der folgenden Abbildung deutlich wird: Spätestens im Jahr 2005 beginnt sich die Schere zwischen Beiträgen und Renten zu öffnen. Die durch die 10. AHV-Revision bedingten Mehrkosten sind in der Berechnung berücksichtigt. Nicht berücksichtigt ist jedoch die 11. AHV-Revision, die beispielsweise die Renten für Witwen und Witwer vereinheitlichen soll. Die Leistungen der AHV können nicht fortlaufend weiter ausgebaut werden. Die veränderte Altersstruktur lässt das nicht zu. Die zur Verfügung stehenden Finanzierungsquellen erlauben nicht einmal, den erreichten Standard beizubehalten.

Angst um die AHV-Rente

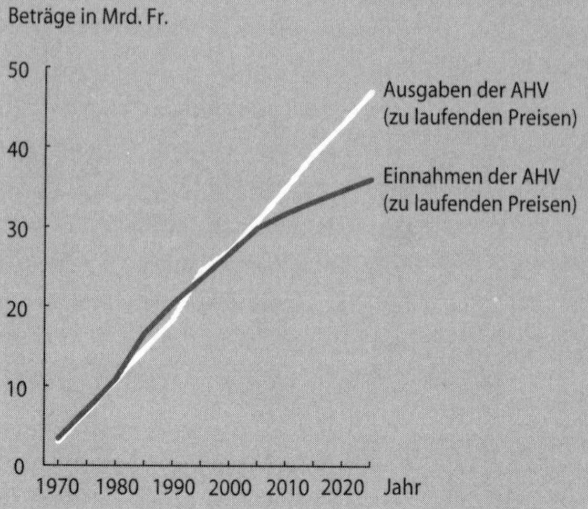

Gestützt auf: Beiträge zur sozialen Sicherheit, Bundesamt für Sozialversicherung, Nr. I/96

Neue Finanzierungsquellen

Die erwähnte Arbeitsgruppe macht in ihrem Bericht Vorschläge, wie der zusätzliche Finanzbedarf der Sozialversicherungen gedeckt werden könnte. Sieben Geldquellen hält sie für besonders prüfenswert: Lohnprozente, Mehrwertsteuer, Einkommenssteuer, Personensteuer, Vermögenssteuer, Erbschaftssteuer und Energiesteuer. Eine neue, zweckgebundene Erbschaftssteuer des Bundes hat nach Ansicht der Experten politisch die besten Chancen. Offen bleibt die Frage, wie sich höhere Abgaben auswirken auf Wachstum, Arbeitsmarkt, Wettbewerbsfähigkeit und Preise in einer Zeit, in der die Schweiz mit allen Mitteln um ihre Bedeutung als Wirtschaftsplatz kämpfen und sich verstärkt dem internationalen Wettbewerb stellen muss.

Finanzierung der sozialen Sicherheit

	Art und Volumen	Bisherige Bedeutung	Wichtigste Vorteile	Wichtigste Nachteile
1. Lohnprozente	• Abgabe auf die bezahlte Arbeit • Rund 225 Mrd. Fr. AHV-Einkommen als Basis • Unterscheidung von Arbeitnehmer- und Arbeitgeberbeiträgen	• Vorherrschende Finanzierungsart, mehr als die Hälfte der gesamten Finanzierung erfolgt über Lohnprozente	• Mit Lohnprozenten wird vor allem der Ersatz von Erwerbseinkommen finanziert. Diese Verknüpfung ermöglicht eine Parallelentwicklung von Einnahmen und Ausgaben • Die Aufteilung auf Arbeitnehmer und Arbeitgeber stösst bei den Sozialpartnern auf Akzeptanz • Der Abzug der Lohnprozente ist administrativ gut eingespielt	• Die Verteuerung der Arbeit führt zu einer Verschlechterung des Wirtschaftsstandortes Schweiz • Arbeitskraftsintensive Branchen werden benachteiligt • Unternehmen verlagern Arbeitsplätze ins Ausland • Die Schaffung neuer Arbeitsplätze wird erschwert • Die strukturelle Arbeitslosigkeit nimmt zu
2. Mehrwertsteuer	• Abgabe auf die Verkäufe der Unternehmen für den inländischen Konsum • Rund 260 Mrd. Fr. inländischer Endkonsum als Basis. Allerdings ist ein Teil der Güter steuerfrei, und auf einen weiteren Teil wird nur ein reduzierter Satz angewendet	• Die Mehrwertsteuer ist eine wichtige Quelle für die Bundesbeiträge, bisher nicht zweckgebunden zur Finanzierung der Sozialversicherung • Das Schweizer Volk hat der Erhöhung der Mehrwertsteuer um 1% für die Finanzierung der AHV zugestimmt (Zweckbindung)	• Keine zusätzliche Belastung der Unternehmen, da die Mehrwertsteuer weitgehend über die Preise auf die Konsumenten abgewälzt wird • Keine Belastung der Investitionen und des Exports • Bei Anhebung der Mehrwertsteuer zugunsten der Sozialversicherungen entsteht wenig administrativer Aufwand	• Anstieg des Preisniveaus • Weniger Konsum • Verzerrung zwischen einzelnen Branchen infolge der unterschiedlichen Sätze

Finanzierung der sozialen Sicherheit (Fortsetzung)

	Art und Volumen	Bisherige Bedeutung	Wichtigste Vorteile	Wichtigste Nachteile
3. Einkommenssteuer	• Progressive Abgabe auf die Einkommen der Haushalte. Freibeträge und Abzugsmöglichkeiten • Rund 180 Mrd. Fr. Reineinkommen als Basis	• Die Einkommenssteuer trägt indirekt über die Beitragszahlungen von Bund und Kantonen zur Finanzierung der sozialen Sicherheit bei • Eine Zweckbindung zugunsten der Sozialversicherungen steht nicht zur Diskussion	• Die Einkommenssteuer entspricht mit ihrer progressiven Ausgestaltung der Forderung nach dem Leistungsfähigkeitsprinzip. Einzelne Zweige der Sozialversicherungen sind nach diesem Prinzip ausgestaltet	• Ein Anstieg der Einkommenssteuer führt zu einem verstärkten Ausweichen in die Schattenwirtschaft • Eine Erhöhung der Einkommenssteuer behindert die Spar- und Investitionstätigkeit • Die komplizierten Steuertarife erschweren die Transparenz
4. Personensteuer	• Einkommensunabhängige Beiträge, die als Pauschale pro Kopf erhoben werden • Rund 7 Millionen Einwohner als Basis	• Die einkommensunabhängigen Beiträge sind in der Krankenversicherung Realität	• Kaum Ausweichmöglichkeiten • Keine Belastung der Unternehmen • Transparent und administrativ einfach	• Überproportionale Belastung der unteren Einkommen bis zur Grenze ihrer Belastbarkeit. Gewisse Korrekturmöglichkeiten durch Prämienbeiträge von Bund und Kantonen
5. Vermögenssteuer	• Progressive Abgabe auf das Vermögen der Haushalte. Freibeträge und Abzugsmöglichkeiten • Rund 600 bis 700 Mrd. Fr. Privatvermögen als Basis	• Die Vermögenssteuer trägt indirekt über die Beiträge der Kantone zur Finanzierung der sozialen Sicherheit bei • Eine Zweckbindung zugunsten der Sozialversicherungen steht nicht zur Diskussion	• Ergänzung zur einkommensorientierten Finanzierung • Keine Belastung der Unternehmen • Überdurchschnittliches Wachstum der Privatvermögen	• Ein Anstieg der Vermögenssteuer fördert die Hinterziehung

Finanzierung der sozialen Sicherheit (Fortsetzung)

	Art und Volumen	Bisherige Bedeutung	Wichtigste Vorteile	Wichtigste Nachteile
6. Erbschafts-steuer	• Progressive Abgabe auf das Erbe zuungunsten der Erbenden • Höhe des Tarifs abhängig vom Verwandtschaftsgrad. Ähnlich funktioniert auch die Schenkungssteuer • Rund 25 Mrd. Fr. Vermögensübergang als Basis	• Bisher nur auf kantonaler Ebene. Vorschlag einer Erbschaftssteuer auf Bundesebene zweckgebunden zur Finanzierung der AHV und der öffentlichen Sozialhilfe	• Erbschaften fallen immer öfter bei den über 50jährigen an, die selten existentiell auf das Erbe angewiesen sind • Keine Belastung der Unternehmen • Überdurchschnittliches Wachstum an Erbschaften	• Ein Anstieg der Erbschaftssteuer fördert die Hinterziehung
7. Energie-steuer	• Besteuerung der Energie als Vorleistung im Produktionsprozess und Besteuerung des Energiekonsums • Anstelle einer Steuer ist auch eine reine Leistungsabgabe möglich • Rund 20 Mrd. Fr. Energiekosten bilden die Basis. Es wird von einer überdurchschnittlichen Verteuerung der Energie ausgegangen	• In der Schweiz existiert heute keine umfassende Energiebesteuerung. Die Energiesteuer wird von verschiedenen Seiten als Alternative zur Besteuerung von Arbeit gesehen	• Wünschbarer Lenkungseffekt zugunsten eines sparsamen Energieverbrauchs • Entlastung der Lohnprozente, die zu einer unerwünschten Verteuerung der Arbeit führen	• Nur bescheidene Steuerbasis

Quelle: Beiträge zur sozialen Sicherheit, Bundesamt für Sozialversicherung, Nr. 1/96

Neue Realitäten

Unsere Gesellschaft braucht vorwärtsgerichtete Lösungen, die sich an den veränderten gesellschaftlichen Realitäten orientieren.

Längeres Berufsleben

Die steigende Lebensdauer darf nicht zu einer eindimensionalen Verlängerung des Alters führen. Die verfügbare Lebenszeit muss neu auf die einzelnen Lebensphasen verteilt werden: Die Dauer der Ausbildung kann verlängert und das Pensionsalter erhöht werden. Die längere Ausbildung führt zu einem höheren Bildungsniveau und zu einer ausgedehnten Entwicklungszeit. Damit wird ein flexibleres Berufsverständnis geschaffen, das mehr Zweit- und Drittberufe ermöglicht. Künftig kann es nicht mehr Aufgabe des Staates sein, das Ende des Arbeitslebens zu bestimmen. Heute erfahren viele Menschen den Übertritt vom Erwerbsleben in den Ruhestand als willkürlichen Einschnitt und als Abschiebung. Sie würden den Zeitpunkt ihres Ruhestandes – unabhängig von ihrem Alter – lieber ausrichten auf ihre Leistungsfähigkeit und die eigenen Lebensvorstellungen. Doch werden auch künftig die Altersgrenzen nicht durch individuelle Faktoren bestimmt werden, sondern in erster Linie durch die volkswirtschaftlichen und gesellschaftlichen Zwänge: Ein überproportional verlängerter Ruhestand ist nicht zu finanzieren, deshalb ist es unumgänglich, das Rentenalter zu erhöhen.

Geistige Fitness erhalten

Gemeinhin wird Alter noch immer gleichgesetzt mit Krankheit, Anfälligkeit und Einsamkeit. Besonders ausgeprägt ist die Angst vor dem geistigen Zerfall, vor Intelligenzverlust und Entmündigung. Wissenschaftler zeichnen nun aber das Bild einer Generation von «Neuen Alten», die sich auszeichnen durch bessere Gesundheit, geistige Fitness und individuelle Lebensgestaltung.

Die Forschung unterscheidet zwei Arten von Intelligenz: Die mechanische Intelligenz ist verantwortlich für die gedanklichen Grundprozesse, von ihr ist beispielsweise abhängig, wie gut und schnell Probleme erkannt werden und darauf reagiert wird. Die pragmatische Intelligenz wendet Wissen und Erfahrungen an, sie ist geprägt von den Erkenntnissen, die ein Mensch im Laufe seines Lebens macht. Für jede mentale Leistung braucht es sowohl mechanische wie auch pragmatische Intelligenz. Seit 1956 laufen in den USA Langzeitstudien. Sie haben gezeigt, dass die pragmatische Intelligenz zunimmt, solange ein Mensch gesund und aktiv ist, während die mechanische Intelligenz abnimmt – ungefähr vom 30. Lebensjahr an. Es gibt also Verluste, etwa in der Reaktionsgeschwindigkeit, aber auch Gewinne, zum Beispiel bei Tätigkeiten, die Erfahrung voraussetzen. Es ist davon auszugehen, dass in Zukunft viele ältere Menschen über eine höhere intellektuelle und körperliche Leistungsfähigkeit verfügen als heute.

«Neue Alte» als Wirtschaftsfaktor

Nicht nur Wissenschaftler, auch Wirtschaftsforscher sprechen von den «Neuen Alten». Sie haben einen Trend ausgemacht: Die dritte Lebensphase wird unternehmungslustiger, spendabler und konsumfreudiger angegangen. Der Ruhestand geht nicht mehr automatisch mit Konsumverzicht einher, die Senioren der Zukunft wollen Spass haben, reisen und – konsumieren. Die Industrie entdeckt eine neue Zielgruppe, bei der rund ein Drittel der Kaufkraft vermutet wird, und wirbt zunehmend um die Gunst der betagten, gut situierten Kundschaft. Das Konsumverhalten der Senioren ist ein wichtiger Faktor für den wirtschaftlichen Aufschwung.

Verlagerung der politischen Macht

Die Veränderung der Altersstruktur führt automatisch zu einem Zuwachs an politischer Macht für die Alten. Aus der Minderheit wird eine Mehrheit. Künftig werden sich die Politiker um die Anliegen der älteren Generation kümmern müssen, um gewählt zu werden. Das Thema Alter wird somit auf der politischen Tagesordnung stehen. Die gesünderen, aktiveren Alten werden sich aber nicht mit dem passiven Politisieren zufriedengeben, sondern selber parteipolitisch mobil machen. Die Zukunft der Alten hat begonnen. Sie wird unsere Gesellschaft und ihren Wandel entscheidend mitbeeinflussen. Dabei geht es nicht um die Auseinandersetzung zwischen Jung und Alt. Sondern darum, dass die Alten neue Funktionen übernehmen in einer Gesellschaft, die zunehmend von ihnen geprägt wird.

Neue Realitäten und Lösungsansätze

	Ansatz	Bisherige Situation	Wichtigste Vorteile	Wichtigste Nachteile
1. Längeres Berufsleben	• Verlängerung der einzelnen Lebensphasen als Folge der längeren Lebensdauer • Verlängerung der Ausbildung und Erhöhung des Pensionierungsalters • Mehr als ein Beruf im Leben	• Pensionierung (AHV-Alter) Männer mit 65 und Frauen mit 62 Jahren (Frauen neu mit 64) • Ausbildungsdauer durchschnittlich 12 Jahre • 50% Zweit- und Drittberufe	• Anpassung der Arbeitswelt an die sich verändernde Gesellschaftsstruktur (Langlebigkeit) • Verbessertes Bildungsniveau • Längere Entwicklungsmöglichkeit und flexibleres Berufsverständnis (Zweit- und Drittberufe)	• Verschärfung der Arbeitslosigkeit • Zumutbarkeit
2. Geistige Fitness und Altersintelligenz	• Erfolgreiches Aufschieben bzw. Verhindern von Altersdemenz dank medizinischer Fortschritte und aktiver Altersgestaltung	• Zunahme der altersbedingten Krankheiten infolge der in diesem Ausmass erstmaligen Zunahme der Zahl alter Menschen	• Mehr gesunde und geistig produktive Alte • Übernahme von neuen Funktionen im Arbeitsprozess und in der Gesellschaft	• Nie dagewesene soziale Belastung des Staates bei Ausbleiben der gesundheitlichen Verbesserungen
3. Senioren als Wirtschaftsfaktor	• Hohe Kaufkraft der Senioren • Aktiveres Leben (Hobbies, Reisen, Bildung) • Gezielter Vermögensverzehr	• Genügsamkeit der älteren Generation • Hohe Sparquote der Senioren • Stille Vermögensbildung bis zum Tod	• Aktive Teilnahme am gesellschaftlichen und wirtschaftlichen Leben • Stärkung der Wirtschaft • Schaffung von Arbeitsplätzen	• Gefahr der Fehleinschätzung der eigenen Vermögensverhältnisse (Verarmung)
4. Politische Macht	• Senioren sind zunehmend eine politische Macht • Abbildung des Strukturwandels auch auf politischer Ebene	• Rückzug aus der Politik mit der Pensionierung • Untervertretung der Senioren-Interessen	• Anpassung der Politik an die veränderten Verhältnisse • Konsequentes Demokratieverständnis	• Verharren im Althergebrachten, Ablehnen von Innovationen, Ablehnen der modernen Zeit

KAPITEL 2

Sicherung des Einkommens

Geld ist etwas, mit dem man wundervoll auskommen würde, wenn nicht alle anderen so verrückt danach wären.

Margaret Case Harrimann

Einkommensplanung

Genügt das Einkommen nach der Pensionierung, um den gewünschten Lebensstandard zu gewährleisten? Antwort auf diese Frage gibt eine Budgetplanung, die künftige Einnahmen und Ausgaben auflistet. Zwar kann eine Planung keine fehlenden Mittel ersetzen, aber sie zeigt, wo Handlungsbedarf besteht.

Die Bestimmung des zukünftigen Bedarfes ist Voraussetzung für jede Vermögens- und Einkommensstrategie. Eine gute Liquiditätsplanung erlaubt es, Teile des Vermögens langfristig anzulegen – mit entsprechend höherer Rendite. Es liegt also nicht unnötig viel Geld schlecht verzinst auf Konti. Und nur wer rechtzeitig seine Ausgaben nach der Pensionierung budgetiert hat, kann die Frage beantworten, wieviel Pensionskassenkapital als Rente und wieviel als Kapital bezogen werden soll. Denn: Soll voll steuerbares Renteneinkommen bezogen werden, wenn es gar nicht benötigt wird, um das Einkommen sicherzustellen? Oder: Darf eine Kapitalauszahlung empfohlen werden, wenn damit das lebenslange Einkommen nicht gewährleistet werden kann?

Budgetposten

Die grössten Ausgabenposten sind Wohnen und Ernährung. Zusammen machen sie rund einen Drittel der Gesamtausgaben aus. Der drittgrösste Posten sind die Steuern mit 12%. Gleich hoch sind durchschnittlich die Ausgaben für

Gesundheit beziehungsweise Krankenkasse. Die Verkehrsauslagen, besonders für das Auto natürlich, machen weitere 9% des Budgets aus. Eine Vielzahl kleinerer Posten entfallen auf den Rest.

Die grössten Budgetposten

in % des Gesamtbudgets, durchschnittlicher Satz pro Monat

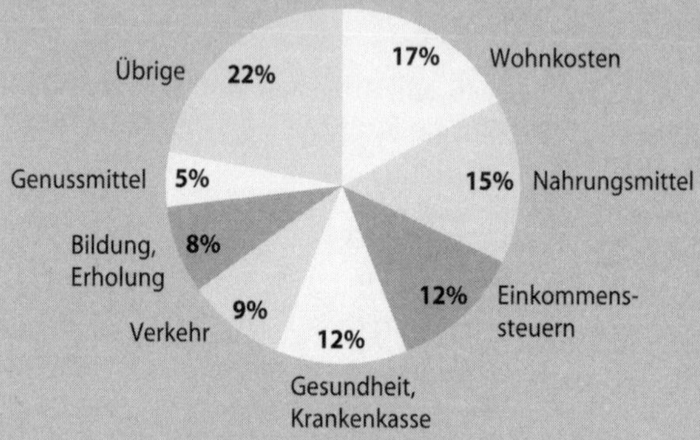

Quelle: Statistisches Jahrbuch der Schweiz 1997

Wohnen Der grösste einzelne Ausgabenposten verdient besondere Aufmerksamkeit: Die Wohnkosten (17% des Gesamtbudgets) verursachen wesentlich die hohen Lebenshaltungskosten in der Schweiz. Das tiefere Einkommen im Alter zwingt deshalb viele Schweizer, den Gürtel enger zu schnallen. Mit den gleichen Einkünften wären sie bereits im nahen Ausland sehr gut gestellt. Eine steigende Zahl von Pensionären zieht deshalb ins Ausland.

Altersdomizil im Ausland Beliebte Altersdomizile liegen im Burgund und im Schwarzwald, aber auch in Spanien und Griechenland. Ausserhalb

Europas ist Florida eine beliebte Destination, seit kurzem auch Südafrika. Fast überall sind die Lebenshaltungskosten erheblich tiefer als in der Schweiz. Vielerorts ermöglicht allein schon die AHV-Rente ein Leben in Wohlstand.

Ein Altersdomizil im Ausland hat aber weitreichende Konsequenzen. Finanzielle Überlegungen sind wichtig, aber auch eine Reihe anderer Punkte sind zu beachten – die folgende Übersicht zählt die wichtigsten auf.

Altersdomizil im Ausland?

Sicherheit
Ist die Sicherheit von Leib und Leben gewährleistet?

Politische Stabilität
Befindet sich das Land in einem politischen Umbruch, der die Lebensbedingungen nachhaltig verschlechtern könnte?

Aufenthaltsbewilligung
Ist eine Aufenthaltsbewilligung erhältlich und zu welchen Konditionen?

Medizinische Versorgung
Ist die medizinische Versorgung gewährleistet und versicherbar?

Soziales Umfeld
Wo leben Familie, Kinder und Enkel?
Wo leben andere Verwandte, Freunde und Bekannte?
Können neue Kontakte geknüpft werden?

Sprache
Kann man sich in der Landessprache verständigen?

Steuern
Welche Steuern werden auf welcher Basis erhoben?

Worst Case
Wäre im schlimmsten Fall die Rückkehr in die Schweiz gewährleistet? Welche persönlichen und finanziellen Konsequenzen hätte ein solches Szenario?

Kauf von Wohneigentum

Es gibt gute Gründe, im Alter Wohneigentum zu kaufen: Nach der Pensionierung wird deutlich mehr Zeit zu Hause verbracht als in den Jahren zuvor; es steht mehr Zeit zur Verfügung, um das eigene Haus oder die eigene Wohnung zu geniessen. Vor einem Kauf muss man natürlich prüfen, ob die finanzielle Belastung tragbar ist, doch kommt der Kauf einer Liegenschaft nicht unbedingt teurer zu stehen als die Miete. Selbstverständlich ist bei einem Kauf besonders darauf zu achten, dass sich die Wohnung als Altersdomizil eignet (Zugänglichkeit der Räume, Infrastruktur, Lage).

Höhe der Hypothek

Viele Liegenschaftenbesitzer wollen ihre Hypothek amortisieren, um nach der Pensionierung ohne Zinsbelastung – quasi «gratis» – wohnen zu können. Eine Liegenschaft ohne Hypothek ist aber nicht in jedem Fall eine günstige Lösung: Bleibt das steuerbare Einkommen hoch, profitiert der Fiskus, weil der Eigenmietwert die Steuerprogression verschärft und kein Hypothekarzins in Abzug gebracht werden kann. Im weiteren können die Eigenmittel, die in einer Liegenschaft gebunden sind, nicht angelegt werden. Rein rechnerisch entspricht die entgangene Rendite den Wohnkosten im selbstfinanzierten Eigenheim. Diese Opportunitätsrechnung vernachlässigen die meisten Eigenheimbesitzer. Schliesslich bewirkt die volle Eigenfinanzierung einer Liegenschaft ausser steuerlichen Nachteilen meist auch eine ungesunde Mittelkonzentration auf ein einzelnes Anlageobjekt. Aus all diesen Gründen sollte die Amortisation einer Hypothek in jedem Einzelfall auf ihre Vor- und Nachteile überprüft werden.

Umzug in eine Alterswohnung

In der Regel führen Sparüberlegungen zum Umzug in eine kleinere Alterswohnung. Es ist darauf zu achten, dass die Wohnung möglichst allen Ansprüchen des Alters genügt.

Der Umzug sollte früh erfolgen, um die Wohnkosten sofort zu reduzieren und finanzielle Engpässe zu vermeiden. Auch fällt das Einleben in die neue Umgebung leichter, je früher der Umzug stattfindet.

Ernährung Den zweitgrössten Ausgabenblock bilden mit 15% des Gesamtbudgets die Kosten für Nahrungsmittel. Es schadet sicher nicht, die Essgewohnheiten gelegentlich zu überprüfen, doch sollten Qualitäts- vor Kostenüberlegungen kommen. Gesunde, hochwertige Lebensmittel sind zwar teuer, machen sich aber auf lange Sicht durch bessere Gesundheit bezahlt. Dennoch lohnt es sich, auf ein gutes Preis-Leistungs-Verhältnis zu achten: Gerade bei den Lebensmitteln gibt es markante Unterschiede. Zwar sind die Beträge klein, aber sie fallen nahezu täglich an und summieren sich.

Einkommenssteuern Die Einkommenssteuern sind ein weiterer grosser Ausgabenposten. Mit der Aufgabe der Erwerbstätigkeit fällt zwar das Erwerbseinkommen weg, dafür sind andere Einkommenselemente zu versteuern: AHV- und Pensionskassenrenten sind ab dem Jahr 2001 zur Gänze steuerbares Einkommen. Eigenheimbesitzer versteuern den sogenannten Eigenmietwert, der in vielen Schweizer Kantonen Anfang 1997 erheblich erhöht wurde. Besitzer von Wertschriftenvermögen und Sparguthaben versteuern die Kapitalerträge. Gleichzeitig fallen mit der Pensionierung Steuerabzüge weg: die Berufsauslagen und Einzahlungen in die Säule 3a. Alles in allem können die Einkommenssteuern auch nach der Pensionierung das Budget erheblich belasten. Je nach Einkommens- und Vermögenssituation können die Einkommenssteuern sogar den grössten Ausgabenblock überhaupt darstellen. Eine gezielte Steuerplanung kann erhebliche Verbesserungen bringen (vgl. Kapitel «Steuerplanung»).

Krankenkassenprämien

Ebenfalls beeinflussbar sind die Krankenkassenprämien. Zwar gibt es eine grosse Ungewissheit über die Kostenentwicklung im Gesundheitswesen – auch künftig ist mit unguten Überraschungen zu rechnen –, doch mit der Wahl der Kasse, mit der Wahl der Versicherungsleistungen und der Höhe des Selbstbehalts haben die Versicherten einige Möglichkeiten zum Sparen (vgl. Kapitel «Krankenkassen und Versicherungen»).

Möglichkeiten zum Sparen

	Abhängig von	Sparmöglichkeiten
Wohnkosten	Lage, Grösse und Ausbaustandard der Wohnung, bzw. des Hauses	• Wohnsituation auf Angemessenheit/Tragbarkeit überprüfen
Nahrungsmittel	Gewohnheit und Qualitätsansprüche	• Gewohnheiten hinterfragen • Preis und Leistung der Angebote vergleichen
Steuern	Steuerdomizil, Höhe des steuerbaren Einkommens und Vermögens	• Ausschöpfen der Abzugsmöglichkeiten • Hypothek so, dass der Eigenmietwert durch die Hypothekarzinsen kompensiert wird • Keine unnötigen Zinserträge
Krankenkasse	Art des Versicherungsschutzes, Wahl der Krankenkasse	• Reduktion des Versicherungsschutzes sorgfältig prüfen • Wahl der Kasse und Höhe des Selbstbehaltes, Alternativmodelle • Generika-Medikamente verlangen

Budgetierung der Ausgaben und Einnahmen

In einem Budget verschafft man sich einen Überblick über Ausgaben und Einnahmen. Ergibt sich eine erhebliche Differenz zwischen geplanten Ausgaben und erwarteten Einnahmen, besteht Handlungsbedarf. Bestehende Vermögenswerte können umgeschichtet werden, so dass das gewünschte Mehreinkommen oder allenfalls auch ein Mindereinkommen resultiert. Fehlt privates Vermögen, dann müssen bei einer Einkommenslücke die Ausgaben soweit gekürzt werden, dass der Bedarf durch die vorhandenen Einnahmen gedeckt wird. Die Ausgabenplanung fällt leichter, wenn immer das gleiche Schema verwendet wird. Das Beispiel in der Abbildung «Budgetierung der Ausgaben» ordnet die Ausgaben nach ihrer Grösse. Möglich ist auch, das Budget chronologisch nach Anfall der Kosten im Jahresablauf zu erstellen. Den Ausgaben sind dann die zu erwartenden Einnahmen gegenüberzustellen. Eine erste Einnahmequelle sind die Renteneinkommen aus staatlicher, beruflicher und privater Vorsorge. Weitere Erträge kommen aus Wertschriftenvermögen und Mieterträgen von Liegenschaften. Zwischen budgetierten Ausgaben und Einnahmen ergibt sich eine Einkommenslücke oder ein Einkommensüberschuss. Entsprechend kommt es zu einem Vermögensverzehr oder einem Vermögenszuwachs.

10 Tips zum Budget

Es lohnt sich, ein Budget zu erstellen. Für die Minderheit, die schon seit Jahr und Tag ein privates Budget führt, eine problemlose Sache. Schwieriger fällt es jenen, die sich um Einnahmen und Ausgaben nie besonders gekümmert haben. Sie sollten bedenken, dass ein Budget unerlässlich ist für die Planung der Pensionierung, für Vermögensstrategie und für Steueroptimierung. Zweitrangig ist es dann, ob ein Budget der einmaligen Standortbestimmung dient oder monatlich weitergeführt wird.

Budgetierung der Ausgaben

Angaben in Fr. pro Monat	**Beispiel**		**Effektiv**	
Wohnkosten				
• Miete bzw. Hypothekarzins	1'100		....	
• Nebenkosten	70	1'170	....	....
Haushaltskosten				
• Nahrungsmittel/Kleidung	1'030		....	
• Genussmittel (Alkohol, Zigaretten etc.)	340		....	
• Körperpflege	100		....	
• Wasch- und Putzmittel	20	1'490	....	....
Steuern				
• Staatssteuer*	880		....	
• Direkte Bundessteuer	280	1'160	....	....
Gesundheit				
• Krankenkasse	800		....	
• Arzt/Zahnarzt	40		....	
• Apotheker	40		....	
• Optiker	0	880	....	....
Verkehr				
• Auto	560		....	
• Öffentlicher Verkehr	60	620	....	....
Bildung, Erholung				
• Ferien	830		....	
• Sport	270		....	
• Hobbies	110		....	
• Bücher	50		....	
• Auswärts essen	200		....	
• Ausflüge	200	1'660	....	....
Versicherungen				
• Hausrat/Privathaftpflicht	20		....	
• Auto	150	170	....	....
Total		**7'150**		....

* Kantons-, Gemeinde- und Kirchensteuern

10 Tips zum Budget

1. Sammeln Sie die Belege für alle Ausgaben, die Sie im letzten Monat getätigt haben.

2. Berechnen Sie, welche Ausgaben fix anfallen (Wohnungsmiete, Krankenkasse, Telefonrechnung, Kleidung, Körperpflege, Hobbies, Benzin und öffentliche Verkehrsmittel).

3. Erfassen Sie die quartalsweise, halbjährlich oder jährlich anfallenden Ausgaben (Hypothekarzinsen, Versicherungsprämien, Steuern, Ferien, Gesundheit).

4. Verteilen Sie die grösseren Rechnungen auf das ganze Jahr (Autoversicherungen, Krankenkasse, Steuern).

5. Definieren Sie eine Reserve (Arztkosten, Reparaturkosten, Wohnungswechsel).

6. Überlegen Sie, auf welche Kosten Sie monatlich oder jährlich in Notlagen verzichten können (Ferien, Kleider, Ausgehen, Hobbies).

7. Markieren Sie zusätzlich die Kosten, bei denen Sie Sparmöglichkeiten sehen.

8. Erfassen Sie Ihre fixen Einnahmen (Renteneinkommen, Nebenerwerb, Wertschrifteneinnahmen, Einkünfte aus Liegenschaften).

9. Berechnen Sie anhand der Einnahmen und Ausgaben, wieviel Sie pro Monat/Jahr auf die Seite legen können, beziehungsweise wieviel Sie von Ihrem Vermögen verzehren werden.

10. Bei einem Vermögensverzehr: Rechnen Sie aus, wie viele Jahre es braucht, bis das Vermögen aufgebraucht ist (Inflation berücksichtigen).

Die AHV-Rente

10. AHV-Revision

Zur Pensionierung gehört in der Schweiz die AHV. Mit welchen Rentenansprüchen kann gerechnet werden? Seit dem 1. Januar 1997 ist die 10. AHV-Revision in Kraft. Sie bringt insgesamt deutliche Verbesserungen. Die wichtigsten Änderungen betreffen das Rentensplitting, die Erziehungsgutschriften und die Möglichkeit des Rentenvorbezugs. Dank der Regel der Besitzstandwahrung werden bereits laufende Renten keinesfalls reduziert, doch gibt es Fälle, in denen Renten nur auf Antrag erhöht werden.

Was bringt die 10. AHV-Revision?

Am 25. Juni 1995 wurde in einer eidgenössischen Abstimmung die 10. AHV-Revision angenommen. Sie ist am 1.1.1997 in Kraft getreten und wird nach einer Übergangszeit ab 2001, resp. 2005 ihre volle Wirkung entfalten.

1. **Frauenrentenalter**
   Schrittweise Erhöhung von Alter 62 auf Alter 64
   - Jahrgang 38 und älter sind nicht betroffen
   - Jahrgang 39 bis 41: AHV-Alter 63
   - Jahrgang 41 und jünger: AHV-Alter 64

2. **Splitting**
   Das während der Ehe erzielte Einkommen wird den beiden Partnern je hälftig gutgeschrieben (Besserstellung der nicht berufstätigen Ehefrauen).

3. **Erziehungs- und Betreuungsgutschriften**
   Personen, die Kinder (bis zum Alter von 16 Jahren) erziehen oder die Betreuung pflegebedürftiger Angehöriger übernehmen, erhalten Gutschriften in der Höhe der dreifachen Minimalaltersrente (3 x 11'940 Fr. = 35'820 Fr. pro Jahr).

4. **Neue Rentenformel**
   Bessere Leistungen für die Bezüger von kleinen Renten.

5. **Rentenvorbezug/Rentenaufschub**
   Rentenvorbezug möglich bereits 2 Jahre vor Pensionierungsalter gegen eine Kürzung von 6,8% pro Jahr. Rentenaufschub von bis zu 5 Jahren möglich, mit bis zu 31,5% höheren Renten.

6. **Witwerrente**
   Witwer haben neu Anspruch auf eine Witwerrente (80% der einfachen Altersrente), solange sie für Kinder unter 18 Jahren aufkommen (Kinder in Ausbildung maximal bis 25 Jahre).

7. **Wegfall der Zusatzrente und Witwenabfindung**
   Die Zusatzrente für die jüngere, noch nicht rentenberechtigte Ehefrau fällt ebenso weg wie die einmalige Witwenabfindung.

Massgebendes Jahreseinkommen

Die Höhe der Rente ist abhängig vom massgebenden durchschnittlichen Jahreseinkommen und der Anzahl Beitragsjahre. Sie ist gegen unten (Minimalrente) und gegen oben (Maximalrente) beschränkt. Das massgebende Jahreseinkommen berechnet sich aus dem Erwerbseinkommen, multipliziert mit dem persönlichen Aufwertungsfaktor, addiert mit den persönlichen Gutschriften. Diese Summe geteilt durch die Anzahl der persönlichen Beitragsjahre ergibt das für die Höhe der Rente relevante Jahreseinkommen.

Berechnung des massgeblichen durchschnittlichen Jahreseinkommens

$$\frac{\left(\text{Erwerbseinkommen} \times \text{Aufwertungsfaktor}\right) + \left(\text{Erziehungsgutschriften} + \text{Betreuungsgutschriften}\right)}{\text{Anzahl Beitragsjahre}}$$

Höhe des Aufwertungsfaktors

Der Aufwertungsfaktor wird jährlich festgesetzt. Er wird durch das Kalenderjahr bestimmt, in dem der erste Eintrag im individuellen Konto (IK) erfolgt. Für erste Eintragsjahre 1948 bis 1962 gelten folgende Aufwertungsfaktoren:

1948: 2.049	1953: 1.880	1958: 1.709
49: 2.015	54: 1.846	59. 1.675
50: 1.982	55: 1.811	60: 1.642
51: 1.948	56: 1.777	61: 1.608
52: 1.914	57: 1 743	62: 1.574

Vollrente und Beitragslücken

Für eine Vollrente ist eine lückenlose Beitragsdauer Voraussetzung. Die Beitragspflicht für Männer beträgt 44 Jahre, für Frauen zwischen 41 und 43 Jahren (Rentenalter 62 bis 64). Beitragslücken können nur innert fünf Jahren geschlossen werden durch Nachzahlung freiwilliger AHV-Beiträge.

Jährliche Vollrenten der AHV ab 1.1.1997

Angaben in Fr. pro Jahr

Massgebendes durchschnittliches Jahreseinkommen	Altersrente für Alleinstehende	Altersrente für Ehepaare (Splitting)	Altersrente für Witwen und Witwer
bis 11'940	11'940	2 x 11'940	14'328
17'910	13'492	2 x 13'492	16'188
23'880	15'044	2 x 15'044	18'048
29'850	16'597	2 x 16'597	18'420
35'820	18'149	2 x 17'910	19'920
41'790	19'104	2 x 17'910	21'780
47'790	20'059	2 x 17'910	22'920
53'730	21'014	2 x 17'910	23'880
59'700	21'970	2 x 17'910	23'880
65'670	22'925	2 x 17'910	23'880
ab 71'640	23'880	2 x 17'910	23'880

20 Beitragsjahre ergeben ein, 30 Beitragsjahre zwei und 40 Beitragsjahre sogar drei Gratisjahre. Die vorangehende Tabelle listet Vollrentenansprüche auf. Wer überschlagsmässig berechnen will, wie sich fehlende Beitragsjahre auf die Rente auswirken, multipliziert die in der Tabelle aufgeführte Summe mit dem Faktor, der sich ergibt, wenn die Zahl der fehlenden Beitragsjahre durch die Zahl der Soll-Beitragsjahre dividiert wird. (Im Fall eines Mannes mit zehn Fehljahren wird die Maximalrente von 23'880 Franken mit 10/44 multipliziert: Die Rente wird also um rund 5'627 Franken gekürzt.)

Erziehungs- und Betreuungsgutschriften

Neu werden seit dem 1. Januar 1997 Erziehungsgutschriften angerechnet für die Jahre, in denen Kinder unter 16 Jahren im Haushalt lebten. Diese Erziehungsgutschriften erfolgen automatisch – auch für die Zeit vor 1997. Die Gutschrift pro Jahr beträgt 35'820 Franken, unabhängig von der Anzahl der Kinder.

Anders als die Erziehungsgutschriften müssen die Betreuungsgutschriften jährlich nachgewiesen werden. Betreuungsgutschriften werden erst ab 1997 gutgeschrieben. Damit ab 1997 Betreuungsarbeit gutgeschrieben wird, muss die zu betreuende Person drei Voraussetzungen erfüllen:

- naher Verwandtschaftsgrad (Ehegatte, direkter Nachkomme, direkter Vorfahr, Geschwister)
- Leben im gleichen Haushalt
- Anspruch auf Hilflosenentschädigung der AHV/IV mindestens mittleren Grades

Rentensplitting

Seit dem 1. Januar 1997 gilt das Prinzip des Rentensplittings für alle verheirateten, geschiedenen oder verwitweten Rentenbezüger: Das während der Ehejahre erzielte Erwerbseinkommen und die Erziehungs- und Betreuungsgutschriften werden geteilt und jedem Ehepartner zur Hälfte gutgeschrieben. Die beiden gesplitteten Einzelrenten dürfen zusammengerechnet nicht mehr als 150% der einfachen Maximalrente betragen (35'820 Franken im Jahr). Höhere Beträge werden gekürzt.

Die AHV-Rente wird erst gesplittet, wenn beide Ehepartner im AHV-Alter sind. Solange nur ein Partner rentenberechtigt ist, wird seine Rente ohne Splitting nur aufgrund seines eigenen massgebenden Jahreseinkommens berechnet. Weil nach wie vor die Männer den grösseren Teil des gemeinsamen Erwerbseinkommens erwirtschaften, bewirkt diese Regelung, dass die meisten Männer bis zur Pensionierung ihrer Frau die Maximalrente, die meisten Frauen aber bis zur Pensionierung ihres Mannes die Minimalrente erhalten.

So funktioniert das Rentensplitting

Frau		Mann
100% eigener Lohn	**vor der Ehe**	100% eigener Lohn
50% eigener Lohn 50% Lohn Mann 50% Erziehungs- bzw. Betreuungsgutschrift *	**während der Ehe**	50% eigener Lohn 50% Lohn Frau 50% Erziehungs- bzw. Betreuungsgutschrift*
100% eigener Lohn 100% Erziehungs- bzw. Betreuungsgutschrift * ⬇ Höhe der Rente der Frau (Splitting**)	**während/nach der Ehe, wenn Partner rentenberechtigt, Tod des Ehepartners oder Scheidung**	100% eigener Lohn 100% Erziehungs- bzw. Betreuungsgutschrift* ⬇ Höhe der Rente des Mannes (Splitting**)

* Voraussetzung für die Erziehungsgutschrift ist das Innehaben der elterlichen Gewalt.
** Die beiden Splittingrenten dürfen zusammen den Betrag von 35'820 Franken nicht übersteigen.

Rentenvorbezug Seit dem 1. Januar 1997 kann die AHV-Rente schon 1 oder 2 Jahre vor dem eigentlichen Rentenalter ausbezahlt werden: Frauen können die Rente frühestens mit 62 Jahren beziehen, Männer frühestens mit 63 Jahren. Der Vorbezug der Rente führt allerdings zu einer lebenslangen Rentenkürzung von 6,8% pro Vorbezugsjahr. Frauen der Jahrgänge 1939 bis 1947 profitieren von einer Sonderregelung: Ihre Rente wird nur um 3,4% gekürzt.

Rentenaufschub Wer die AHV-Rente noch nicht beziehen möçhte, zum Beispiel weil er über das Rentenalter hinaus berufstätig bleibt, kann die AHV-Rente später beziehen: Der Aufschub beträgt mindestens 1 Jahr und höchstens 5 Jahre. Innerhalb dieser Frist kann die Rente jederzeit abgerufen werden. Ein Rentenaufschub erhöht die Rente: Ein Jahr Aufschub bringt 5,2% mehr Rente, nachher geht es in Zweimonatsschritten weiter bis zur maximalen Verbesserung um 31,5% nach fünf Jahren Aufschub. Beim Abruf der Rente ist darauf zu achten, dass sie auf den Beginn eines ersten Monats abgerufen wird. Auch die höhere Rente profitiert vom Teuerungsausgleich der AHV. Im Todesfall gehen 80% der höheren Leistungen auf die Witwenrente über, falls eine solche Rente ausgerichtet wird.

Empfehlung zum Rentenvorbezug Frauen mit Jahrgang 1941 oder älter sollten ihre AHV-Rente vorbeziehen, um von der Übergangslösung mit dem reduzierten Kürzungssatz (3,4%) zu profitieren. Ebenfalls an einen Vorbezug denken sollten alle, die mit einer Lebenserwartung von weniger als achtzig Jahren rechnen. Bei der Prüfung des Rentenvorbezugs darf nicht vergessen werden, dass in den Vorbezugsjahren die AHV-Beiträge noch bezahlt werden müssen, auch wenn die Renten schon fliessen.

Kürzung bei Rentenvorbezug und Aufwertung bei Rentenaufschub

AHV-Bezug mit (Mann/Frau)	Vorbezug/ Aufschub	Kürzungs-/ Aufwertungs-faktor	Einfache Rente monatlich	Maximalrente pro Jahr
63/62	–2 Jahre	–13,6%*	1'720 Fr.	20'630 Fr.
64/63	–1 Jahr	–6,8%*	1'855 Fr.	22'256 Fr.
65/64	0 Jahre	0,0%	1'990 Fr.	23'880 Fr.
66/65	+ 1 Jahr	+5,2%	2'093 Fr.	25'122 Fr.
67/66	+ 2 Jahre	+10,8%	2'205 Fr.	26'460 Fr.
68/67	+ 3 Jahre	+17,1%	2'330 Fr.	27'963 Fr.
69/68	+ 4 Jahre	+24,0%	2'468 Fr.	29'611 Fr.
70/69	+ 5 Jahre	+31,5%	2'671 Fr.	31'402 Fr.

* Kürzungssatz bei Frauen älter als Jahrgang 1947: –3,4% pro Jahr; älter als Jahrgang 1939: AHV-Alter unverändert 62 Jahre ohne Kürzung.

Steuern Die AHV-Rente ist zur Zeit in den meisten Kantonen zu 80% als Einkommen zu versteuern. Der Bund besteuert die Rente voll. Im Rahmen der interkantonalen Steuerharmonisierung werden die AHV-Renten spätestens ab 2001 auch in allen Kantonen voll steuerbar.

Keine Renten ohne Anmeldung! Die AHV-Rente wird nicht automatisch ausbezahlt. Wer seine Rente beziehen will, muss sich mit der zuständigen AHV-Stelle in Verbindung setzen. Auch der Vorbezug und der Aufschub der Rente müssen gemeldet werden, möglichst drei bis vier Monate vor Leistungsbeginn oder Leistungsaufschub. Der Anmeldung sind beizulegen die AHV-Ausweise der Familienmitglieder und das Familienbüchlein oder ein anderes amtliches Dokument, aus dem die Personalien und die Familienverhältnisse des Rentners eindeutig hervorgehen.

Zuständige Ausgleichskasse

Zuständig für Auskünfte und Rentenzahlung ist diejenige Ausgleichskasse, bei der zuletzt Beiträge bezahlt worden sind. Bei Unsicherheiten hilft die kantonale Ausgleichskasse oder die Zweigstelle in der Wohngemeinde, die zuständige Ausgleichskasse ausfindig zu machen. Adressen und Telefonnummern aller Ausgleichskassen sind auf den letzten Seiten der Telefonbücher aufgeführt.

Die AHV-Misere

Die AHV ist eine Sozialversicherung und soll einen sozialen Ausgleich schaffen zwischen besser und schlechter verdienenden Versicherten. Dieser soziale Ausgleich findet zwar statt, jedoch weniger stark als viele glauben. Das System ist so ausgelegt, dass die zu bezahlenden Renten gar nicht finanziert werden können. Bei der AHV kommt das sogenannte Umlageverfahren zur Anwendung: Die Jungen (die Erwerbstätigen) finanzieren die Alten (die Pensionierten). Das geht solange gut, als die Beiträge der Jungen ausreichen, die Renten der Alten zu decken. Eine vereinfachte Rechnung zeigt, dass dies heute nicht der Fall ist.

Die Berechnung geht aus von 45 Beitragsjahren bei Männern und 42 Jahren bei Frauen. Männer, die das 65. Lebensjahr erreichen, haben eine statistische Lebenserwartung von 81 Jahren. Frauen, die das 65. Lebensjahr erreichen, haben durchschnittlich eine Lebenserwartung von 85 Jahren. Die Beitragszahlungen (Arbeitgeberbeiträge mitgerechnet) und die Rentenzahlungen werden linear gerechnet, da die theoretische Verzinsung der Beiträge annäherungsweise schon enthalten ist im Aufwertungsfaktor des Einkommens beziehungsweise im Inflationsausgleich der Renten. Ergebnis dieser Rechnung: Viele Rentner mit durchschnittlicher Lebenserwartung erhalten mehr von der AHV zurück als sie einbezahlt haben (in der untenstehenden Grafik sind alle Rentenzahlungen im dunklen Feld grösser als die Beiträge). Dies gilt für Frauen mit einem Jahreseinkommen bis zu rund 111'000 Franken und für Ehepaare bis zu einem massgebenden Jahreseinkommen von rund 166'000 Franken. Bei Männern dagegen liegt die Grenze aufgrund der längeren Beitragspflicht und der kürzeren Lebenserwartung bei etwa 66'000 Franken Jahreslohn.

Summe der bezahlten AHV-Beiträge und Summe der erhaltenen AHV-Renten

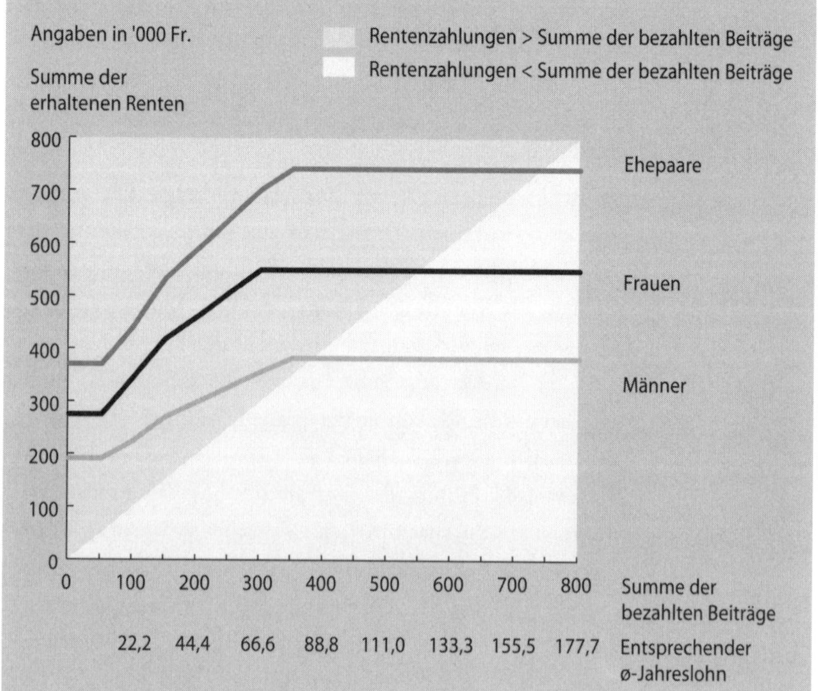

Diese Rechnung ist zwar stark vereinfacht, doch zeigt sie, dass insbesondere Frauen und Empfänger von Ehepaar-Renten selbst mit hohem Durchschnittseinkommen mehr Rente erhalten, als sie Beiträge geleistet haben. Dies ohne Berücksichtigung des Renten-Splittings, welches nochmals eine Leistungsverbesserung bringt. Die Renten müssen also finanziert werden von mehr als einem (vergleichbar gut verdienenden) Erwerbstätigen. Nun wird die Zahl der Jungen im Verhältnis zur Zahl der Alten immer kleiner, das Umlageverfahren stösst damit an seine Grenzen. Diese Systemfehler sind mit ein Grund dafür, dass sich die AHV in einer akuten Finanzierungskrise befindet und ohne neue Finanzierungsquellen in der heutigen Form nicht überleben kann.

Die Pensionskassenrente

Die Pensionskassenrente wird gespiesen aus dem persönlichen Pensionskassenguthaben, das während der Erwerbstätigkeit aufgebaut wird. Die Rentenhöhe ist abhängig von der Höhe des Guthabens und dem Rentenumwandlungssatz. Der Umwandlungssatz drückt die Höhe der Rente in Prozent des vorhandenen Kapitals aus. Bei der regulären Pensionierung im AHV-Alter beträgt der Umwandlungssatz 7,2%.

Aufbau der Pensionskassenrente

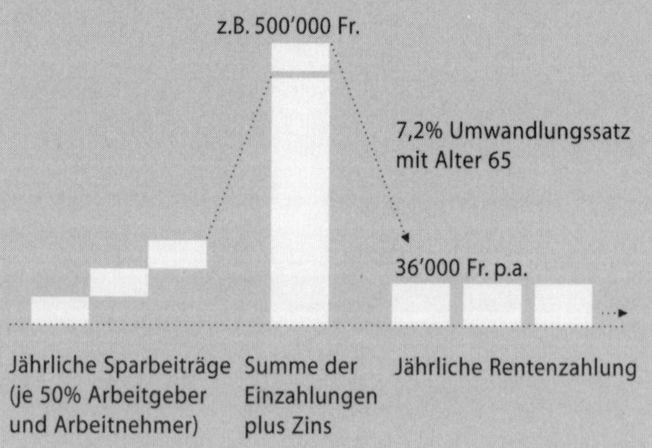

Frühzeitige Pensionierung

Erfolgt die Pensionierung vorzeitig, wird die Rente in der Regel gekürzt. Die Kürzung fällt sehr unterschiedlich aus. Als Faustregel gilt, dass jedes Ruhestandsjahr vor dem regulären Pensionierungsalter zu rund 4% weniger Rente führt. Einzelne Pensionskassen weichen zum Teil stark von dieser Regel ab. Die genauen Angaben sind im individuellen Reglement der Pensionskassen zu finden.

Witwenrente Die Ehefrau erhält als Witwe in der Regel 60% der Altersrente ihres Mannes. Einige Pensionskassen zahlen eine höhere Witwenrente. Eine Umfrage des VZ bei den 200 grössten Arbeitgebern der Schweiz (60 Auswertungen) hat ergeben, dass 38% eine Witwenrente von über 60% der Altersrente ausrichten.

Witwerrente Das Gesetz über die berufliche Vorsorge (BVG) schreibt keine Witwerrente vor. Hinterbliebene Ehemänner erwerbstätiger Frauen sehen also bei einem Todesfall der Frau nichts vom angesparten Pensionskassenkapital, das Vermögen fällt an die Pensionskasse. Die VZ-Umfrage hat gezeigt, dass 20% der Unternehmen nach wie vor keine Witwerrenten zahlen. Verheiratete Frauen sollten deshalb von solchen Pensionskassen eine Kapitalauszahlung anstelle einer Rente verlangen.

Witwen- und Witwerrente

in % der Altersrente

Höhe der Witwenrente **Höhe der Witwerrente**

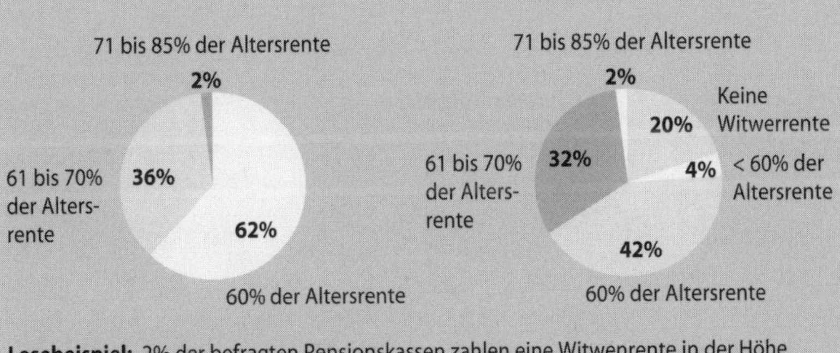

Lesebeispiel: 2% der befragten Pensionskassen zahlen eine Witwenrente in der Höhe von 71–85% der Altersrente.

Quelle: VZ-Umfrage bei den Pensionskassen der 200 grössten Schweizer Arbeitgeber, Auswertung des Rücklaufs von 60 Antworten (6/97)

Teuerungsausgleich

Die Rente der Pensionskasse stellt das Einkommen für 15, 20 oder noch mehr Jahre sicher. Über diese lange Zeit kommt dem Teuerungsausgleich ein besonderes Gewicht zu. Er ist weder gesetzlich vorgeschrieben noch in den Pensionskassenreglementen festgehalten – er wird in regelmässigen Abständen vom Stiftungsrat beschlossen. Entsprechend gross sind die Unterschiede zwischen den einzelnen Pensionskassen. Viele Kassen sind nicht einverstanden mit der Publikation der Daten. Daraus darf geschlossen werden, dass Pensionskassen, die in der Umfrage ihren Teuerungsausgleich bekanntgegeben haben, tendenziell überdurchschnittlich grosszügig sind. Die Mehrheit insbesondere der kleinen Kassen ist eher zurückhaltend mit der Anpassung der Renten an die Teuerung. Die frühere Praxis einer Kasse garantiert zwar keine künftigen Anpassungen. Trotzdem ist es wichtig, sich bei der eigenen Pensionskasse über den bisherigen Teuerungsausgleich zu informieren. In der folgenden Übersicht über Kassen ausgewählter Schweizer Arbeitgeber wird deutlich, wie gross die Unterschiede zwischen den einzelnen Pensionskassen sind.

Teuerungsausgleich

Unternehmen	Teuerungsausgleich
Bank Julius Bär	ø 1980 bis 1990: 3,25% p.a., 1985 bis 1995: 2,65% p.a.
Bühler	Unbekannt, häufig Sockelbeiträge neben linearen Prozenten zugunsten der tieferen Renten
Novartis (Ciba-Geigy PK)	Ca. die Hälfte der effektiven Teuerung
Credit Suisse	ø 1985 bis 1995: 2,9% p.a., vor 1985 nicht feststellbar, da Erhöhungen der AHV-Renten ebenfalls angerechnet wurden
Dow Europe	Seit 1985 drei Anpassungen. Erhöhungen individuell nach Rentenhöhe und Pensionierungsdauer
Ems Chemie	ø 1975 bis 1995: 4% p.a., Neuüberprüfung alle 3 Jahre

Teuerungsausgleich (Fortsetzung)

Unternehmen	**Teuerungsausgleich**
Galenica AG	ø 1975 bis 1995: 2,75% p.a.
Hilti	ø 1975 bis 1995: 0,2% p.a. Zusatzleistung für Altrentner: 1,5 bis 2% p.a.
Honegger Reinigungen	Kein Teuerungsausgleich
IBM	ø 1975 bis 1995: 2,5% p.a.
Loeb	Nicht ermittelbar
Migros	Keine Prozent-Angaben möglich, teilweise Auszahlung von fixen Beträgen
Nestlé	ø 1975 bis 1995: 2,92% p.a.
Oerlikon-Contraves	Zwei Pensionskassen, die per 1.1.1993 fusioniert haben mit unterschiedlichen Entwicklungen; nicht ermittelbar
Publicitas	Rentenbeginn vor 1.1.1993 voller Teuerungsausgleich per 30.4.94. Ø 1975 bis 1995 nicht ermittelbar
Ringier	1985 bis 1995: 31% total
Sarna Kunststoff	Bisher nur Kapitalauszahlungen
Schweizer Rück	ø 1975 bis 1995: 7,1% p.a. Ab 1982 degressiver Ausgleich mit Begrenzung bei hohen Renten
Siemens	Ca. alle 3 Jahre Rentenerhöhung, abhängig von der Pensionierungsdauer
Stadt Zürich	ø 1975 bis 1995: 3,5% p.a.
Swissair APK	ø 1975 bis 1996: 50% total, tendenziell kleinere Renten mit höherem, grössere Renten mit geringerem Ausgleich
Walo Bertschinger	1985 bis 1995: einmaliger Teuerungsausgleich von 4%
Winterthur Versicherung	ø 1975 bis 1995: 3,1% p.a.

* PTT, Rieter und ZKB: keine Angaben

Quelle: VZ-Umfrage bei den Pensionskassen der 200 grössten Schweizer Arbeitgeber, Auswertung des Rücklaufs von 60 Antworten (6/97)

Steuern Wie die AHV ist auch die Pensionskassenrente im Bund und den meisten Kantonen zu 80% als Einkommen zu versteuern. Ab 2002 werden Neurenten zu 100% besteuert.

Die private Leibrentenversicherung

Eine Leibrentenversicherung wird aus dem privaten Vermögen finanziert: Man «kauft» sich also eine lebenslange Rente. Dabei wird das eingesetzte Kapital verzehrt, doch verpflichtet sich die Versicherung, die Rente bis zum Lebensende zu bezahlen, auch wenn das Kapital aufgebraucht ist.

Finanzierung Eine Leibrentenversicherung kann über Jahre mit regelmässigen Jahresprämien vorfinanziert werden. Weitaus häufiger wird sie allerdings mit einer einmaligen grösseren Zahlung, einer Einmalprämie, gekauft.

Aufbau der privaten Leibrente

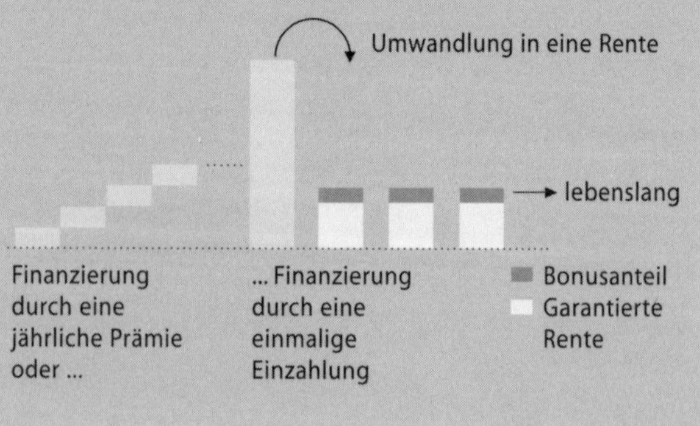

Rentenhöhe Die Höhe der Leibrente ergibt sich – wie bei der Pensionskassenrente – aus der Höhe des eingesetzten Kapitals und dem Umwandlungssatz. Der Umwandlungssatz ist abhängig von der Art der Rente, dem Bezugsalter und der Berechnungsart der jeweiligen Versicherungsgesellschaft. Allgemein gilt: Je höher das Alter bei Rentenbeginn, desto höher auch der Umwandlungssatz. Bei einem 62jährigen beispielsweise liegt der Umwandlungssatz bei 6,5%. Bei einer Einmalprämie von 100'000 Franken resultiert also eine Rente von 6'500 Franken pro Jahr. Ein 75jähriger Mann aber hat einen Umwandlungssatz von 8,3%, erhält also jährlich 8'300 Franken.

Statistisch haben die Frauen eine höhere Lebenserwartung als die Männer, deshalb ist der Umwandlungssatz für Frauen generell tiefer als für Männer. Bei Ehepaarrenten ist die Kombination des Alters von Mann und Frau die Berechnungsgrundlage. Die Abbildung zeigt die Umwandlungssätze für verschiedene Altersgruppen. Diese Sätze unterliegen gewissen Schwankungen. Deshalb ist es wichtig, vor

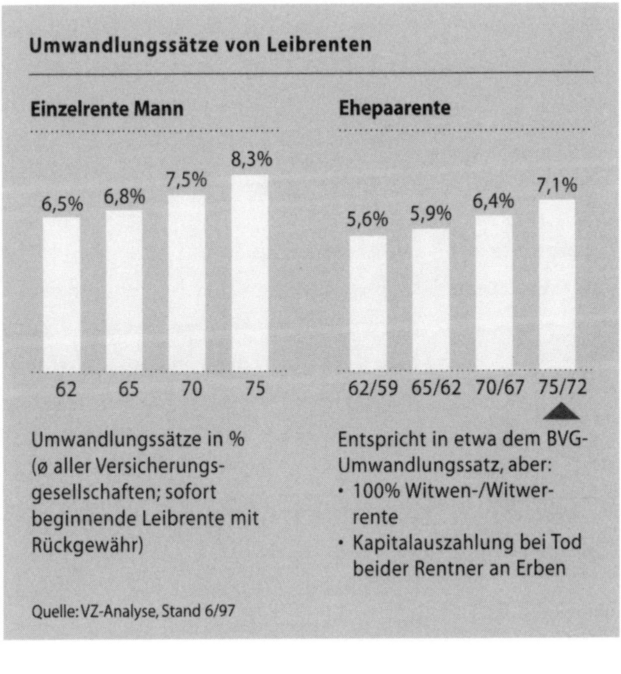

Abschluss einer privaten Leibrente die Angebote zu vergleichen oder vergleichen zu lassen.

Leibrente sofort oder aufgeschoben

Es gibt ganz unterschiedliche Arten von Leibrentenversicherungen. Bei der sofort beginnenden Leibrente setzt die Rentenzahlung sofort nach der Finanzierung ein. Die Rentenzahlung kann monatlich, vierteljährlich, halbjährlich oder jährlich erfolgen. Bei der aufgeschobenen Leibrente setzt die Rentenzahlung erst nach einem gewissen Aufschub ein. In dieser Zeit verzinst sich das einbezahlte Kapital: bescheiden, aber steuerfrei.

Leibrente mit oder ohne Rückgewähr

Eine Leibrente kann mit oder ohne Kapitalrückgewähr abgeschlossen werden. Stirbt die versicherte Person, bevor das eingesetzte Kapital verzehrt ist, geht das Restkapital in der Variante mit Rückgewähr an die begünstigten Erben. In der Variante ohne Rückgewähr fällt es an die Versicherungsgesellschaft. Der Renditevorteil bei Verzicht auf Rückgewähr ist in der Schweiz verhältnismässig gering. Die Variante ohne Rückgewähr ist nur in absoluten Ausnahmesituationen zu empfehlen.

Leibrente auf zwei Personen

Leibrenten können auf eine oder auf zwei Personen abgeschlossen werden. Bei Renten auf zwei Personen erfolgt die Rentenzahlung, solange eine der versicherten Personen am Leben ist. Nach dem Tod eines Partners kann die Höhe der Rente reduziert werden, so dass der Überlebende beispielsweise nur noch 80% oder 60% der früheren Rente erhält.

Leibrente in Fremdwährung

Leibrentenversicherungen können auch in einer Fremdwährung (DM, ECU, US$ oder £) abgeschlossen werden. Das höhere Zinsniveau führt zu besseren Umwandlungssätzen. Allerdings gibt es auf lange Sicht ein grosses

Fremdwährungsrisiko. Ein lebenslanges Renteneinkommen aus einer Fremdwährung erscheint nicht ratsam. Es gilt die Regel, einkommensorientierte Anlagen immer in der Währung zu machen, in der die Lebenshaltungskosten anfallen.

Verschiedene Arten von privaten Leibrenten

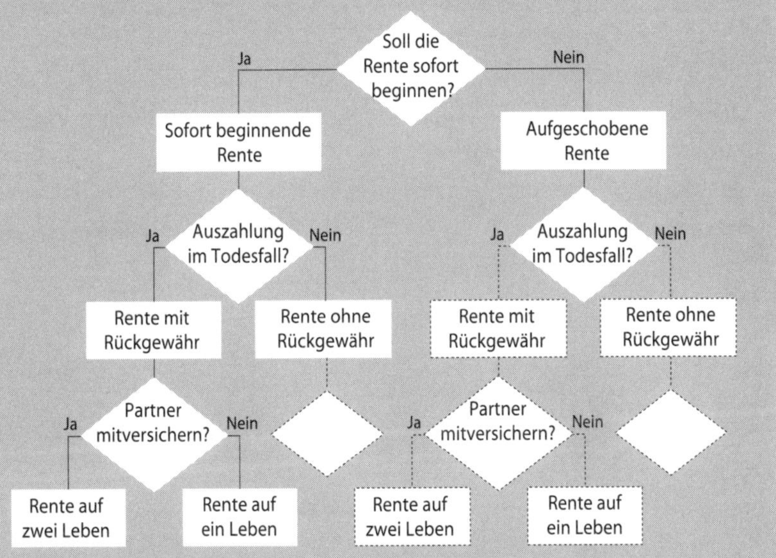

Steuern Die privat finanzierte Rente ist im Bund und den meisten Kantonen zu 60% als Einkommen steuerbar. Das Rückgewährskapital unterliegt nur bei der aufgeschobenen Leibrente der Vermögenssteuer, nicht aber bei der sofort beginnenden Leibrente.

Einkommen aus Vermögen: Übersicht

Wer eine Rente bezieht, hat Verantwortung delegiert: Er lässt sich sein Einkommen sichern durch eine Institution wie die AHV, eine Pensionskasse oder eine Versicherungsgesellschaft. Wer hingegen Einkommen aus seinem Vermögen erzielt, ist selbst verantwortlich für die Wahl der Anlageinstrumente. Als Anleger kann er zu jeder Zeit über seinen Kapitalstock verfügen. Diese Flexibilität hat ihren Preis – er ist in Form von Vermögenssteuern zu entrichten.

Brutto-Einkommen nicht gleich Netto-Einkommen

Auf Einkünften aus Vermögen ist ebenso wie auf Renten Einkommenssteuer fällig, also kann das Brutto-Einkommen, beispielsweise die Ausschüttungen von Obligationen oder der Ertrag einer vermieteten Liegenschaft, nicht voll eingesetzt werden für die Lebenshaltungskosten (Miete, Essen, Auto usw.).

Brutto-Einkommen nicht gleich Netto-Einkommen

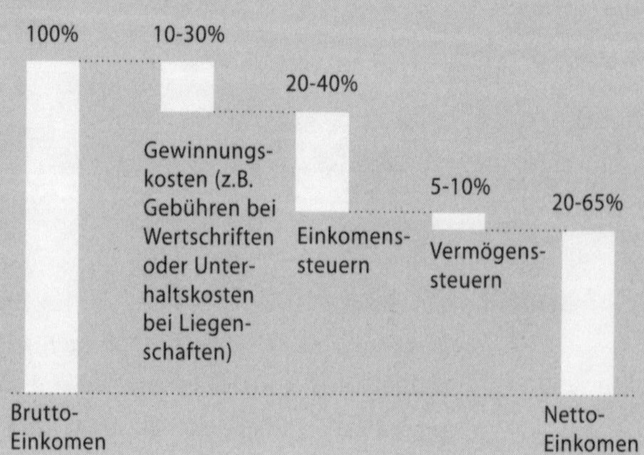

Vom Brutto-Einkommen abzuziehen sind die Gewinnungskosten, etwa die Gebühren der Bank für die Aufbewahrung von Wertschriften oder die Unterhaltskosten für eine vermietete Liegenschaft.

Die steuerliche Belastung dieser Einkommensteile kann ganz unterschiedlich sein – abhängig von der Höhe des restlichen Einkommens und dem Steuerdomizil (mehr dazu im Kapitel «Steuerplanung»). Nicht zu vernachlässigen ist die Vermögenssteuer: Auch sie ist in jedem Kanton unterschiedlich, doch fällt sie in der Regel weit weniger ins Gewicht als die Einkommenssteuer. Erst nach Abzug von Gewinnungskosten und Steuern ergibt sich die massgebende Grösse: das Netto-Einkommen, das zur Verfügung steht für die täglichen Bedürfnisse.

Referenzwährung

Wesentlich für die Beurteilung unterschiedlicher Einkommensquellen ist auch die Währung. Bezugsgrösse ist immer die Währung, in der die Lebenshaltungskosten anfallen: die Referenzwährung. Alle anderen Währungen, und seien sie noch so vertraut, sind Fremdwährungen. Analysen zu Einkommen, Rentabilität und Sicherheit müssen in jedem Fall in der Referenzwährung gemacht oder dann in diese umgerechnet werden.

Auswahlkriterien

Quelle allen Einkommens aus Vermögen ist in der Regel ein Anlageinstrument. Anlagen unterscheiden sich nicht nur bezüglich ihres Risikos (mehr zum Zusammenhang zwischen Risiko und Rendite im folgenden Kapitel), sondern auch darin, wann und wie Erträge anfallen. Wer also ein möglichst hohes Netto-Einkommen erreichen will, muss sich Gedanken machen über seine Bedürfnisse. Und wer schliesslich die richtige Einkommensquelle finden will, braucht entsprechende Auswahlkriterien:

Häufigkeit Soll das Einkommen monatlich, viertel- oder halbjährlich zur Verfügung stehen, oder genügt eine Auszahlung pro Jahr?

Höhe In welcher Höhe fallen die Erträge an? Die Höhe des Einkommens wird oft in Prozent der Anlagesumme ausgedrückt: 4% p.a. (per annum, pro Jahr) auf 100'000 Franken ergeben zum Beispiel ein Jahreseinkommen von 4'000 Franken. Wichtig ist der Zeitraum, auf den sich die Zinsangaben beziehen; allenfalls ist der Ertrag auf das Jahr umzurechnen.

Kontinuität Wie gross ist die Wahrscheinlichkeit, dass das Einkommen über lange Zeit in unveränderter Höhe fliesst? Das Einkommen kann sich ändern, wenn gesetzliche Grundlagen oder wirtschaftliche Rahmenbedingungen wechseln.

Flexibilität Wie flexibel sind die Anlageinstrumente? Der kurzfristige Kapitalbedarf kann schwanken: Einmal ist mehr, dann wieder weniger Einkommen nötig. Kann auf solche Veränderungen reagiert werden?

Steuern Schliesslich ist die Höhe der Steuern auf einer Einkommensquelle ein wesentliches Kriterium. Zu unterscheiden ist zwischen der Einkommenssteuer und der Vermögenssteuer. Die Vermögenssteuer erfasst die Substanz am Ende einer Periode, in der Regel zu 100% (Ausnahmen sind Aktien sowie Liegenschaften, die zu einem reduzierten Steuerwert taxiert werden). Die Einkommenssteuer hingegen richtet sich nach der Höhe der steuerbaren Erträge (z.B. Zinsausschüttungen von Konten, Festgeldern und Obligationen, Mieterträge, Dividendenzahlungen von Aktien), Kapitalgewinne sind steuerfrei (z.B. Einmalprämien von Tiefzinsobligationen, Kursgewinne von Aktien und Obligationen).

Auf der folgenden Grafik findet sich eine Zusammenstellung der wichtigsten Einkommensquellen, gegliedert nach den beschriebenen Kriterien.

Einkommen aus Vermögen

	Liquidität (Konti)	Zinswerte (Obligationen, Festgelder)	Aktien	Liegenschaften	Spezialfall: Vermögensverzehr
Häufigkeit	Periodische Zinsen, nachschüssig bezahlt	Periodische Zinsen, nachschüssig bezahlt	Dividenden (und realisierte Kursgewinne)	Periodische Netto-Mieteinnahmen	Bewusster Verzehr von Vermögensteilen
Höhe (in % des Anlagewertes)	in Fr.: ca. 2,5%, abhängig von der Kontoart	in Fr.: ca. 4,5%, in Fremdwährungen sehr unterschiedlich	Dividenden: ca. 2%; Kursgewinne: 4-10%, je nach Markt und Anlageperiode	4-6%, abhängig von Kostenstruktur und Leerwohnungsbestand	Flexibel; Faustregel: bei Verzehr über 10 Jahre ca. 12,5% des Startkapitals
Kontinuität	Mittel, abhängig vom aktuellen Zinsniveau	Hoch, abhängig vom Zinsniveau zum Zeitpunkt der Investition	Tief, abhängig von der Gewinnentwicklung der Unternehmen	Hoch, abhängig vom Leerwohnungsbestand/Hypothekarzinsniveau	Hoch, bis Substanz verzehrt
Flexibilität	Mittel, je nach Rückzugsmöglichkeiten	Keine während der Laufzeit	Mittel, je nach Marktentwicklung	Keine	Hoch, selbst zu bestimmen
Einkommenssteuern	Zinsen: 100%	Zinscoupon: 100% Kursgewinne: keine*	Dividenden: 100% Kursgewinne: keine	Netto-Mieterträge: 100%	Keine (exkl. Zinsen/Dividenden auf Restvermögen)
Vermögenssteuern	100%	Festgelder: 100%, Obligationen gemäss Kursliste	Zum Steuerwert	Zum Steuerwert der Liegenschaft (60-80%)	100%

* Kursgewinne bei Tiefzinsobligationen sind nur unter bestimmten Voraussetzungen steuerfrei (vgl. dazu VZ-Publikation «SteuerTip»)

Quellen des Einkommens

Fünf Quellen des Einkommens aus Vermögen sind grundsätzlich zu unterscheiden: Liquidität (Konti auf Banken), Zinswerte (Obligationen und Festgelder), Aktien und Liegenschaften. Eine spezielle Art, das Einkommen zu sichern, ist der bewusste Verzehr des Vermögens. Auf diese wichtigsten Einkommensquellen gehen wir hier ein – Anlageformen wie Gold, Schmuck oder Kunst lassen wir beiseite.

Liquidität (Konti)

Der Begriff «Liquidität» steht in der Regel für Bankkonti. Je nach Bedürfnis, Alter des Anlegers und Erwartungen in bezug auf die Verfügbarkeit des Kapitals stehen eine Vielzahl verschiedener Kontoarten zur Auswahl. Sie alle bieten den Vorteil, dass der Anleger zu jeder Zeit Geld beziehen kann, ohne ein Anlageinstrument (z.B. eine Obligation) verkaufen zu müssen. Die Zinserträge werden in der Regel am Ende des Jahres gutgeschrieben. Die Höhe der Zinsen richtet sich nach dem Markt und den Flexibilitätsansprüchen des Kontoinhabers – als Faustregel gilt: Je länger die Anlagedauer und je kleiner die Summe, die monatlich zurückgezogen werden kann, desto höher der Zins. Auf einem normalen Sparkonto wurden 1991 noch gegen 5,5% Zinsen ausgerichtet, heute sind es gerade noch 2 bis 2,5% Jahreszins. Zinsen von Konten sind voll als Einkommen zu versteuern; der Endjahresstand aller Konten ist im Wertschriftenverzeichnis als Vermögen zu deklarieren.

Zinswerte (Obligationen und Festgelder)

Grösster Unterschied von Bankkonten zu Obligationen und Festgeldern: Der Anleger verpflichtet sich gegenüber dem Schuldner für eine bestimmte Zeit. Dafür zahlt der Schuldner regelmässig fest vereinbarte Zinsen. Diese Zinsen sind abhängig vom aktuellen Zinsniveau zum Zeitpunkt des Geschäftsabschlusses und der Bonität des Schuldners. Ein schlechterer Schuldner muss also bessere Konditionen bieten, wenn seine Papiere gegenüber denen eines guten Schuldners konkurrenzfähig sein sollen. Einmal festgelegte Zinskonditionen können während der Laufzeit nicht neu verhandelt werden. Der Anlageentscheid für Obligationen oder Festgeld hängt vor allem vom Anlagehorizont ab: Für Obligationen entscheidet sich in der Regel, wer Kapital mehr als 12 Monate fest anlegen will. Zinserträge aus Festgeldern und Obligationen unterliegen zu 100% der Einkommenssteuer. Der Endjahreswert der Anlage wird ebenfalls zu 100% als Vermögen versteuert (Obligationen gemäss Kursliste der Eidgenössischen Steuerverwaltung).

Aktien

Wer eine Aktie kauft, beteiligt sich an Risiko und Gewinn einer Unternehmung. Das Einkommen aus einer Aktie setzt sich zusammen aus Dividendenausschüttungen und realisierten Kursgewinnen. Dividenden sind abhängig vom Unternehmensgewinn: Ein Unternehmen, das keinen Gewinn ausweist, zahlt in der Regel auch keine Dividende. Kursgewinne ergeben sich beispielsweise, wenn eine Aktie zum Kurs von 100 Franken gekauft und für 108 Franken wieder verkauft werden kann. Der Kurs einer Aktie ändert sich, wenn die Mehrzahl der Anleger die künftige Entwicklung eines Unternehmens neu einschätzt: Der Kurs steigt, wenn die Gewinnaussichten sich verbessern; wenn sie sich verschlechtern, fällt der Kurs. Die Flexibilität einer Geldanlage in Aktien ist abhängig von der aktuellen Marktlage: Entwickelt sich der Markt gut, kann man jederzeit aufgelaufene Gewinne realisieren, indem man Aktien verkauft. Sollte sich der Markt aber negativ entwickeln, entstünde beim Verkauf der Aktie ein Verlust. Nicht nur, dass dadurch kein Einkommen erzielt werden kann, sondern zusätzlich würde auch die Vermögenssubstanz reduziert.

Eindeutige Vorteile haben Aktien in bezug auf Steuern: Lediglich für Dividenden ist Einkommenssteuer zu entrichten (die Dividende von «Blue Chips», also von Aktien erstklassiger Unternehmen, liegt im Schnitt bei jährlich 2%). Gewinne aus dem Verkauf von Aktien bleiben von der Einkommenssteuer verschont. Aber Kursverluste können auch nicht vom steuerbaren Einkommen abgezogen werden. Ähnliche Vorteile gelten für Aktien bei der Vermögenssteuer: Die Eidgenössische Steuerverwaltung legt die Steuerwerte fest, die sich in der Regel aus den durchschnittlichen Kursen des letzten Kalendermonats ergeben.

Liegenschaften

Im Zusammenhang mit der Sicherstellung eines Einkommens interessieren nur Liegenschaften und Wohnungen, die an Drittpersonen vermietet werden, weil aus selbstbewohnten Liegenschaften oder Wohnungen kein Ertrag resultiert. Nur für die Steuerrechnung ist der Eigenmietwert als Einkommen zu deklarieren, effektiv findet aber keine Geldtransaktion statt.

Mieterträge fliessen kontinuierlich. Schwankungen gibt es nur, wenn Wohnungen leer stehen. Die Brutto-Mieterträge sind abhängig von den Hypothekarzinsen. Steigen diese, können die Zusatzkosten mindestens teilweise auf die Mieter überwälzt werden. Erträge aus Liegenschaften sind aber wenig flexibel; eine kurzfristige Anpassung nach oben oder nach unten ist ausgeschlossen. Die Netto-Mieteinnahmen unterliegen wie die Zinserträge voll der Einkommenssteuer. Die Vermögenssteuer auf Liegenschaften ist basiert auf speziellen Steuerwerten. Diese liegen in der Regel wesentlich unter dem Preis, der bei einem Verkauf gelöst werden könnte. Zielsetzung des Staates ist, 60 bis 80% des Marktpreises (Verkehrswert) als steuerbare Basis zu erfassen. Damit wird der Immobilität Rechnung getragen.

Vermögensverzehr

Wer sein Einkommen aus dem Verzehr von Vermögenswerten sicherstellt, braucht sein Vermögen auf. 100'000 Franken beispielsweise sind bei einem jährlichen Vermögensverzehr von 10'000 Franken nach zehn Jahren weg (Annahme: das Kapital wird nicht verzinst). Der Vermögensverzehr bietet einige Vorteile: Die Höhe des Einkommens ist hauptsächlich abhängig von der vorhandenen Substanz und der Zeit, über die man den Kapitalstock verzehren will. Und der Einkommensbedarf kann individuell und situativ gedeckt werden – keine andere Einkommensquelle bietet so viel Flexibilität. Steuervorteile kommen hinzu: Die 10'000 Franken, die in unserem Beispiel jährlich zur Verfügung stehen, sind in der Steuererklärung nicht als Einkommen zu deklarieren. Steuerbar ist lediglich das am Ende des Jahres vorhandene Vermögen, am Ende des ersten Jahres also noch 90'000 Franken.

Zinserträge

Liquidität Die einfachste Art, Geld zu deponieren und zu einem Einkommen zu kommen, ist das Bankkonto. Es gibt eine Vielzahl von unterschiedlichen Kontoarten; der Phantasie der Banken sind keine Grenzen gesetzt. Deshalb bietet jede Bank ihre spezielle Konto-Palette unter eigens entwickelten Bezeichnungen an. Traditionell sind vier Arten von Konten zu unterscheiden.

Unterschiedliche Kontoformen von Banken

	Zinsbandbreite (abhängig vom aktuellen Zinsniveau)	Rückzugsmöglichkeiten	Kündigungsfristen	Besonderes
Privatkonto	1/2 bis 4 1/2%	i.d.R. max. 50'000 Fr. pro Monat	Für grössere Beträge zwischen 2 und 3 Monaten	Gebühren sind z.T. abhängig vom Kontostand; einige Banken bieten auch Alters-Privatkonti mit einer etwas besseren Verzinsung an
Sparkonto	2 bis 5 1/2%	i.d.R. max. 5'000 Fr. pro Monat, z.T. mit einer Jahreslimite	Für grössere Beträge zwischen 2 und 6 Monaten	Gebühren sind z.T. abhängig davon, ob noch andere Konti bestehen
Anlagesparkonto	2 1/4 bis 6%	i.d.R. max. 10'000 Fr. pro Monat, z.T. mit einer Jahreslimite	Für grössere Beträge zwischen 2 und 6 Monaten	Diese Kontoart steht meistens nur in Verbindung mit einem Wertschriftendepot zur Verfügung
Seniorensparkonto	2 bis 5 3/4%	i.d.R. max. 10'000 Fr. pro Monat, z.T. mit einer Jahreslimite	Für grössere Beträge zwischen 2 und 6 Monaten	i.d.R. ab 60 Jahren möglich

Privatkonto Das Privatkonto, früher Lohn- oder Salärkonto genannt, ist die am meisten genutzte Kontoart. Die Zinsen sind tief, dafür sind die Bezugsmöglichkeiten nur wenig eingeschränkt. Das Privatkonto eignet sich für Ein- und Auszahlungen und die monatlichen Überweisungen, für Daueraufträge und das Lastschriftverfahren. In der Regel wird eine EC-Karte abgegeben, um den Geldbezug zu erleichtern. Privatkonten können praktisch zu jedem Zeitpunkt ohne Einbussen aufgelöst werden.

Sparkonto Sparkonti eignen sich besonders für Liquiditätspolster. Die Bezugsmöglichkeiten sind leicht eingeschränkter, dafür ist der Zins höher. Der Unterschied beträgt nicht selten 1% und mehr. Die Gebühren können beim Privat- wie beim Sparkonto davon abhängen, ob ein Mindestguthaben auf dem Konto liegt.

Anlagesparkonto Das Anlagesparkonto bietet noch etwas weniger Flexibilität zugunsten eines höheren Zinssatzes. In der Hochzinsphase wurde ein Anlagesparkonto etwa mit 6% verzinst, während Inhaber eines Sparkontos bestenfalls mit einem Zins von 5,5% rechnen konnten. Zusatzdienstleistungen wie etwa die EC-Karte sind anders als beim normalen Sparkonto nicht vorgesehen. Ein Anlagesparkonto kann oft nur eröffnet werden, wenn bei der gleichen Bank ein Wertschriftendepot gehalten wird.

Seniorensparkonto Das Seniorensparkonto ist eigentlich ein normales Sparkonto. In den Genuss eines Seniorensparkontos – mit einem Zins, der oft gut $^1/_4$% höher ist als beim normalen Sparkonto – kommt in der Regel nur, wer über 60 ist. Bezugsmöglichkeiten und Kündigungsfristen sind ähnlich wie beim Anlagesparkonto.

Kombinationen unterschiedlicher Kontoarten

Am besten fährt, wer die Vorteile der verschiedenen Kontoarten nutzt: Vom Privatkonto können ohne Kostenfolge umgehend 5'000 oder 10'000 Franken abgehoben werden. Doch sollten nicht 100'000 Franken auf dem Privatkonto liegen, wenn der Liquiditätsbedarf viel tiefer ist – sinnvollerweise liegt der grössere Teil der liquiden Mittel auf Spar- oder Alterssparkonten. Ist das Privatkonto aufgebraucht, kann es durch eine Überweisung vom Sparkonto wieder aufgefüllt werden.

Obligationen

Wer sein Einkommen ohne grosses Risiko erhöhen und relativ flexibel bleiben will, dem bieten sich Obligationen in Schweizer Franken als interessante Alternative zum Bankkonto an: Man stellt sein Kapital einem Schuldner zur Verfügung, der als Gegenleistung einen im voraus festgelegten Zins zahlt und das Versprechen abgibt, am Ende der Laufzeit das Kapital zurückzuzahlen.

Renditen von Obligationen konstant

Schweizer Obligationen erwirtschaften durchschnittlich 4,5% Jahresrendite. Dieser Erfahrungswert basiert auf einer über 70jährigen Beobachtungsperiode von 1926 bis 1996 (vgl. nachfolgende Abbildung). Allerdings ist zu beachten, dass die Renditen nominal, also nicht inflationsbereinigt, ausgewiesen sind. Interessant ist die Konstanz der jährlichen Renditen. Nur in sieben Jahren wurde eine Rendite von mehr als 10% erzielt. Anderseits war die Rendite lediglich vier Mal (1973, 1979, 1989 und 1994) negativ.

Qualität des Schuldners

Die Rendite oder das durchschnittliche Einkommen aus der Obligation ist eine wichtige Grösse, die Sicherheit ist die andere. Wie sind nun die einzelnen Schuldner bezüglich Sicherheit einzustufen? Es ist nicht die beste Möglichkeit, sich auf den Namen oder den Bekanntheitsgrad eines Un-

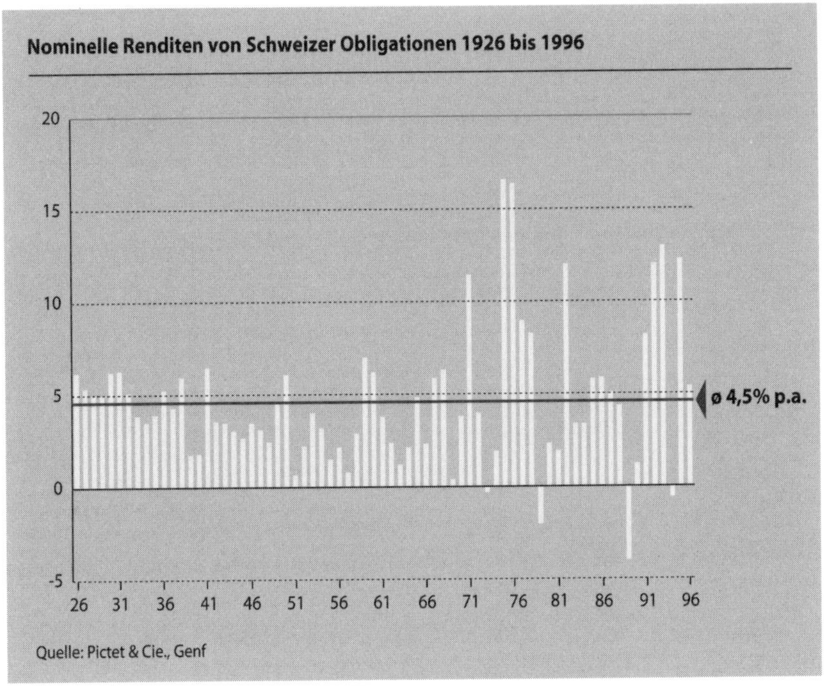

ternehmens zu verlassen. Eine Orientierungshilfe bieten die sogenannten Ratings: Einstufungen der Schuldnerqualität. Diese Ratings werden von spezialisierten Firmen wie Standard & Poor's oder Moody's veröffentlicht (vgl. nachfolgende Abbildung).

Ein «AAA»-Rating («Triple A») besagt, dass der Schuldner über eine ausserordentlich grosse Kapazität für Zins- und Kapitalrückzahlungen verfügt. Generell können Schuldner mit mindestens einem «A» als zuverlässig betrachtet werden. Bei Einstufungen mit «B», «C» oder «D» hat die Rating-Agentur eingeschränkte bis grosse Bedenken, ob Zinsen bezahlt und Schulden getilgt werden können. Wer sein Einkommen sichern will, sollte grundsätzlich keine Obligationen kaufen mit einem schlechteren Rating als «A».

Rating-Systeme für langfristige Verbindlichkeiten

S&P	Moody's	Bemerkungen
AAA	Aaa	Beste Schuldnerqualität, Zinsendienst und Rückzahlung ausserordentlich sicher.
AA+ AA AA–	Aa1 Aa2 Aa3	Sehr starke Zins- und Rückzahlungsfähigkeit. Geringe Differenz zu AAA-Rating.
A+ A A–	A1 A2 A3	Starke Zahlungsfähigkeit, aber beeinflusst von Veränderungen des Umfelds, der Konjunktur und der Branche.
BBB+ BBB BBB–	Baa1 Baa2 Baa3	Ausreichende Zahlungsfähigkeit, aber starke Konjunktur- und Umfeldempfindlichkeit.
BB+ BB BB–	Ba1 Ba2 Ba3	Obligation hat spekulative Charakteristiken. Beschränkte Zahlungsfähigkeit. Bei Veränderungen im Bereich von Zinsen und Konjunktur sehr exponiert.
B+ B B–	B1 B2 B3	Schuldner ist noch zahlungsfähig, aber ein schwieriges Umfeld vermindert die Zahlungsfähigkeit und -willigkeit des Emittenten.
CCC+ CCC CCC-	Caa	Akute Gefahr eines Zahlungsverzugs bzw. -ausfalls. Zahlungsfähigkeit ist abhängig von einer Verbesserung des Geschäfts-, Zins- oder Konjunkturumfelds.
CC	Ca	Hochspekulativ, geringe Zahlungsfähigkeit des Schuldners.
C	C	Ausfallrisiko extrem hoch. Sehr geringe Wahrscheinlichkeit der vollständigen und termingerechten Bedienung der Verbindlichkeiten.
D		Zins oder Rückzahlung im Verzug.

Obligationen in Fremdwährungen

In der Schweiz waren die Renditen von Obligationen auch über längere Zeit betrachtet stets tiefer als im Ausland. In den 20 Jahren von 1976 bis 1995 lag die durchschnittliche Rendite (Zinscoupon und Kursentwicklung) von Schweizer Obligationen bei 5,6%. Deutsche Rentenpapiere brachten in der gleichen Zeit durchschnittlich 2,6% mehr Rendite,

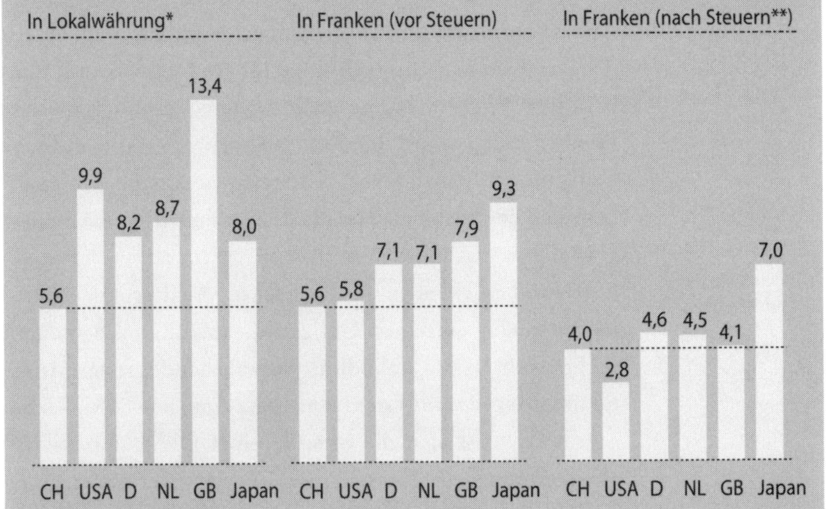

Unterschiedliche Obligationenrenditen

Basis: Durchschnittliche annualisierte monatliche Rendite von 1976 bis 1995, in %

* Gesamtrendite (Zinscoupon und Wertentwicklung)
** Annahme: Grenzsteuersatz von 35%

Quelle: VZ Investment Research

also eine Mehrrendite von beinahe 50%. In den USA oder in England war der Unterschied nochmals wesentlich grösser. Die hohen Zinsen im Ausland veranlassen manchen, sein Geld in Fremdwährungen anzulegen. Doch auch im Ausland wachsen die Zinsen nicht in unermessliche Höhen – zumindest nicht, wenn man die Renditen wieder in die Referenzwährung, also den Schweizer Franken, umrechnet. Hohe Zinsen sind meist gleichbedeutend mit hoher Inflation und damit einem geringeren Geldwert. Wie stark der Wechselkurs die Ergebnisse beeinflussen kann, zeigt der Dollar: 1977 kostete ein US-Dollar rund 2.45 Franken. In kürzester Zeit hat sich der Kurs auf einem wesentlich tieferen Niveau um 1.70 Franken eingependelt (1979 bis 1981). Zwar stieg der Dollar wieder auf 2.80 Franken, fiel dann aber erneut auf unter 1.20 Franken (1995). Dieser Verlust von mehr als 50% konnte mit der höheren Verzinsung von US-Obligationen gerade wettgemacht werden. Papiere aus den europäischen Hartwährungsländern Deutschland, Holland und England hatten auch umgerechnet in Schweizer Franken eine bessere Rendite (vor Steuern) als inländische Obligationen. Noch besser rentierten japanische Obligationen, weil der Yen stärker wurde und so zusätzlich Währungsgewinne zu machen waren.

Noch erhellender ist die nächste Analyse: die Netto-Renditen der einzelnen Obligationenmärkte nach Steuern in Franken (siehe Abbildung vorangehende Seite). Angenommen wurde eine Grenzsteuerbelastung von 35%. Zu beachten ist, dass sich die Rendite einer Obligation zusammensetzt aus dem Zins-Coupon und der Wertentwicklung (Kurssteigerung).

So betrachtet, hatten Schweizer Obligationen auch nach Steuern noch eine durchschnittliche Rendite von 4%. Amerikanische Obligationen dagegen gerade noch 2.8%. Das wesentlich höhere Risiko wurde in Deutschland und Holland mit einem Rendite-Plus von 0,6 bzw. 0,5% entschädigt, während englische Obligationen praktisch die gleiche Rendite hatten wie Schweizer Papiere. Einzig Japan weist eine deutlich bessere Rendite aus – aber auch nur dank massiver Währungsgewinne. Grund dieser drastischen Reduktion der Netto-Renditen: Die hohen Zinscoupons, die voll als Einkommen zu versteuern sind.

Konto oder Obligation?

Konten oder Obligationen sind geeignete Instrumente zur Einkommenssicherung. Es ist aber wichtig, dass man die Anlageinstrumente entsprechend ihren Vorteilen nutzt:

- Bankkonten für kurzfristige Liquidität; je nach Zeithorizont und Flexibilitätsbedürfnissen ist die richtige Kontoart zu wählen
- Obligationen, um über eine gewisse Zeit ein konstantes Einkommen zu erzielen; hohe Zinsen im Ausland können je nach Zeitpunkt sehr verlockend sein, doch sollte man sich stets vergegenwärtigen, in welcher Währung die Ausgaben für Miete, Auto oder Nahrungsmittel anfallen.

Dazu ein Beispiel:

Beispiel

Basis: Steuerpflichtiger, dessen Einkommen einem Grenzsteuersatz von 25% unterliegt

Gewünschtes Einkommen (nach Steuern)	2'000 Fr. /Monat 24'000 Fr. /Jahr

Notwendiges Kapital bei:

• Anlage in Fr.-Obligationen (Annahme: ø Verzinsung 4,5% p.a. vor Steuern bzw. 3,375% p.a. nach Steuern)	711'000 Fr.
• Anlage in Sparkonti (Annahme: ø Verzinsung 3,0% p.a. vor Steuern bzw. 2,25% p.a. nach Steuern)	1'067'000 Fr.

Um ein Einkommen von 24'000 Franken pro Jahr (nach Steuern) zu erzielen, sind bei einer durchschnittlich zu erwartenden Rendite von 4,5% Schweizer Obligationen im Wert von 711'000 Franken nötig. Um das gleiche Einkommen zu erreichen, müsste ein Sparkonto einen Saldo von 1'067'000 Franken ausweisen. Oder anders formuliert: Auf dem Sparkonto müsste 50% mehr Kapital liegen.

Aktienerträge

Wer gut schlafen will, kauft Obligationen. Wer gut essen will, kauft Aktien. In der Folge wollen wir dieses Sprichwort einer genaueren Prüfung unterziehen.

Mit einer Aktie beteiligt man sich am Risiko und am Gewinn einer Unternehmung. Aktien werden normalerweise im Depot einer Bank aufbewahrt. Dafür verlangt die Bank eine Depotgebühr. Auch für Aktien gilt: Brutto- ist nicht gleich Netto-Einkommen. Einkommen aus Aktien fallen an als Dividendenausschüttungen und Kursgewinne. Dividenden unterliegen der Verrechnungssteuer und sind im Wertschriftenverzeichnis der Steuererklärung zu deklarieren. Kursgewinne unterliegen nicht der Einkommenssteuer; wer sie realisieren will, verkauft die Aktie. Dabei fallen Verkaufsgebühren an.

Im Zusammenhang mit der Einkommenssicherung interessieren Mass, Sicherheit und Regelmässigkeit der zu erwartenden Geldflüsse.

Durchschnittliches Einkommen

In der folgenden Grafik sind die durchschnittlichen Kursgewinne und Dividendenausschüttungen sechs verschiedener Schweizer Unternehmungen über zehn Jahre dargestellt.

Die Papiere des Schweizerischen Bankvereins (SBV) haben in dieser Periode durchschnittlich eine jährliche Rendite von 5,68% gebracht. Diese Gesamtrendite setzt sich zusammen aus einem durchschnittlichen Kursgewinn von 1,38% und einer durchschnittlichen Dividendenrendite von 4,3%. Allein die Dividendenrendite entspricht schon knapp der durchschnittlichen Gesamtrendite einer Schweizer Obligation. Dividendenausschüttungen unterliegen wie Zinserträge von Obligationen voll der Einkommenssteuer. Zusätzlich hat die SBV-Aktie aber jährlich noch 1,38% steuerfreien

Renditen Schweizer Blue-Chip-Aktien von 1987 bis 1996

	Durchschnittlicher Kursgewinn p.a.	Durchschnittliche Dividendenrendite p.a.	Durchschnittliche Gesamtrendite p.a.
ABB, Inhaber	+17,24%	+1,4%	+18,64%
Nestlé, Namen	+11,48%	+2,3%	+13,78%
Roche, GS	+24,35%	+0,9%	+25,25%
SBV, Namen	+1,38%	+4,3%	+5,68%
Schweiz. Rück, Namen	+12,61%	+1,6%	+14,21%
Sulzer, Namen	11,14%	+2,3%	+13,44%
	Steuerfreie Kapitalgewinne	Steuerbare Erträge	Mix aus steuerbaren und steuerfreien Renditeelementen

Quelle: VZ Investment Research

Kursgewinn eingebracht. Die Bankverein-Aktie entspricht also einer Schweizer Obligation mit zusätzlichem Kursgewinnpotential. Trotzdem war die Entwicklung dieser Aktie im Vergleich mit anderen Papieren schwach. Das beste Resultat haben die Titel der Roche erwirtschaftet: Mit einer durchschnittlichen Gesamtrendite von 25,25% im Jahr hat sie die ABB-Aktie um mehr als 6% übertroffen.

Abgesehen von der Bankverein-Aktie waren alle aufgeführten Titel in diesem Zeitraum sehr lukrativ – mit einer massiv höheren durchschnittlichen Gesamtrendite als Schweizer Obligationen. Das Sprichwort wäre somit falsch: Wer langfristig gut schlafen und gut essen will, kauft Aktien.

Grosse Schwankungen

Nun ist aber unsere Darstellung nicht gerade aussagekräftig. Die Renditen einzelner Aktien können vom Gesamtmarkt stark abweichen. Deshalb benutzt man als Messgrösse einen Index, für Schweizer Aktien kann z.B. der SPI («Swiss Performance Index») oder der «SBV General Price Index» herangezogen werden. Diese Indices repräsentieren den durchschnittlichen Kursverlauf sämtlicher an der Schweizer Börse kotierten Aktien. Auf der folgenden Grafik finden sich die nominellen Schweizer Aktienrenditen von 1926 bis 1996.

Anstelle ansehnlicher Durchschnittsrenditen von Einzeltiteln sehen wir stark schwankende Jahresrenditen. Die Analyse der Renditen ergibt folgendes Bild: In 50 Jahren verzeichnete der Index eine positive Rendite, sieben Mal über 40%. In den 21 negativen Jahren mussten immerhin

Nominelle Renditen von Schweizer Aktien 1926 bis 1996

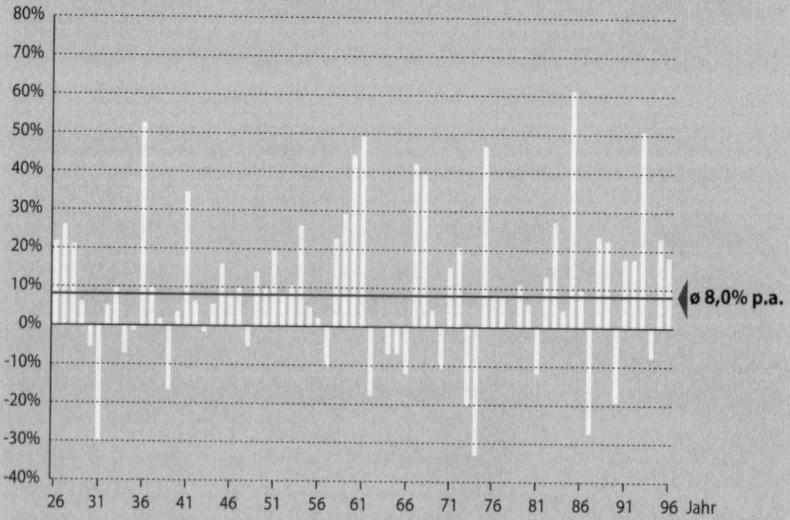

Quelle: Pictet & Cie., Genf

zwei Mal Verluste von mehr als 30% hingenommen werden. Über die gesamte Zeit aber brachte eine Investition in den Schweizer Aktienmarkt jährlich durchschnittlich knapp 8% Rendite. Langfristig also ist die Rendite von Aktien positiv und attraktiver als die Rendite von Obligationen. Die höhere Aktienrendite aber braucht Zeit: in der Regel zwischen acht und zehn Jahre. Da die Renditen von Aktien stark schwanken, ist auch das Einkommen aus Aktien (Dividenden und realisierte Kursgewinne) nicht konstant.

Dividenden unregelmässig

Wie unregelmässig das Einkommen aus Aktien sein kann, erkennen wir am Beispiel der Dividendenausschüttungen der Sulzer-Namensaktie.

Dividenden: Beispiel Sulzer 1976 bis 1996

Basis: Sulzer Namen, 100 Fr. nominal, unter Berücksichtigung des Aktiensplits 1991

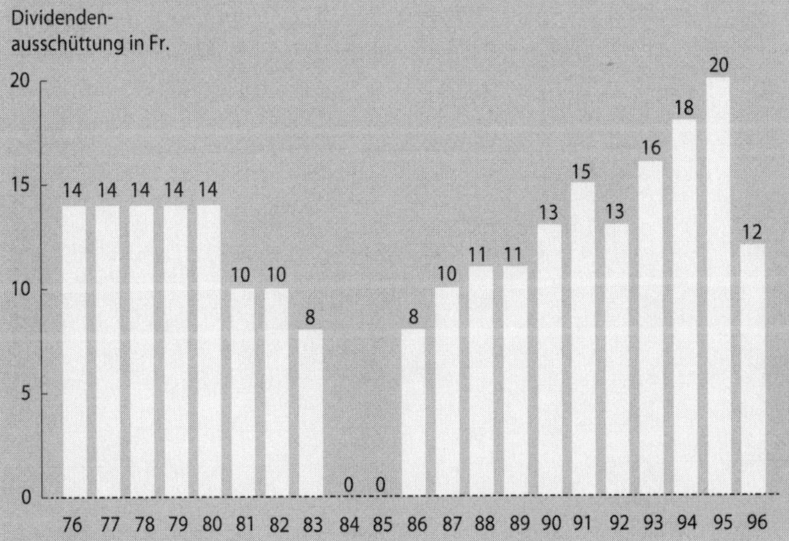

Quelle: Gebrüder Sulzer AG

In den 21 Jahren von 1976 bis 1996 wurde durchschnittlich eine Dividende von 11 Franken pro Aktie zum Nominalwert von 100 Franken bezahlt. In den ersten fünf Jahren lag das Einkommen konstant bei 14 Franken, dann sank es bis auf 0 in den Jahren 1984 und 1985. Erst danach konnte ein mehr oder weniger stetiger Anstieg des Einkommens bis auf 20 Franken im Jahr 1995 verzeichnet werden.

Wer sein Einkommen mit Sulzer-Aktien sicherstellte, hatte 1984 und 1985 harte Jahre – obwohl gerade 1985 mit einer Jahresrendite von über 60% das beste Schweizer Börsenjahr überhaupt war.

Renditen langfristig

Die langfristige Attraktivität ist keine Besonderheit des Aktienmarktes Schweiz. Auch ausländische Aktienmärkte bringen langfristig bessere Renditen als Obligationen. Aber schliesslich ist auch hier die Wertentwicklung der Märkte in der Referenzwährung ausschlaggebend.

Langfristige Renditen von Aktienmärkten

Basis: Durchschnittliche Indexentwicklung pro Jahr 1976 bis 1996, ohne Dividende (ca. 1 bis 3 Prozentpunkte)

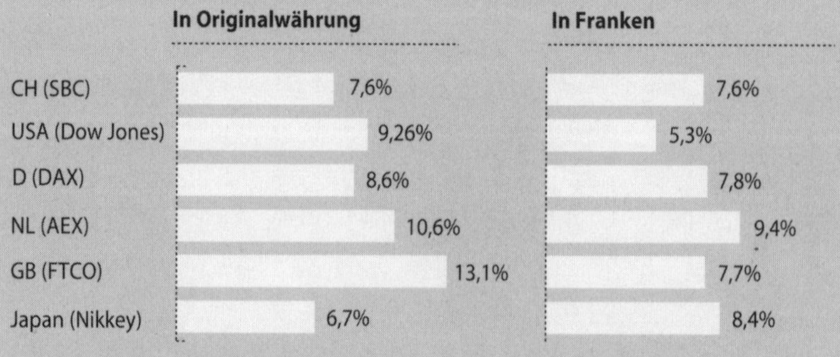

Quelle : VZ Investment Research

Alle Aktienmärkte in der Abbildung entwickelten sich in Landeswährungen gerechnet noch besser als der Schweizer Markt. Berücksichtigt man aber die Währungsentwicklung gegenüber dem Schweizer Franken, sieht das Ergebnis anders aus. Beispielsweise weist der amerikanische Aktienmarkt dann eine tiefere durchschnittliche Rendite aus. Der japanische Aktienmarkt konnte im Gegensatz zu allen anderen aufgeführten Börsen einen Währungsgewinn erzielen, um den die Rendite aufgebessert wurde.

Pro und Kontra

Einkommen aus Aktien unterliegt grossen Schwankungen. Dieses Einkommen setzt sich zusammen aus Dividendenausschüttungen und realisierten Kursgewinnen. Damit ein Unternehmen Dividenden ausschütten kann, muss es Gewinne machen. Kursgewinne sind nur zu realisieren bei Kursbewegungen, die davon abhängig sind, ob die Anleger an steigende Unternehmensgewinne glauben. Für Anleger, die neben Einkommen aus Renten einen zusätzlichen und konstanten Einkommensbedarf haben, ist die Aktie eine riskante Einkommensquelle. Riskanter als beispielsweise die Obligation. Als langfristige Anlage aber, etwa für den Aufbau eines Kapitalstocks, ist die Aktie dank hoher durchschnittlicher Rendite sehr interessant. Hinzu kommen die steuerlichen Vorteile, die aber weniger zählen als Sicherheit und Konstanz, wenn es darum geht, laufend Einkommen zu erzielen.

Erträge aus Liegenschaften

Erträge aus Liegenschaften fallen an, wenn ein Objekt an Drittpersonen vermietet wird. Diese Erträge stellen für den Eigentümer Einkommen dar. Die Mietzins-Einnahmen sind Brutto-Erträge, in der Höhe abhängig vom Objekt, seiner Lage, dem Ausbaustandard oder auch der Mietauslastung.

Netto-Rendite einer vermieteten Liegenschaft

Beispiel: Mehrfamilienhaus in der Stadt Zürich mit je vier 3 1/2- und 4 1/2-Zimmerwohnungen; Anlagesumme 3 Mio. Fr. (Steuerwert 2 Mio. Fr.); durchschnittliche Brutto-Rendite pro Wohnung: 2'000 Fr./Monat; Grundpfandbelastung von 1,2 Mio. Fr. zu 5,5% fix; Grenzsteuersatz auf dem Einkommen: 35%; Grenzsteuersatz auf dem Vermögen: 0,7%, Angaben in 1000 Fr.

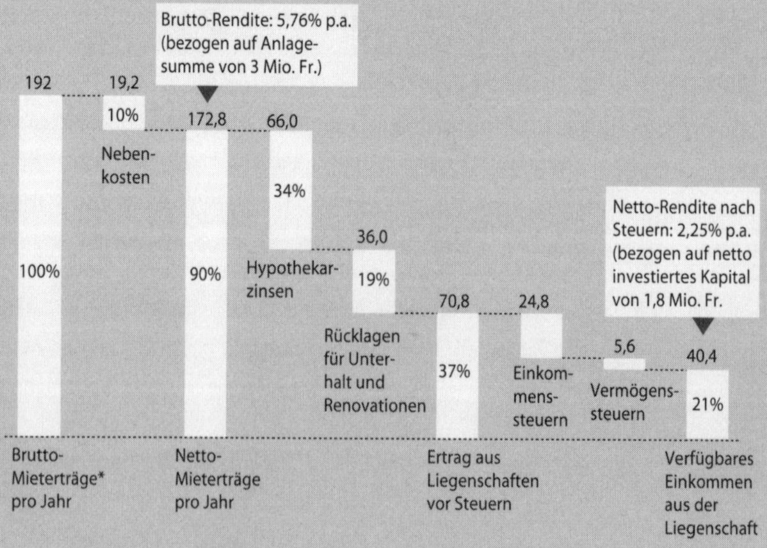

* Die Höhe der Brutto-Mieterträge ist abhängig von Mieterstruktur, Lage, Leerwohnungsbestand und Hypothekarzinsniveau

Verfügbares Einkommen

Auch für die Brutto-Mieterträge gilt: Nur das verfügbare Netto-Einkommen zählt schliesslich.

Am Beispiel in der Grafik sind alle wesentlichen Faktoren dargestellt, die das Brutto-Einkommen reduzieren. Die Nebenkosten für Unterhalt und Reparaturen können von Jahr zu Jahr sehr unterschiedlich ausfallen. Es ist zu beachten, dass nicht alle Unterhaltskosten in der Steuerrechnung geltend gemacht werden können (mehr zu den Unterhaltskosten von Liegenschaften in der VZ-Publikation «Steuer-Tip»). In unserem Beispiel haben wir 10% Unterhaltskosten angenommen. Das Alter einer Liegenschaft beeinflusst die Höhe der Nebenkosten: Bei älteren Liegenschaften fallen in der Regel mehr Reparaturen an als bei Neubauten.

Die Brutto-Mieterträge reduziert um die Nebenkosten ergeben die Netto-Mieterträge, bezogen auf die Anlagesumme die Brutto-Rendite – in unserem Beispiel 5,76% p.a. Diese Grösse kann nun mit den Renditen von Schweizer Obligationen (4,5%) oder Aktien (8%) verglichen werden.

Doch die Netto-Mieterträge stehen nicht voll als Einkommen zur Verfügung. Je nach Fremdfinanzierungsgrad (Anteil des Fremdkapitals an der Anlagesumme) oder bestehender Hypothekarschuld sind die Zinszahlungen in Abzug zu bringen. In unserem Beispiel bestehen Hypotheken von 1,2 Millionen Franken. Die jährlichen Zinszahlungen von 5,5% ergeben eine Hypothekarzinsbelastung von 66'000 Franken. Bei einer umfassenden Betrachtung dürfen die Rücklagen für künftige Unterhaltsarbeiten ebenso wenig vernachlässigt werden wie weitere Reserven z.B. für allfällige Grundstückgewinnsteuern.

Reduziert man die Netto-Mieterträge um die Schuldzinsen für Hypotheken und die Rückstellungen, ergibt sich das steuerbare Einkommen, das voll von der Einkommenssteuer erfasst wird. In unserem Beispiel wird die Steuerbelastung durch Multiplikation der steuerbaren Erträge mit dem Grenzsteuersatz von 35% (Steuerbelastung auf den letzten 1'000 Franken Einkommen) ermittelt. Auch die Vermögenssteuer ergibt sich durch die Multiplikation des angenommenen Steuerwerts von 2 Millionen reduziert um die bestehende Hypothek von 1,2 Millionen Franken mit dem Grenzsteuersatz von 0,7% (Steuerbelastung auf den letzten 100'000 Franken Vermögen). Dem Eigentümer in unserem Beispiel steht also jährlich ein Einkommen von 40'420 Franken zur Verfügung. Bezogen auf das investierte Eigenkapital von 1,8 Millionen Franken (Anlagesumme von 3 Millionen Franken minus Hypothekarschuld von 1,2 Millionen Franken) entspricht dies einer Netto-Rendite von jährlich 2,25%.

Hypothekarzinsen

Bei einer vermieteten Rendite-Immobilie mit guter Mieterstruktur an begehrter Lage sind die Brutto-Einnahmen hauptsächlich vom Hypothekarzinsniveau abhängig: Steigen die Hypothekarzinsen, steigen auch die Brutto-Mieteinnahmen, weil ein Teil der höheren Kapitalkosten auf die Mieter überwälzt werden kann.

Der Hypothekarzinssatz wird vor allem bestimmt durch die Konditionen, zu denen sich die Bank Kapital beschaffen kann (Refinanzierung). Unterschieden werden Hypotheken mit festen und solche mit variablen Zinsen. Bei einer Festhypothek vereinbart man mit dem Kreditgeber eine feste Laufzeit zu einem festen Zinssatz – angenehm für den Kreditnehmer, weil er über eine längere Zeit mit festen Kosten rechnen kann. Bei einer Hypothek mit variablen Zinssätzen werden weder Laufzeit noch Zinskonditionen fixiert. Den Zinssatz bestimmt die Bank in der Regel drei Monate im voraus aufgrund der aktuellen Refinanzierungskonditionen.

Entwicklung des Hypothekarzinssatzes (1945 bis 1996)

Zinssatz für variable 1. Hypotheken (Wohnungsbau)

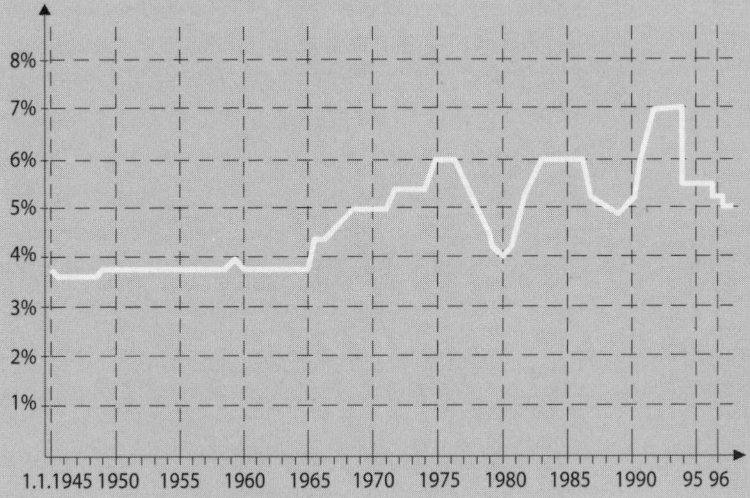

Quelle: VZ Investment Research

Zwischen 1944 bis 1996 schwankte der variable Zinssatz in einer Bandbreite von 3 5/8 und 7%. Für eine Hypothekarschuld von 100'000 Franken mussten also pro Jahr zwischen 3'625 Franken und 7'000 Franken Zinsen bezahlt werden.

Pro und Kontra

Bei einer Liegenschaft an guter Lage und entsprechender Mieterstruktur ist das Einkommen aus Liegenschaften relativ stabil – ungeachtet möglicher Veränderungen der Hypothekarzinsen. Anders als bei Wertschriften entstehen aus Liegenschaften Verpflichtungen. Der Liegenschaftenbesitzer ist Ansprechpartner für die Mieter, er ist verantwortlich für den Unterhalt und die Reparaturen der Liegenschaft. Selbstverständlich können diese Verpflichtungen delegiert werden, damit entstehen aber wieder Kosten, und die Netto-Mieteinnahmen werden kleiner. Dennoch kann eine vermietete Wohnung oder ganze Liegenschaft eine attraktive und sichere Einkommensquelle sein.

Erträge aus Vermögensverzehr

Die Vorstellung, Einkommen zu erzielen durch bewussten Verzehr von Vermögensteilen, widerstrebt im ersten Augenblick manchem Anleger. Doch bietet diese Möglichkeit viele Vorteile: Man ist beispielsweise in der Einkommensgestaltung (Höhe und Regelmässigkeit) sehr flexibel, und das Einkommen steht jederzeit zur Verfügung. Wesentlicher Nachteil: Je nach Einkommensbedarf und vorhandener Substanz ist das Vermögen schnell aufgebraucht und steht für das künftige Einkommen nicht mehr zur Verfügung.

Verfügbares Einkommen

Wieviel Einkommen ist bei einem Vermögensverzehr zu erzielen? Im folgenden Beispiel eine Kalkulation auf der Basis eines Vermögens von 100'000 Franken.

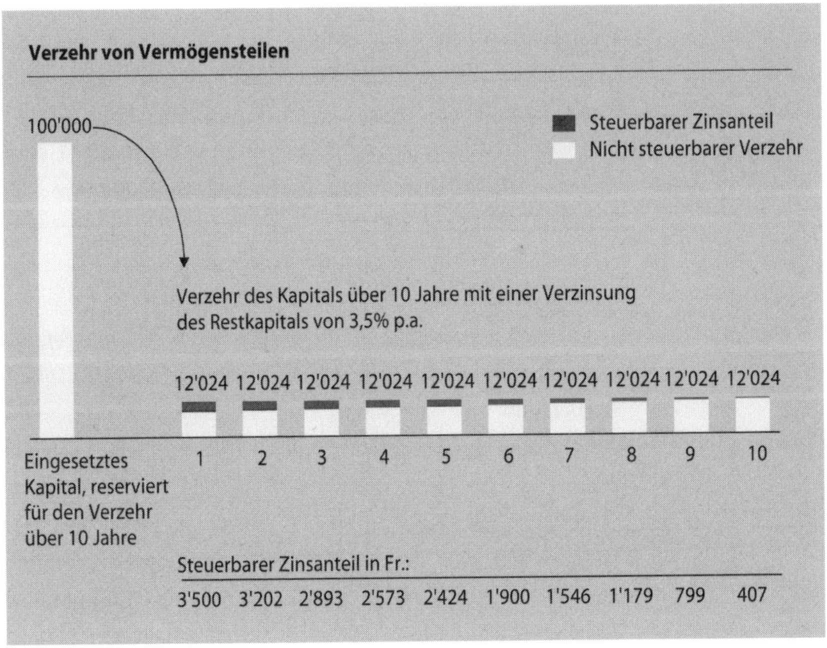

Selbstverständlich ist auch in diesem Fall der Wunsch, den Teil des Kapitals, der noch nicht als Einkommen verzehrt wurde, möglichst rentabel anzulegen. Dabei ist zu berücksichtigen, dass nur Anlagen in Frage kommen, die eine grosse Flexibilität in bezug auf die Verfügbarkeit des Kapitals bieten: beispielsweise verschiedene Konten (unter Berücksichtigung der jeweiligen Bezugslimiten) oder aber Schweizer Obligationen, die ganz oder teilweise verkauft werden können, wenn Kapital benötigt wird. In unserem Beispiel gehen wir von einer Verzinsung von jährlich 3,5% aus. Das Kapital soll über zehn Jahre verzehrt werden. Damit steht ein jährliches Brutto-Einkommen von 12'024 Franken zur Verfügung.

Zur Berechnung des verfügbaren Einkommens sind ausser den Gewinnungskosten (Konto- und Depotgebühren, Gebühren für den Kauf und Verkauf der Wertschriften usw.) auch die Steuern für Einkommen und Vermögen vom Brutto-Einkommen abzuziehen. Interessant daran ist, dass nicht das ganze Einkommen von 12'024 Franken der Einkommenssteuer unterliegt: Steuerbar sind lediglich die Zinseinnahmen, im ersten Jahr konkret 3'500 Franken (3,5% von 100'000 Franken, falls das Einkommen erst am Jahresende bezogen wird), der Rest von 8'524 muss nicht versteuert werden.

Dieser Betrag entspricht der verzehrten Substanz im ersten Jahr: Das Vermögen wurde damit um 8'524 Franken kleiner. Am Anfang des zweiten Jahres steht somit nur noch ein Vermögen von 91'476 Franken zur Verfügung. Auch der Zinsertrag verringert sich: von 3'500 auf 3'202 Franken. Schliesslich fällt im zehnten Jahr gerade noch ein Zins von 407 Franken an. Mit den tieferen Zinserträgen verringert sich auch die zusätzliche Steuerbelastung auf Einkommen und Vermögen.

Die Höhe des Einkommens ist also von drei Faktoren abhängig: von der Höhe der vorhandenen Substanz, der Verzinsung des Kapitals und der Frist, in der das Kapital verzehrt wird. In der folgenden Abbildung eine Hilfstabelle zur Berechnung des maximal möglichen Einkommens aus Vermögensverzehr.

Berechnung des maximalen Einkommens aus Vermögensverzehr

Basis: Kapitalstock von 100'000 Fr., Tabellenwerte in Fr.

Zins-/ Rendite-niveau	Verzehrdauer				
	5 Jahre	10 Jahre	15 Jahre	20 Jahre	25 Jahre
0%	20'000	10'000	6'666	5'000	4'000
2,5%	21'521	11'425	8'077	6'414	5'428
3,5%	22'148	12'024	8'683	7'036	6'067
4,5%	22'779	12'638	9'311	7'688	6'744
5,5%	23'418	13'267	9'963	8'368	7'455
6,5%	24'063	13'910	10'635	9'076	8'198

Beispiel Wieviel «Einkommen» kann man jährlich erzielen, wenn ein Kapitalstock von 250'000 Franken über 15 Jahre verzehrt werden soll und das Restkapital zu 4,5% angelegt werden kann?

Um das richtige Resultat zu erhalten, muss man zuerst den Wert für 15 Jahre und 4,5% aus der Hilfstabelle herauslesen und dann mit dem eingesetzten Kapitalstock von 250'000 Franken hochrechnen, wie in der folgenden Abbildung dargestellt.

Beispiel für Vermögensverzehr

Tabellenwert für 100'000 Fr.	9'311 Fr.
Hochrechnung auf 250'000 Fr.	2,5 x 9'311 = 23'277.50 Fr.
Resultat:	Bei jährlichen Bezügen von 23'277.50 Fr. und einer Verzinsung von 4,5% des Restkapitals ist ein Kapitalstock von 250'000 Fr. nach 15 Jahren vollständig verzehrt.
Einkommens-besteuerung:	Der reine Vermögensverzehr wird nicht als Einkommen besteuert. Je nach Anlage des Restkapitals unterliegen die daraus resultierenden Zinserträge der Einkommenssteuer.

Pro und Kontra

Vermögensverzehr kann eine sinnvolle Art sein, Einkommen sicherzustellen, insbesondere die tiefe Steuerbelastung ist vorteilhaft. Doch kann die Verminderung des Vermögens auch zu Problemen führen: Wenn weiterhin Kosten anfallen, die Substanz aber aufgebraucht ist und daraus kein Einkommen mehr erzielt werden kann. Zu empfehlen ist diese Variante, wenn ein Teil des verzehrten Vermögens durch eine ergänzende und langfristig ausgerichtete Anlagestrategie wieder aufgebaut werden kann. Mehr dazu im nächsten Kapitel.

KAPITEL 3

Langfristige Vermögensplanung

Mit dem Reichtum fertig werden, ist auch ein Problem.

Ludwig Erhard

Vermögensstruktur

Am Anfang jeder Anlagestrategie stehen die persönlichen Vorstellungen und individuellen Ziele. Nicht alle Ziele sind gleichzeitig zu erreichen, häufig gibt es Zielkonflikte. Eine hohe Rendite beispielsweise ist ohne ein gewisses Risiko nicht zu erreichen. Wer Liquidität und damit Flexibilität will, kann keine attraktive Rendite erwarten. Die Prioritäten sind also richtig zu setzen.

Wichtig ist ein systematisches Vorgehen: Die Ausgangslage ist sorgfältig darzustellen, die Rahmenbedingungen und Auflagen sind zu erfassen und die Ziele zu formulieren. Die folgende Checkliste ist eine wertvolle Hilfe.

Es empfiehlt sich, eine einmal festgelegte Strategie immer wieder zu überprüfen, denn Ausgangslage, Rahmenbedingungen und Ziele können sich mit der Zeit ändern.

Checkliste für eine persönliche Anlagestrategie

Vermögen und Einkommen
Wieviel Vermögen besitze ich heute? Wie habe ich es aufgeteilt? Erwarte ich zusätzliche Gelder aus der 1., 2. und 3. Säule oder aus Lebensversicherungen? Wieviel Einkommen habe ich nach der Pensionierung zur Verfügung, und wieviel muss ich aus dem Vermögen sicherstellen?

Anlageziel
Was ist das Ziel meiner Vermögensanlagen? Möchte ich langfristig einen hohen Wertzuwachs, oder muss ich heute bereits vom Vermögen leben?

Fortsetzung S. 96

Risikotoleranz
Welches Risiko bin ich bereit, bei meinen Anlagen einzugehen? Wie würde ich reagieren, wenn ein Verlust von 10% auftreten würde?

Zeithorizont
Über welche Zeit möchte ich meine Vermögensanlagen planen? Sind in Zukunft massgebliche Mittelzuflüsse oder Mittelabflüsse zu erwarten (z.B. Erbschaften oder Schenkungen)?

Liquiditätsbedürfnis
Wieviele liquide Mittel – sprich Flexibilität – will ich? Benötige ich kurzfristig Geld? Welchen Betrag möchte ich als eiserne Reserve halten?

Referenzwährung
Welche Währung ist für mich massgebend? In welcher Währung fallen heute und in Zukunft die Kosten für meinen Lebensunterhalt an?

Steuerbarkeit
In welchem Land (welchem Kanton, welcher Gemeinde) bin ich heute oder in Zukunft steuerpflichtig? Wie hoch ist meine persönliche Steuerbelastung auf Vermögen, Einkommen und Vermögensübergängen?

Das «magische» Fünfeck

Die elementaren Eckwerte einer Anlagestrategie sind Risiko, Rendite und Liquidität. Hinzu kommen Gebühren und Steuern.

Risiko heisst: Das Vermögen kann schwanken, also zunehmen, abnehmen oder ganz verloren gehen. Die Rendite ist das Resultat einer Anlagestrategie. Rendite wird als Netto-Zuwachs an Kapital definiert. Liquide ist der Teil des Kapitals, der zu jedem Zeitpunkt ohne Risiko verflüssigt werden kann. Gebühren und Steuern sind zu berücksichtigen, weil die Summe dieser beiden Werte die Differenz ausmacht zwischen Brutto- und Netto-Rendite.

Gebühren werden erhoben bei Kauf, Aufbewahrung (Depot), Verwaltung und Verkauf von Wertschriften. (Bei Liegenschaften entsprechen die Gebühren den Kosten für Unterhalt und Reparaturen.)

Bei den Steuern fallen die Einkommens- und Vermögenssteuern ins Gewicht. Die Erträge aus Wertschriften fallen an entweder in Form von steuerbaren Kapitalerträgen (Zinserträge und Dividendenausschüttungen) oder von steuerfreien Kapitalgewinnen (Differenz zwischen Kauf- und Verkaufskurs). Die Netto-Mieterträge aus Liegenschaften unterliegen voll der Einkommenssteuer.

Das „magische" Fünfeck

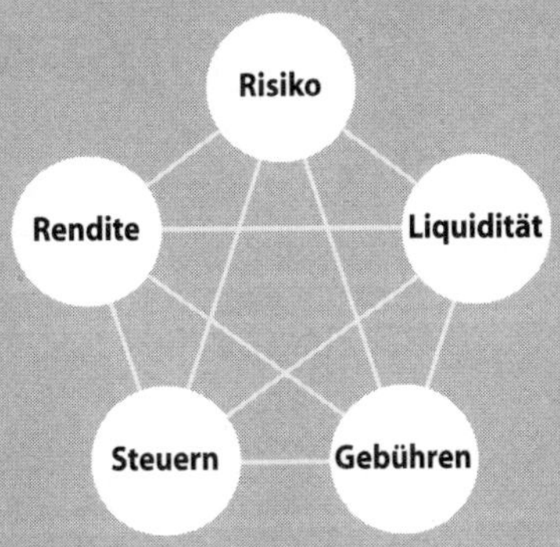

Zwischen Risiko, Rendite und Liquidität gibt es einen klassischen Zielkonflikt. Keine dieser drei Grössen kann maximiert werden ohne Einfluss auf die andern zwei. Jeder Anleger ist darauf aus, die Anlage zu finden, die absolut risikofrei und stets liquid ein Maximum an Rendite bringt.

Doch diese Anlage existiert nicht: Eine hohe Rendite ist immer mit einem hohen Risiko und geringer Liquidität verbunden. Wer also eine Anlagestrategie festlegt, muss die Eckwerte seinen persönlichen Bedürfnissen entsprechend gewichten.

Risiko und Rendite

Der Zusammenhang zwischen Rendite und Risiko wird in der folgenden Grafik verdeutlicht.

Auf der vertikalen Achse ist die jährlich zu erwartende Rendite einer langfristigen Anlage in Prozent vor Steuern abgetragen. (Wer sein Kapital beispielsweise im Schweizer Aktienmarkt anlegt, kann über zehn Jahre mit einer durchschnittlichen Jahresrendite von knapp 8% rechnen.) Auf der horizontalen Achse ist das Risiko eingezeichnet. Es kann mit

Zusammenhang von Risiko und Rendite

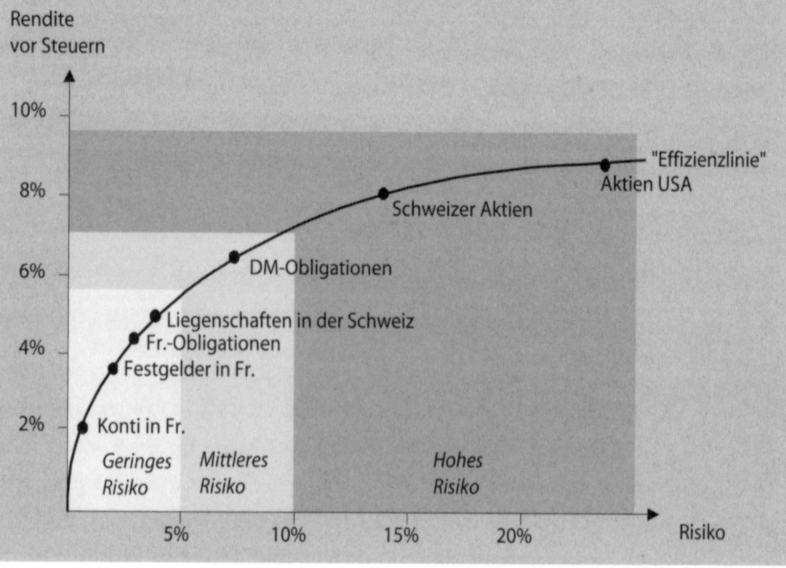

einer statistischen Grösse gemessen werden: der Standardabweichung, häufig auch als Volatilität bezeichnet. Sie misst das Ausmass der Kursschwankungen und zeigt, um wieviel der Grossteil der Kurswerte während einer bestimmten Zeit vom Kurs-Mittelwert abweicht. Bezogen auf den Schweizer Aktienmarkt: Die Schwankungen von zwei Dritteln aller Kurswerte gegenüber dem Kurs-Mittelwert (Standardabweichung) liegen im Bereich von plus oder minus 15%. Um die Werte korrekt zu ermitteln, müssen die Zeiträume lange genug und klar definiert sein. Es sind repräsentative Indices zu verwenden, um den Charakter der Anlagekategorie richtig wiederzugeben.

Die Grafik verdeutlicht, dass der deutsche Obligationenmarkt zwar höhere Renditen verheisst als der Schweizer Markt, verbunden aber auch mit einem höheren Risiko. Wer den deutschen Obligationen- mit dem Schweizer Aktienmarkt vergleicht, sieht, dass der Aktienmarkt Schweiz eine höhere Rendite bei höherem Risiko hat.

Nun ist aber auch unschwer zu erkennen, dass mehr Risiko nicht im gleichen Mass zu höheren Renditen führt. Zunächst wächst die Rendite mit steigendem Risiko überproportional an, dann aber nimmt die Rendite immer weniger zu, obwohl das Risiko stark steigt. Am Beispiel des amerikanischen Aktienmarktes gegenüber dem Schweizer Aktienmarkt: plus ca. 13% Risiko bei ca. 1,5% höherer Renditeerwartung. Man kann also mit höherem Risiko die Rendite nicht beliebig steigern. Es gilt weiter die Regel, dass nur Anlagen auf der sogenannten Effizienzlinie gewählt werden sollten. Sie zeichnen sich aus durch ein ausgewogenes Risiko-Rendite-Verhältnis. Anlagen unter dieser Effizienzlinie sind «ineffizient»: Andere Anlagen erreichen bei gleichem Risiko mehr Rendite oder eine vergleichbare Rendite bei bedeutend geringerem Risiko.

Aufgrund des Risiko-Rendite-Verhältnisses lassen sich drei verschiedene Risikoklassen definieren:

- In der Risikoklasse 1 sind Anlagen mit kleinem Risiko und entsprechend geringen Renditeerwartungen zu finden, ausschliesslich festverzinsliche Anlagen in Schweizer Franken (der Referenzwährung).
- In den Bereich des mittleren Risikos der Risikoklasse 2 gehören festverzinsliche Anlagen in Fremdwährungen. Viele Staaten haben zwar ein höheres Zinsniveau als die Schweiz, doch trägt der Schweizer Anleger das Währungsrisiko.
- Aktienanlagen schliesslich gehören in die Risikoklasse 3, die sich auszeichnet durch die höchste Renditeerwartung, gleichzeitig vom Anleger aber auch die grösste Risikobereitschaft verlangt.

Risikoklassen

Soll nun eine Anlagestrategie formuliert werden, sind in einem ersten Schritt die Risikoklassen zu gewichten. Dabei sind ausser der persönlichen Risikobereitschaft auch der Anlagehorizont und die Liquiditätsreserve zu diskutieren. Am Ende ist die zu erwartende Rendite vor Steuern und Gebühren weitgehend bestimmt.

Ein eher zurückhaltender, konservativer Anleger wird die Risikoklasse 1 gegenüber den Risikoklassen 2 und 3 übergewichten, beispielsweise mit einem Anteil von 60% am Gesamtvermögen. Ein ausgewogener Anleger wird alle Risikoklassen etwa gleich gewichten, während ein offensiver Anleger die Risikoklasse 3 bevorzugt.

Selbstverständlich kann es hier zu den erwähnten Zielkonflikten kommen: Ein offensiv ausgerichteter Anleger muss möglicherweise Kompromisse eingehen, wenn er auf ein regelmässiges und konstantes Einkommen angewiesen ist. Aus der Risikoklasse 3 kann er wohl eine im Schnitt hohe, aber nicht unbedingt konstante Rendite erwarten.

Gliederung des Gesamtvermögens nach Risikoklassen

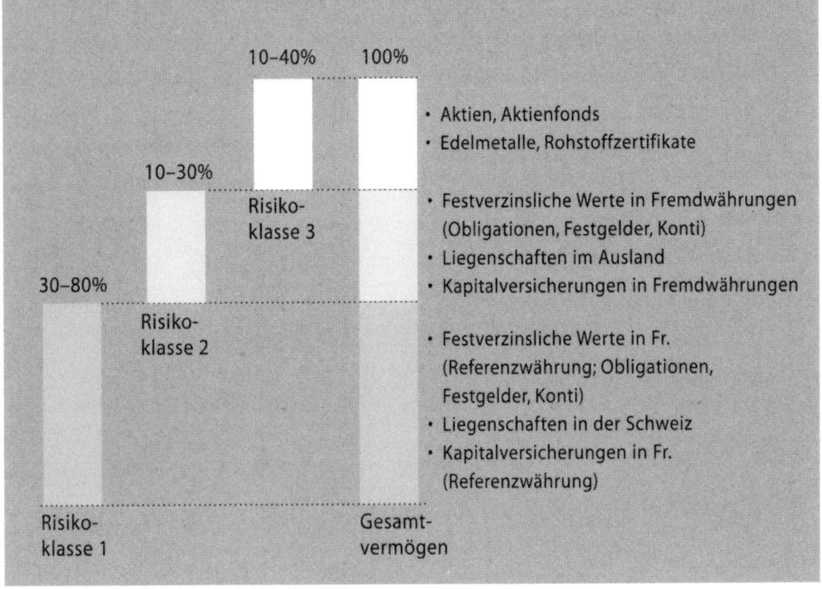

Den einzelnen Risikoklassen können aufgrund des Zusammenhangs zwischen Risiko und Rendite verschiedene Anlageformen zugeordnet werden. Neben Schweizer Obligationen gehören selbstverständlich auch Liegenschaften in der Schweiz und Kapitalversicherungen in Schweizer Franken in die Risikoklasse 1.

Die Risikoklasse 2 unterscheidet sich von der Risikoklasse 1 einzig darin, dass mit dem Ziel höherer Renditen Anlagen mit höherem Risiko in Fremdwährungen gemacht werden.

In die Risikoklasse 3 gehören Anlagen wie Aktien und Aktienfonds, Edelmetalle und Rohstoffzertifikate. Ein besonderes Merkmal dieser Instrumente: Ein Grossteil der

Rendite wird in Form steuerfreier Kapitalgewinne erwirtschaftet.

Eigenschaften von Risikoklassen

Die Risikoklassen unterscheiden sich nicht nur in bezug auf Risiko und Renditeerwartung, sondern auch in der Verfügbarkeit des Kapitals und daraus abgeleitet im Anlagehorizont. Dazu die folgende Abbildung.

Charakterisierung der Risikoklassen

	Risikoklasse 1	Risikoklasse 2	Risikoklasse 3
Mögliche Wertschwankungen pro Jahr (Risiko)	bis 5%	5 bis 15%	15% und mehr
Verfügbarkeit des Kapitals	In der Regel kurzfristig (ausser Liegenschaften und Kapitalversicherungen)	Mittelfristig investierte Mittel	Langfristig investierte Mittel
Sinnvoller Anlagehorizont	Ab 1 Jahr	Ab 3 Jahren	Ab 8 Jahren
Durchschnittliche Renditeerwartung (in Fr., vor Steuern)	3 bis 5% p.a.	5 bis 7% p.a.	6 bis 9% p.a.

Unter der Verfügbarkeit des Kapitals versteht man den Zeitraum, in dem das Kapital liquid, also verfügbar, gemacht werden kann. Da das Risiko entsprechend der Risikoklasse von links nach rechts ansteigt (von +/-5% bis +/-15% und mehr), die Schwankungsbreiten also immer grösser werden, nehmen die Möglichkeiten ab, das Kapital relativ schnell wieder verfügbar zu machen, während der «sinnvolle Anlagehorizont» immer weiter wird.

Ein Engagement in der Risikoklasse 1 ist schon für einjährige Anlagen zu empfehlen. In der Risikoklasse 2 sollte Geld für mindestens drei Jahre angelegt werden, während in der Risikoklasse 3 mindestens acht Jahren zu empfehlen sind. Nun können Anlagen in der Risikoklasse 3 durchaus schon nach kurzer Zeit die durchschnittlich zu erwartende Rendite erwirtschaften, aber das Risiko, das Ziel nicht zu erreichen, ist relativ gross.

Zeithorizont Es kann deshalb vorkommen, dass sich Anlagen nur wegen eines andern Zeithorizonts wesentlich unterscheiden.

In der folgenden Abbildung ist eine kurz- bis mittelfristige Anlage einer langfristigen gegenübergestellt. Der Unterschied liegt vor allem in der unterschiedliche Ge-

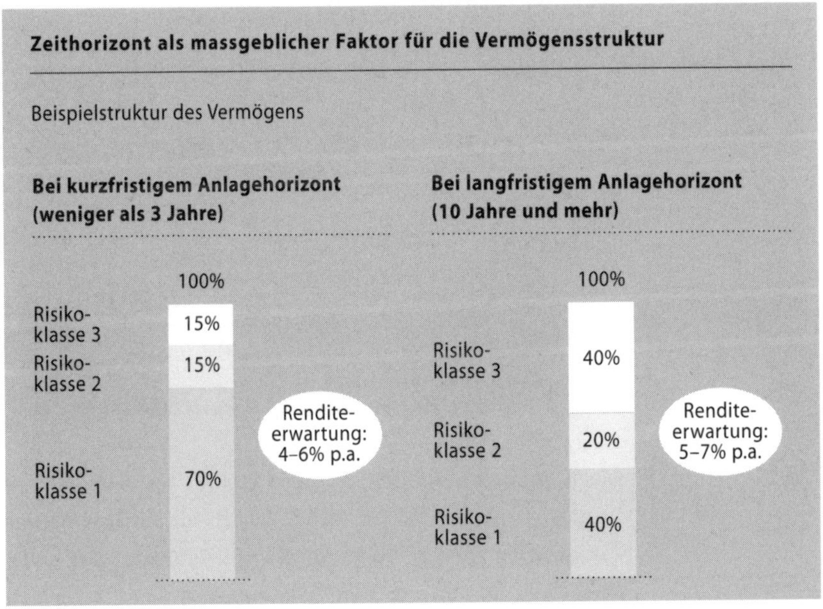

wichtung der Risikoklasse 3. In der langfristigen Anlage wurde sie zulasten der Risikoklasse 1 ausgebaut – kurzfristig liquides Kapital mit tiefer Renditeerwartung wurde zu Kapital mit grösserer Wertschwankung, aber langfristig deutlich attraktiverer Rendite. Der Rentabilitätsunterschied der beiden Anlagestrukturen liegt bei jährlich durchschnittlich 1%.

Kleiner Renditeunterschied mit grossem Effekt

Viele Anleger sind der Ansicht, dass ein geringer Renditeunterschied nicht allzu bedeutend ist. Auf kurze Sicht mag diese Ansicht richtig sein. Rechnet man jedoch über eine lange Anlagedauer, haben auch kleine Renditeunterschiede erstaunliche Wirkung.

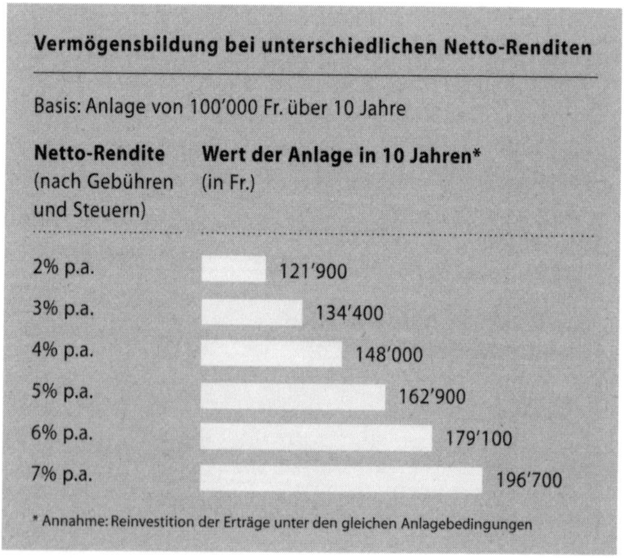

Ein Kapital von 100'000 Franken kommt bei einer Netto-Verzinsung von 3% in zehn Jahren auf Zinsen und Zinseszinsen in der Höhe von 34'400 Franken. Bei einer jährlichen Verzinsung von 5% hingegen sind es schon

62'900 Franken. Eine Anlage, die über zehn Jahre durchschnittlich mit 5,37% verzinst wird, hat doppelt so hohe Erträge wie eine Anlage mit 3%. Das Beispiel beweist, dass auch scheinbar kleine Renditeunterschiede in absoluten Zahlen erhebliche Differenzen bewirken.

Gebühren und Steuern

In der Diskussion der persönlichen Anlagestrategie haben wir bisher nur Überlegungen zu Risiko, Rendite und Liquidität angestellt. Erst wenn diese Grössen einer Anlagestrategie festgelegt sind, kommen Gebühren und Steuern ins Spiel. Jetzt geht es darum, innerhalb eines Risikosegments, etwa der Risikoklasse 1, die Anlageformen auszuwählen, die zusätzliche Gebühren- oder Steuervorteile haben.

Zur Verdeutlichung ein Beispiel: In der Risikoklasse 1 will ein Anleger 200'000 Franken in Schweizer Obligationen investieren. Es geht ihm dabei nicht in erster Linie darum, sein Einkommen durch regelmässige Zinseingänge zu erhöhen, sondern vielmehr um eine Liquiditätsreserve in Schweizer Franken. Sein Einkommen unterliegt einer Grenzsteuerbelastung von 40%. Dieser Anleger könnte nun seine 200'000 Franken in Tiefzinsobligationen investieren.

Eine Tiefzinsobligation unterscheidet sich von einer herkömmlichen Obligation durch den tieferen Zinscoupon und einen Kaufkurs unter Pari, also unter dem Rückgabepreis. Die Differenz in der Rendite zwischen dem Zinscoupon einer herkömmlichen Obligation und dem einer Tiefzinsobligation wird wettgemacht durch den Kursanstieg vom Kaufkurs zum Rückgabepreis. Und dieser Kursgewinn ist in der Regel genauso steuerfrei wie der Kursgewinn einer Aktie. (Kursgewinne von Tiefzinsobligationen sind nur unter bestimmten Voraussetzungen steuerfrei: die Einmalverzinsung darf nicht «überwiegend» sein; vgl. dazu VZ-Publikation «SteuerTip»).

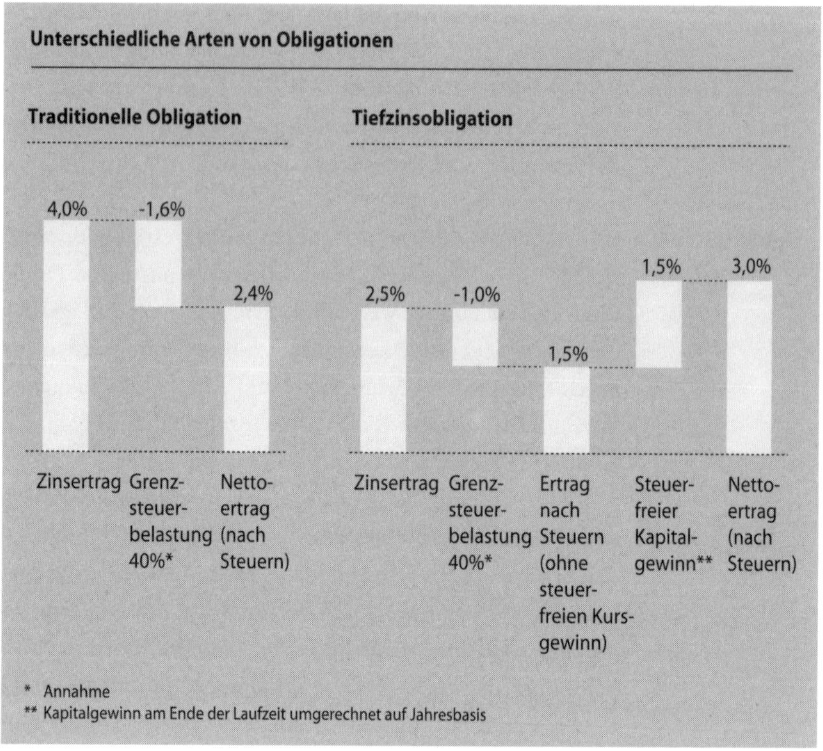

Im abgebildeten Beispiel: Die Rendite einer traditionellen Obligation reduziert sich von 4% auf 2,4% nach Steuern, während die Tiefzinsobligation mit einem Coupon von bloss 2,5% schliesslich eine jährliche Netto-Rendite von 3% bringt.

Wer nun auch noch die Gebühren möglichst tief halten will, sollte darauf achten, ob allenfalls die Hausbank selbst als Schuldnerin für ein solches Papier auftritt. Oft werden «hauseigene» Papiere mit tieferen Gebühren belastet. Obwohl eine Differenz von 0,6% sehr klein erscheint, macht der kleine Unterschied über zehn Jahre mehr als 15'000 Franken aus (netto, nach Steuern).

Das Beispiel zeigt: Es geht hier bereits um Details. Deshalb stehen Gebühren und Steuern nicht im Vordergrund, wenn die persönliche Anlagestrategie festgelegt wird. Doch wer auch auf diese Eckwerte achtet, kann die Netto-Rendite seiner Anlagen erheblich steigern (mehr dazu im Kapitel «Steuerplanung»).

Diversifikation von Risiken

Die Anlage und Diversifikation von Vermögenswerten ist primär ein Management von Risiken. Die folgende Abbildung illustriert an einem Beispiel das unterschiedliche (Schwankungs-)Risiko von Anlagen.

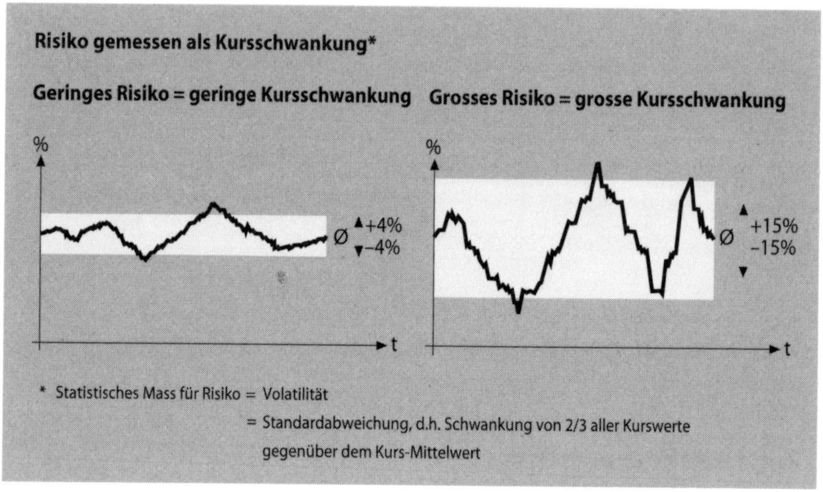

Auf der linken Seite der Abbildung liegen die meisten Kurswerte in einer Bandbreite von 4%. Dieses geringe Risiko entspricht etwa der Schwankungsbandbreite von Schweizer Obligationen. Rechts bewegen sich die meisten Kurswerte in einer Bandbreite von 15%: Dieses Risiko tragen Anleger in Schweizer Aktien.

Gewichtung der Risikoklassen

Anlagerisiken sind nicht wegzuzaubern. Aber man kann Risiken systematisch und bewusst eingehen, statt sich zufällig auf ein unüberschaubares Risiko einzulassen. Durch methodisches Vorgehen lässt sich das Risiko reduzieren. Die wichtigste Massnahme eines kontrollierten Risikomanagements: die Aufteilung des Vermögens auf die drei bereits erwähnten Risikoklassen. Je nach individuellen Zielen und Rahmenbedingungen werden die Risikoklassen unterschiedlich stark gewichtet und führen zur persönlichen Vermögensstrategie. Damit werden Risiko und Rendite im voraus weitgehend bestimmt. Längerfristig ist nicht der gute Aktien-Tip ausschlaggebend für das Ergebnis. Entscheidend ist vielmehr, wieviel des Vermögens in der Risikoklasse 3 liegt oder aber auf dem Sparbuch in der Risikoklasse 1.

Diversifikation innerhalb von Risikoklassen

Der nächste Schritt in der Diversifikation von Risiken wird innerhalb der Risikoklassen getan. Die Wirkung dieser Diversifikation lässt sich am besten am Beispiel von Aktien verdeutlichen.

Diversifikation von Risiken innerhalb der Risikoklassen (Beispiel)

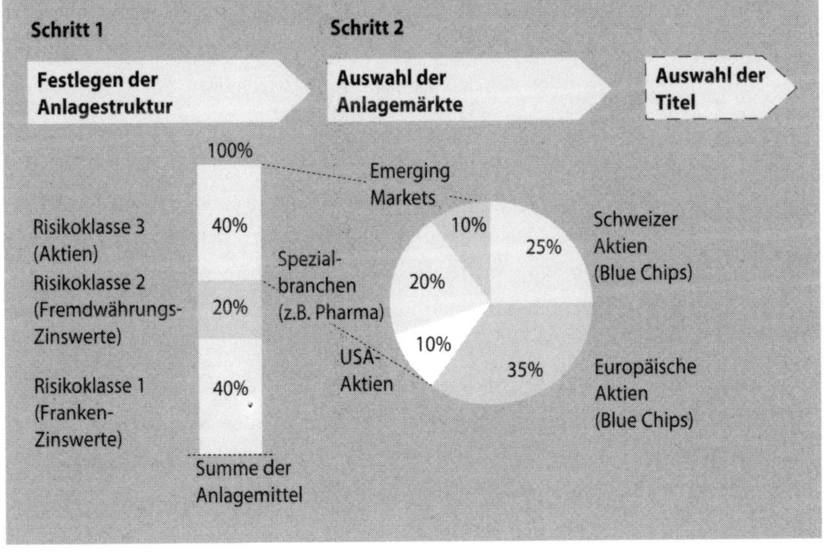

Durch die Auswahl verschiedener Anlagemärkte wird verhindert, dass das Aktienportfolio (die Zusammenstellung einzelner Titel) von der Entwicklung nur einer Volkswirtschaft abhängig ist.

Neben dem schweizerischen Aktienmarkt mit einem Anteil von 25% wurden auch der europäische (35%) und der amerikanische Markt (10%) berücksichtigt. Ergänzt wird die Aufteilung durch ein Engagement in Spezialbranchen (z.B. 20% Pharma-Aktien) und durch einen kleinen Anteil Aktien aus Emerging Markets (10%). Die Risiken der verschiedenen Märkte und damit auch die Renditeerwartungen sind unterschiedlich gross. In unserem Beispiel liegt das höchste (Schwankungs-)Risiko bei den 10% Emerging Markets.

Zu beachten ist die Relation zur gesamten Anlagesumme: In Tat und Wahrheit sind 4% des gesamten Kapitals dem Risiko einer Anlage in Emerging Markets ausgesetzt.

Selbstverständlich wählt man nur um der Diversifikation willen nicht x-beliebige Märkte aus. Die Auswahl stützt sich auf fundierte Abklärungen und Analysen: Informationen über die Entwicklung der Wirtschaft, der Währungen, der Zinsen, der Arbeitslosigkeit usw. werden nicht nur für die Auswahl der Märkte verwendet, sondern auch für deren Gewichtung. Mit der Auswahl der Märkte ist die Diversifikation innerhalb der Risikoklassen aber noch nicht abgeschlossen. Sie findet ihre Fortsetzung in der Auswahl der einzelnen Titel.

Chancen und Risiken einzelner Aktien

In der folgenden Abbildung sind die Entwicklungen verschiedener Schweizer Aktien und des SPI («Swiss Performance Index») abgebildet. Die Beobachtungsperiode beginnt Anfang 1987 und dauert bis Ende 1996, der Börsencrash von 1987 ist also erfasst.

Chancen und Gefahren einzelner Aktien 1987 bis 1996

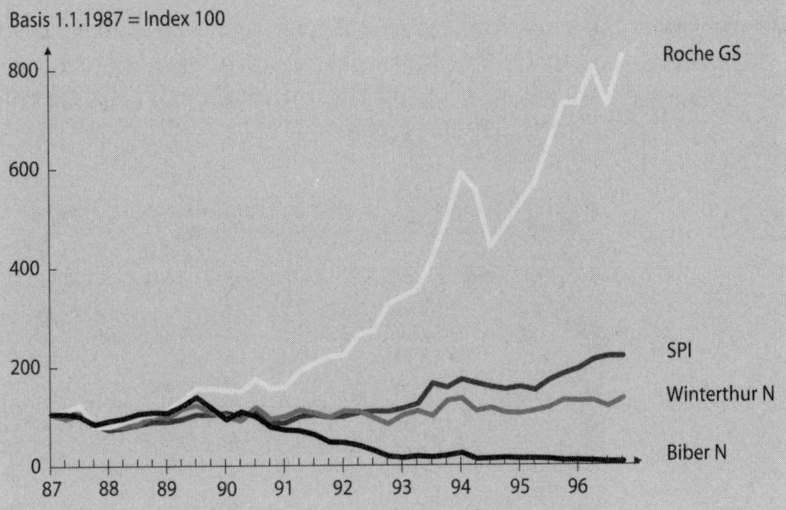

Aus dem Bild lässt sich erkennen: Wer 1987 sein ganzes Kapital in Genussscheine der Roche investiert hat, hat sein Anfangskapital mehr als verachtfacht. Wer in Papiere der Biber angelegt hat, besitzt hingegen gerade noch einen Fünfhundertstel seines Kapitals. Und die Winterthur-Aktien haben sich deutlich schwächer entwickelt als der gesamte Aktienmarkt, abgebildet im SPI, der sich in diesem Zeitraum immerhin verdoppelt hat.

Es wird also deutlich, dass mit der Auswahl einer einzelnen Aktie grosse Risiken und grosse Chancen verbunden sind. Zum Zeitpunkt des Anlageentscheides gibt es leider kaum Gewissheit über die künftige Entwicklung einer Aktie.

Wer in Aktien investiert, muss sich mit den Risiken beschäftigen: Welche Konsequenzen hat ein Verlust von 10 oder 20% für mich als Anleger? Was kann ich tun, um die Risiken einer Biber-Aktie zu verhindern?

Diversifikation in Schweizer Aktien

Die moderne Portfolio-Theorie zeigt den Nutzen der Diversifikation: Das Risiko sinkt deutlich, wenn statt Aktien eines einzelnen Unternehmens mehrere Titel zu einem Portfolio kombiniert werden

Effekt der Diversifikation in Schweizer Aktien

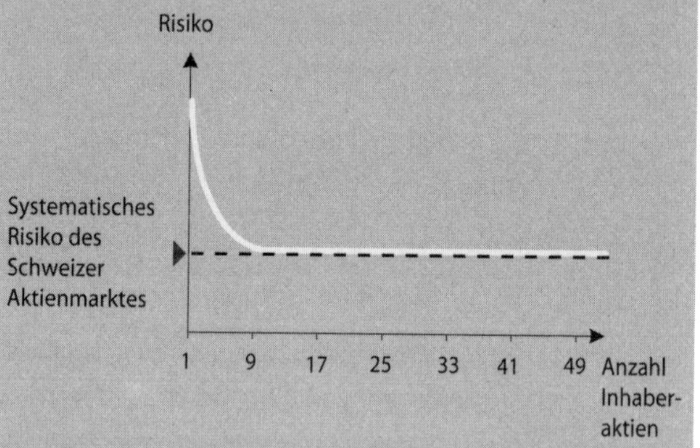

Quelle: Finanzmarkt Schweiz: Strukturen im Wandel, Heinz Zimmermann, August 1989

Auf der Darstellung ist gut zu erkennen, wie das Risiko mit dem Kauf zusätzlicher Aktien sinkt. Der Kauf einer zweiten Aktie reduziert das Risiko am stärksten; mit jeder zusätzlichen Aktie nimmt das Risiko weiter ab, aber nicht mehr im gleichen Mass wie mit der zweiten Aktie: Das Risiko lässt sich nicht vollständig beseitigen. Ein Engagement in Aktien bleibt mit einem Grundrisiko verbunden, dem sogenannten systematischen Risiko.

Wer etwa neun verschiedene Schweizer Aktien kauft, erreicht das systematische Risiko des Marktes. Die Anzahl der

Aktien ist abhängig von der Grösse eines Marktes. Im amerikanischen Aktienmarkt braucht es mehr als neun Positionen, um das systematische Risiko zu erreichen.

Risiko von Obligationen

Auch Obligationen haben ein Ausfall- und Kursrisiko. Das Ausfallrisiko versucht man klein zu halten, indem man einen oder mehrere gute Schuldner auswählt. Dabei stützt man sich auf die Ratings, welche die Bonität des Schuldners bewerten (mehr dazu im Kapitel: «Sicherung des Einkommens»).

Für das Kursrisiko einer Obligation gibt es eine Messgrösse: die Duration. Sie misst die Reaktion des Obligationenkurses auf Marktzinsänderungen. Je nach Zinssituation geht es darum, die richtige Laufzeit für ein Engagement in Obligationen zu finden. Das Risiko kann reduziert werden durch die Wahl verschiedener Laufzeiten (mehr dazu in der VZ-Publikation «GeldTip»).

Fonds

Wer das Risiko seiner Wertschriftenanlage reduzieren will, muss diversifizieren. Nun sind die meisten Vermögen nicht so gross, dass sie zuerst auf die drei Risikoklassen verteilt und dann innerhalb der Risikoklassen verschiedenen Anlageformen zugeordnet und schliesslich Aktien verschiedener Firmen, Branchen und Länder, Obligationen unterschiedlicher Schuldner und Laufzeiten gekauft werden können. Einen Ausweg aus diesem Dilemma bieten die Anlagefonds.

In einen Anlagefonds investiert eine grosse Zahl einzelner Anleger, so dass ein grosses Fondsvermögen entsteht. Dieses Vermögen wird von einer Fondsleitung oder einem Fondsmanager verwaltet. Der Manager oder ein Team von Spezialisten trifft die Anlageentscheide.

Wer in einen Fonds investiert, erreicht die gewünschte Diversifikation in Branchen- oder einzelnen Titeln und

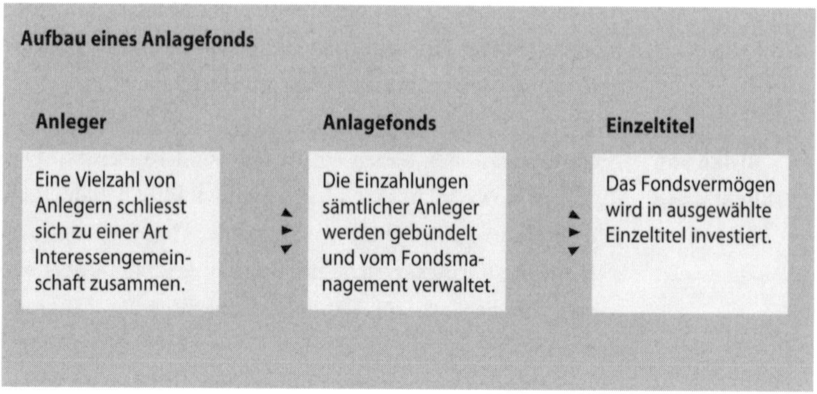

kann sich auf die Auswahl unterschiedlicher Märkte konzentrieren. Es gibt für jeden Markt ein breites Angebot an Fonds für alle denkbaren Anlagekategorien (mehr zur Auswahl von Fonds in der VZ-Publikation «GeldTip»).

Versicherungen

Genau wie Wertschriften haben auch Versicherungsanlagen gewisse Risiken. Die folgende Abbildung gibt einen Überblick.

Ein wesentlicher Vorteil von Versicherungsanlagen: Die Leistungen beinhalten einen Garantieteil: Sollte eine Versicherungsgesellschaft ihren Verpflichtungen nicht mehr nachkommen können, müssen andere Gesellschaften für diese Leistung geradestehen. Zusätzlich werden Überschüsse offeriert, welche in ihrer Höhe aber nicht garantiert sind.

Das Währungsrisiko einer Versicherungsanlage ist relativ einfach zu beurteilen: Man vergleicht die versprochene Rendite in einer Fremdwährung mit der Rendite der gleichen Anlage in Schweizer Franken; im zweiten Schritt berechnet man, wie stark sich die Fremdwährung im Vergleich

Risiken von Versicherungsanlagen

Bonität der Versicherungsgesellschaft (Bilanzstruktur, Rückstellungen im Verhältnis zu möglichen Versicherungsverpflichtungen)

Höhe der prognostizierten Überschüsse im Verhältnis zu den garantierten Leistungen

Auszahlung der in Aussicht gestellten Überschussanteile

Zukünftige unternehmerische Entwicklung der Versicherungsgesellschaft (z.B. Fusion, Übernahme)

Bei Fremdwährungspolicen: Kursschwankungen der Fremdwährung

Bei fonds- und/oder indexgebundenen Policen: zusätzliche Risiken der involvierten Märkte, Branchen und Währungen

zum Schweizer Franken verschlechtern darf, bis das Renditeniveau der Anlage in Schweizer Franken erreicht ist. Dazu ein Beispiel:

- eine Einmaleinlagen-Versicherung in DM (mehr zu Einmaleinlagen-Versicherungen im Kapitel «Steuerplanung») mit einer Laufzeit von 7 Jahren bringt eine Rendite von 4,8%
- für die gleiche Anlage in Schweizer Franken wird eine Rendite von 3,8% offeriert
- der aktuelle Kurs liegt bei 85 Franken für 100 DM
- der Kurs für 100 DM dürfte somit auf 67.29 Franken fallen – gegenwärtig eine wenig wahrscheinliche Entwicklung.

Liegenschaften Liegenschaften haben mehr Risiken als Wertschriften- oder Versicherungsanlagen: Zu den Marktrisiken kommen objektspezifische hinzu.

Risiken vermieteter Liegenschaften

Objekt und Finanzierung	Marktentwicklung	Gesetzgebung
Lage (Standort, Gemeinde, Wirtschaftsraum)	Demographische Entwicklung	Mieterschutzgesetze
Mieterstruktur (Alter, Familiengrösse, Beruf)	Hypothekarzins-entwicklung	Steuerliche Erfassung von Erwerb, Besitz und Veräusserung
Durchschnittliche Mietdauer	Wirtschaftliche und soziale Entwicklung	Weitere gesetzliche Rahmenbedingungen (Heimatschutz, Denkmalschutz, Umweltschutz etc.)
Leerwohnungsbestand		
Bedarf an Unterhalt und Reparaturen		
Finanzierungsstruktur (Verhältnis zwischen Eigen- und Fremdmitteln)		

Zum Zeitpunkt des Kaufs kann die Lage eines Objekts attraktiv und begehrt sein. In kurzer Zeit kann sich das ändern: Wenn beispielsweise ein dominierender Arbeitgeber seinen Standort wechselt, die Anwohner keine Arbeit mehr finden oder einen wesentlich weiteren Arbeitsweg in Kauf nehmen müssen, der Einnahmenausfall die Gemeinde zwingt, die Steuern anzuheben usw. Eine leerstehende Wohnung kann zum Problem werden, weil die Kosten für Fremdkapital, Infrastruktur und Unterhalt weiterlaufen.

Auch diese Risiken lassen sich durch Diversifikation reduzieren. Doch der Mittelbedarf zur Diversifikation in Liegenschaften ist sehr gross, und lässt deshalb Immobilienfonds als attraktive Alternative erscheinen. Immobilienfonds versprechen etwa die gleiche Rendite wie ein guter Schweizer Obligationenfonds (4,5 bis 5% jährlich). Es gibt ein breites Angebot – die Entscheidung ist dementsprechend nicht immer einfach.

Top-Down-Ansatz

Eine individuell zugeschnittene Anlagestruktur setzt klar definierte Ziele voraus. Die Ziele sind abzuleiten aus der zu Beginn vorgestellten Checkliste. Dabei ist es wesentlich, sich über die persönliche Risikotoleranz klar zu werden. Die Anlagestruktur muss ganz systematisch entwickelt werden - einem «Top-Down-Ansatz» folgend, also hierarchisch von oben nach unten. Die folgende Abbildung erklärt dieses Vorgehen.

Vorgehen zur Bestimmung der Anlagestruktur (Top-Down-Ansatz)

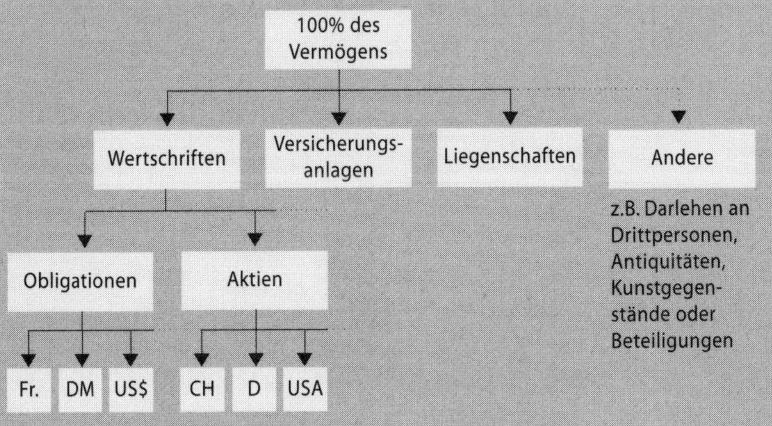

In einem ersten Schritt werden die Anlagekategorien (Wertschriften, Versicherungen, Liegenschaften usw.) bestimmt, in einem zweiten Schritt die Anlageinstrumente. Alle diese Entscheidungen verfolgen die anfänglich festgelegten konkreten Ziele.

Anschliessend wird das Kapital diversifiziert: Obligationen zum Beispiel werden in verschiedenen Währungen mit unterschiedlichen Zinsniveaus gekauft; Aktien in mehreren attraktiven Märkten. Entsprechend ist das Vorgehen in den Kategorien Versicherungsanlagen und Liegenschaften.

Erst ganz am Schluss dieses Prozesses fällt also die Entscheidung, ob Aktien von Novartis oder Roche gekauft werden – im Rahmen des diversifizierten Portefeuilles eine Entscheidung von geringer Bedeutung.

Beispiel einer Vermögensplanung

Zur Illustration unserer Empfehlungen ein konkretes Beispiel: die Vermögensanlage von Max Muster (Abbildung).

Max Muster

Ausgangslage	**Zielsetzungen**
66jähriger Anleger mit folgenden Vermögenswerten: • Selbstbewohnte Liegenschaft, nicht hypotheziert, Marktwert: 500'000 Fr. • Konti, Kassenobligationen und Fr.-Obligationen im Wert von 700'000 Fr. • Nestlé- und Novartis-Aktien im Wert von je 50'000 Fr.	Langfristige Werterhaltung des Vermögens mit einem Netto-Renditeziel von 3,5% jährlich (inkl. Liegenschaft) Laufende Reinvestition der Erträge Konservative Gesamtvermögensstruktur mit 60% der investierten Mittel in Risikoklasse 1
Einkommen zur Bestreitung des Lebensunterhaltes langfristig durch Renteneinkommen sichergestellt	Steuertechnische Optimierung der Vermögenserträge (ohne zusätzliche Verschuldung) Liquide Reserveposition von 100'000 Fr.

Max Muster ist nicht angewiesen auf ein Einkommen aus seinem Vermögen. Er will mit konservativen Anlagen langfristig den Wert seines Vermögens sichern. Die Wertschriftenerträge sollen steuerlich vorteilhaft anfallen.

Aktuelle Anlage und Zielstruktur

In einem ersten Schritt wird die aktuelle Vermögensstruktur einer möglichen Zielstruktur gegenübergestellt (folgende Abbildung).

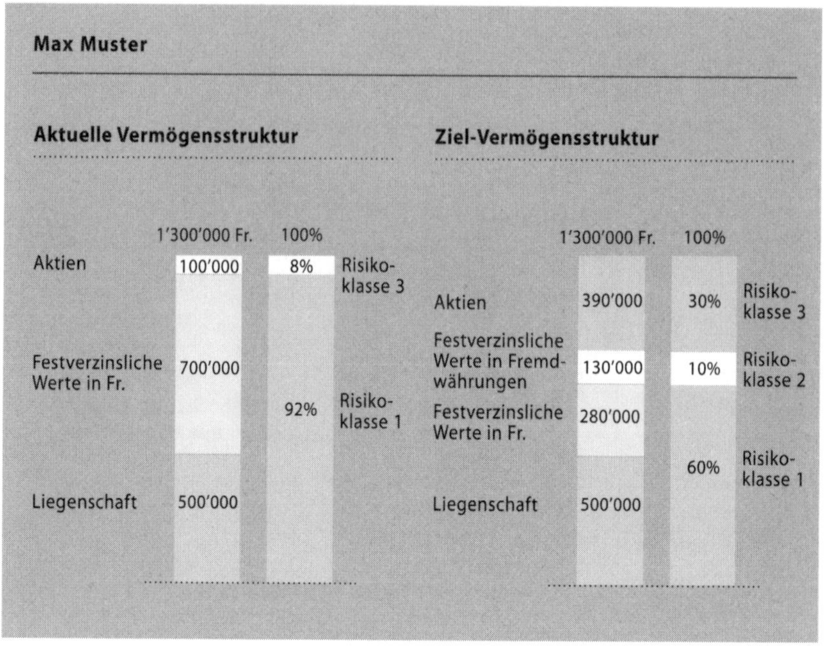

Konsequenzen der neuen Struktur

Dabei werden die wesentlichen Veränderungen deutlich: Anlagen der Risikoklasse 1 (festverzinsliche Anlagen in Schweizer Franken) werden zugunsten der Risikoklasse 3 reduziert, weil

- die langfristig definierten Ziele diese Neugewichtung ermöglichen
- die Diversifikation auf verschiedene Märkte, Branchen und Firmen das Risiko in der Risikoklasse 3 reduziert
- kapitalgewinnorientierte Anlagen steuerlich interessanter sind als kapitalertragsorientierte

Daraus ergeben sich eine Reihe von Konsequenzen:

- höheres Risiko
- langfristig bessere Renditeerwartungen

- Reduktion der Steuerbelastung auf den 290'000 Franken Vermögen der Risikoklasse 1 zugunsten der Risikoklasse 3

Aufbau der Risikoklasse 2 (festverzinsliche Anlagen in Fremdwährungen) zulasten der Risikoklasse 1, weil
- die langfristig definierten Ziele diese Neugewichtung ermöglichen

Konsequenzen:
- höheres Risiko
- höhere Renditeerwartungen als bei Obligationen in Schweizer Franken
- grössere, besser verzinste Liquidität
- als Folge der höheren Auslandzinsen steigt die Steuerbelastung leicht – je nach Steuerdomizil kompensiert durch die richtigen Anlageinstrumente (SICAV-Fonds, thesaurierende Fonds etc.)

Max Musters Zielen folgend ist die Vermögensstruktur insgesamt nach wie vor konservativ mit einem Anteil der Risikoklasse 1 von 60%.

Lag die Netto-Zielrendite bisher bei 1,8% (bei einer angenommenen Grenzsteuerbelastung auf dem Einkommen von 35%), erhöht die Umschichtung der Anlagen neu die angestrebte Netto-Zielrendite auf jährlich 3,5% (vgl. Abbildung auf Seite 120). Die Anlagen in den einzelnen Risikoklässen berücksichtigen sämtliche in diesem Kapitel diskutierten Anforderungen: Die Anlagen in den Risikoklassen 2 und 3 sind dem Top-Down-Ansatz gemäss auf verschiedene Märkte und Währungen aufgeteilt. Auch in der Risikoklasse 1 werden unterschiedliche Anlageinstrumente eingesetzt, die liquiden Mittel liegen auf Konten.

Max Muster

Ist-Anlagestruktur

	Wert Fr.	**Anlagemarkt**	**Zielrendite p.a. Brutto**	**Netto**
Risikoklasse 3 8%	100'000	2 Blue-Chip-Titel Schweiz	8,0%	7,3%
	100'000		8,0%	7,3%
Risikoklasse 2	0		0%	0%
Risikoklasse 1	700'000	Fr.-Obligation, Konti	3,5%	2,3%
92%	500'000	Selbstbewohnte Liegenschaft	k.A.	0%
	1'200'00		2,04%	1,34%
Total	**1'300'000**		**2,50%**	**1,80%**

Nach Optimierung der Anlagestruktur (Ziel-Anlagestruktur)

	Wert Fr.	**Anlagemarkt**	**Zielrendite p.a. Brutto**	**Netto**
Risikoklasse 3	200'000	Schweizer Aktien	8,0%	7,3%
30%	150'000	Europäische und US-Aktien	9,0%	8,3%
	40'000	Emerging Markets	10,0%	9,3%
	390'000		8,6%	7,9%
Risikoklasse 2	30'000	US$-Obligationen	7,0%	4,6%
10%	40'000	£-Sterling-Obligationen	7,0%	4,6%
	60'000	DM-Obligationen	6,0%	3,9%
	130'000		6,5%	4,2%
Risikoklasse 1	100'000	Konti, Festgelder (liquide Reserve)	3,0%	2,0%
60%	180'000	Einmaleinlagen-Versicherung	4,0%	4,0%
	500'000	Selbstbewohnte Liegenschaft	k.A.	0%
	780'000		1,3%	1,2%
Total	**1'300'000**		**4,0%**	**3,5%**

Um Steuern zu sparen, wurde auf Schweizer Obligationen verzichtet, die Mittel fliessen in eine von der Einkommenssteuer befreite Einmaleinlagen-Versicherung.

KAPITEL 4

Steuerplanung

Steuern sind der Preis der Zivilisation.

Robert Wagner

Neue Grundlagen

Die Pensionierung schafft neue Grundlagen für die Einkommens- und Vermögenssteuern. Das Erwerbseinkommen wird ersetzt durch Einkommen aus Renten, und die Abzugsmöglichkeiten werden eingeschränkt: Es können weder Berufsauslagen geltend gemacht noch Vorsorgegelder in die Zweite oder Dritte Säule eingezahlt werden.

Neue Grundlagen für die Einkommens- und Vermögenssteuer

Einkommenssteuer	Vermögenssteuer
Neue Einkommenselemente (v.a. Renteneinkommen) Geringere Abzugsmöglichkeiten (Berufsauslagen, Vorsorgerücklagen etc.) Veränderte Sozialabzüge (nur bei Staatssteuer)	Veränderung des steuerbaren Vermögensbestandes durch: • Einmalige Kapitalzuflüsse - Kapitalabfindung - Bezug Pensionskassenkapital - Auszahlungen aus den Säulen 3a/3b • Einmalige Kapitalabflüsse - Kauf einer Leibrente - Schenkung an Nachkommen

Auch die Grundlagen der Vermögenssteuern können sich ändern: durch einmalige Kapitalzuflüsse, etwa beim (Teil-) Bezug des Pensionskassenkapitals, oder durch einmalige Kapitalabflüsse, beispielsweise beim Kauf einer privaten

Leibrente. Die neuen Einkommens- und Vermögensverhältnisse können bewirken, dass die Vermögenssteuer an Bedeutung gewinnt.

Steuerbares Einkommen

Zwischen dem effektiven und dem steuerbaren Einkommen gibt es in der Regel eine erhebliche Differenz. Das steuerbare Einkommen ergibt sich aus der Summe der einzelnen Einkommensteile (Renten, Einkommen aus Wertschriften, Liegenschaften, Nebenerwerb etc.), reduziert um abzugsfähige Aufwandsposten und Steuerfreibeträge. Bund und Kantone regeln diese Abzüge unterschiedlich und kennen ganz verschiedene Pauschalen.

Steuerbares Einkommen

Beispiel: Verheirateter Steuerpflichtiger, beide Ehegatten älter als 65 Jahre, keine Kinder

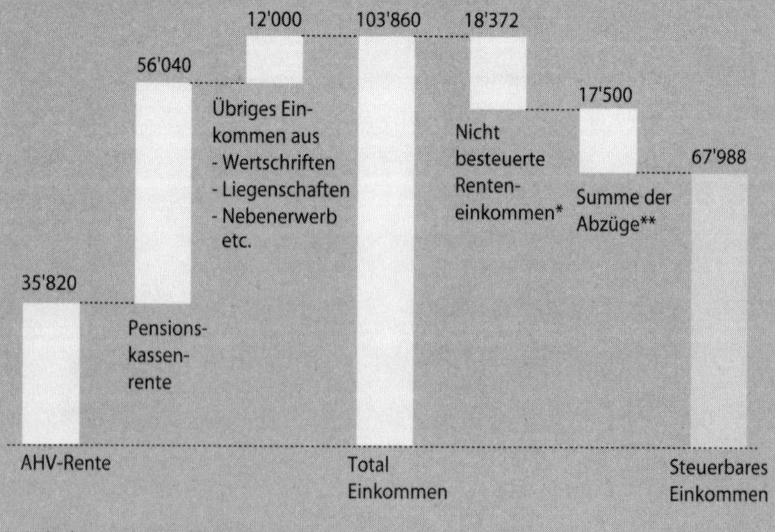

* Mehr dazu im Abschnitt "Renteneinkommen"
** Versicherungsprämien, Schuldzinsen, Sozialabzüge etc.

Das folgende Beispiel auf der Seite 130 macht den Unterschied zwischen effektivem und steuerbarem Einkommen deutlich.

Ein Ehepaar im Kanton Zürich, beide sind über 65, erhält ausser der maximalen AHV-Rente von 35'820 Franken eine Pension von 56'040 Franken, dazu kommen 12'000 Franken Einkommen vor allem aus Wertschriften (Abbildung Seite 128). Das Ehepaar hat also ein Jahreseinkommen von 103'860 Franken. Das Paar kann eine Reihe von Abzügen geltend machen: nicht zu versteuernde Teile des Renteneinkommens sowie Versicherungsprämien, Schuldzinsen und Sozialabzüge. Das Gesamteinkommen minus die Abzüge ergibt das steuerbare Einkommen: 67'988 Franken, rund ein Drittel unter dem effektiven Einkommen.

Grenz- und Durchschnittssteuersatz

Allen Steuergesetzen gemeinsam ist der Grundsatz: Je höher das steuerbare Einkommen, desto schärfer der Steuersatz (Progression). Es ist zu unterscheiden zwischen dem durchschnittlichen Steuersatz und dem Grenzsteuersatz:

- Der Rechnungsbetrag der Einkommenssteuer in Prozent des steuerbaren Einkommens ergibt den Durchschnittssteuersatz.
- Der Grenzsteuersatz entspricht der Steuerbelastung auf dem letzten Teil des steuerbaren Einkommens.

Vor allem bei mittleren Einkommen liegt der Grenzsteuersatz wegen der Progressionskurve erheblich höher als der Durchschnittssteuersatz. Bei sehr hohen Einkommen nähert sich der Durchschnittssteuersatz dem Grenzsteuersatz.

Wer Varianten der Einkommenssicherung und der daraus resultierende Steuerbelastung prüft, muss also zwischen dem Grenzsteuersatz und dem Durchschnittssteuersatz unterscheiden.

Grenz- und Durchschnittssteuersatz

Beispiel: Verheirateter Steuerpflichtiger in der Stadt Zürich, reformiert, keine Kinder

	Steuerbares Einkommen	Steuerrechnung (Bund, Kanton, Gemeinde, Kirche)		Bemerkungen
		Betrag	Steuersatz*	
1. Jahr	100'000 Fr.	18'567 Fr.	18,57%	Durchschnittssteuersatz auf steuerbarem Einkommen von 100'000 Fr.
2. Jahr	120'000 Fr.	25'071 Fr.	20,89%	Durchschnittssteuersatz auf steuerbarem Einkommen von 120'000 Fr.
Differenz	20'000 Fr.	6'504 Fr.	32,52%	Steuersatz auf 20'000 Fr. zusätzlichem Einkommen = Grenzsteuersatz**

* Steuersatz in % des steuerbaren Einkommens
** In der Regel wird der Grenzsteuersatz auf einem Differenzbetrag von 1'000 Fr. berechnet

Berechnung des Grenzsteuersatzes

Die Tabelle illustriert den Unterschied zwischen Grenz- und Durchschnittssteuersatz. Unser Beispiel: ein Ehepaar in der Stadt Zürich mit einem steuerbaren Einkommen von 100'000 Franken im ersten Jahr und 120'000 Franken im folgenden Jahr. Dieser Einkommenssprung erhöht die jährliche Steuerschuld (Bund, Kanton, Gemeinde und Kirche) von 18'567 Franken auf 25'071 Franken. Die Zunahme des steuerbaren Einkommens um 20'000 Franken lässt also die Steuerrechnung um 6'504 Franken wachsen. Mit anderen Worten: Die letzten 20'000 Franken eines steuerbaren Einkommens von 120'000 Franken werden nach einem Grenzsteuersatz von 32,52% besteuert.

Zu Vergleichszwecken werden die Grenzsteuersätze für die einzelnen Einkommensstufen in der Regel für die letzten 1'000 Franken berechnet.

Grenzsteuerbelastung nach Kantonshauptstädten

Das föderalistische Steuersystem der Schweiz manifestiert sich nicht nur in abweichenden Grundlagen zur Berechnung des steuerbaren Einkommens, sondern vor allem auch in unterschiedlichen Kantons- und Gemeindesteuern. Die Tabelle auf Seite 130 stellt diese Unterschiede am Beispiel der Grenzsteuerbelastung dar.

In Zug bezahlt ein Steuerpflichtiger mit einem steuerbaren Einkommen von 75'000 Franken auf den letzten 1'000 Franken Einkommen nur 18,8% Steuern für Bund, Kanton, Gemeinde und reformierte Kirche, während das gleiche Mehreinkommen in Genf mit 37,4% belastet wird. Die Progressionsstufen sind in den einzelnen kantonalen Steuersystemen so unterschiedlich, dass die Rangfolge der steuergünstigsten Kantone bei einem steuerbaren Einkommen von 150'000 Franken wieder anders aussieht.

Steuerbares Vermögen

Die Vermögenssteuer ist eine klassische Doppelbesteuerung, denn das steuerbare Vermögen ist die Summe bereits versteuerter Gelder (z.B. Einkommen, Erbschaften, Kapitalabfindungen, Auszahlungen aus der Zweiten und der Dritten Säule). Nur Kantone und Gemeinden erheben Vermögenssteuern, der Bund verzichtet darauf.

Gemessen am gesamten Steueraufkommen sind die Beträge der Vermögenssteuer recht gering. Die mit der Steuer verbundene Deklaration des Vermögens ermöglicht es aber dem Staat, Versuche zur Umgehung der Einkommenssteuer zu erkennen: Die Entwicklung des Vermögens gibt einigen Aufschluss über die tatsächlichen Einkommensverhältnisse eines Steuerpflichtigen.

Gegenstand der Vermögenssteuer ist das gesamte Vermögen eines Steuerpflichtigen: alle Sachen und Rechte, die er als Eigentum oder zur Nutzniessung besitzt. Um die Vermögenssteuer zu berechnen, muss zuerst das steuerbare

Grenzsteuerbelastung nach Kantonshauptstädten

Beispiel: Ehepaar ohne Kinder, reformiert, Grenzsteuersatz gerechnet auf die letzten 1'000 Fr. des steuerbaren Einkommens, inkl. direkte Bundes-, Kantons-, Gemeinde- und Kirchensteuer (1997). Die Berechnungen basieren auf dem Steuerberechnungsprogramm "TRIBUT", Zahlen in %

Stadt, Kanton		Steuerbares Einkommen 75'000 Fr.	150'000 Fr.
Zug	ZG	18,8	28,4
Stans	NW	20,6	30,1
Appenzell	AI	21,9	32,3
Altdorf	UR	22,0	35,2
Sarnen	OW	24,1	32,1
Sitten	VS	24,3	41,0
Aarau	AG	24,5	42,8
Zürich	ZH	24,9	37,9
Lausanne	VS	25,5	41,7
Herisau	AR	26,9	36,4
Schwyz	SZ	26,9	31,3
Chur	GR	27,1	37,8
Frauenfeld	TG	27,3	40,1
Freiburg	FR	28,1	41,5
St. Gallen	SG	28,5	40,9
Glarus	GL	28,8	42,9
Solothurn	SO	28,8	40,1
Liestal	BL	29,2	43,1
Schaffhausen	SH	29,5	40,0
Luzern	LU	29,6	37,6
Bern	BE	29,8	42,3
Neuenburg	NE	30,7	43,4
Basel	BS	32,1	41,1
Delsberg	JU	32,2	40,1
Bellinzona	TI	33,3	43,8
Genf	GE	37,4	48,4

Vermögen erfasst werden. Dabei sind Bewertungsgrundsätze anzuwenden – ausgehend vom Verkehrs- oder Marktwert der Vermögensteile. Das Vorgehen soll am folgenden Beispiel verdeutlicht werden.

Veränderung des steuerbaren Vermögens nach der Pensionierung

Beispiel: Ehepaar im Kanton Zürich, beide Partner älter als 65 Jahre, voller Bezug des Pensionskassenkapitals, Zahlen in '000 Fr.

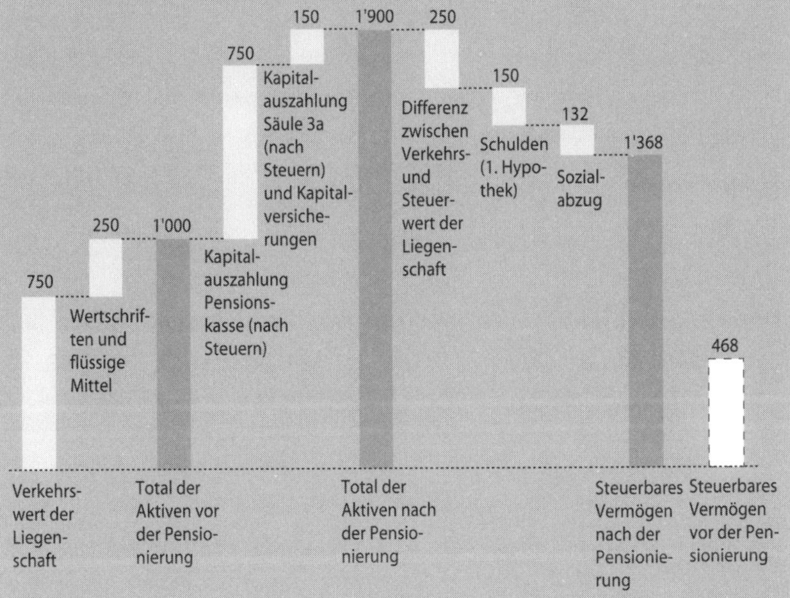

Vor der Pensionierung setzen sich die Aktiven eines steuerpflichtigen Ehepaares im Kanton Zürich zusammen aus dem Verkehrswert der Liegenschaft von 750'000 Franken sowie Wertschriften und flüssigen Mitteln von 250'000 Franken. Nach der Pensionierung hat der Ehemann zusätzlich die

Kapitalauszahlung aus der Pensionskasse von 750'000 Franken (netto, nach Steuern) sowie Auszahlungen aus Säule 3a und Kapitalversicherungen von 150'000 (netto, nach Steuern) zu deklarieren. Insgesamt haben die Aktiven nach der Pensionierung einen Wert von 1,9 Millionen Franken.

Zur Berechnung des steuerbaren Vermögens werden Liegenschaften in der Regel unter dem Verkehrswert zum sogenannten Steuerwert taxiert, eine Korrektur um 250'000 Franken ist also angebracht. Zusätzlich können die abzugsfähigen Schulden (1. Hypothek von 150'000 Franken) und ein steuerfreier Teil des Vermögens, 132'000 Franken (kantonal unterschiedlich), abgezogen werden. Damit reduziert sich das Vermögen zu Verkehrswerten auf das steuerbare Vermögen.

In unserem Beispiel bleibt von einem Marktwert von 1,9 Millionen Franken eine steuerbares Vermögen von 1,368 Millionen Franken.

Bewertung von Vermögen

Grundsätzlich verlangt der Fiskus, dass die Aktiven in der Steuererklärung zum Verkehrswert, zum Marktwert also, eingesetzt werden. Ist der Marktwert allerdings nicht eindeutig festzustellen, gelten Sonderregelungen:

- Liegenschaften werden von der Steuerverwaltung nach besonderen Regeln bewertet, meist unter dem Verkehrswert. Faustregel: Der Steuerwert liegt etwa bei 60 bis 80% des Verkehrswerts oder Kaufpreises.
- Kotierte (an der Börse gehandelte) Wertpapiere werden taxiert zum Durchschnittskurs des letzten Monats vor der massgebenden Steuerperiode. Diese sogenannten Steuerkurse sind in der Kursliste der Eidgenössischen Steuerverwaltung aufgeführt (einzelne Kantone haben eigene Bewertungsmodelle, z.B. Kanton Basel-Land).

Grenzsteuersätze für Vermögen im kantonalen Vergleich

Beispiel: Ehepaar, Grenzsteuersatz gerechnet auf die letzten 100'000 Fr. des steuerbaren Vermögens. Die Ausrechnungen basieren auf dem Steuerberechnungsprogramm "TRIBUT", Zahlen in ‰

Stadt, Kanton		Steuerbares Vermögen 500'000 Fr.	1'500'000 Fr.	2'500'000 Fr.
Stans	NW	1,8	1,8	1,8
Zürich	ZH	2,4	4,8	6,0
Zug	ZG	3,1	3,9	3,9
Sarnen	OW	3,7	3,7	3,7
Altdorf	UR	3,9	6,3	6,3
Schwyz	SZ	4,2	4,2	4,2
Chur	GR	4,4	4,4	4,5
Appenzell	AI	4,5	4,5	4,5
Frauenfeld	TG	4,6	6,1	6,1
Bern	BE	4,7	7,1	7,1
Herisau	AR	4,8	4,6	4,6
Bellinzona	TI	4,9	6,3	6,3
Delsberg	JU	4,9	7,4	7,4
Aarau	AG	5,0	8,1	5,5
St. Gallen	SG	5,4	5,4	5,4
Sitten	VS	5,6	7,4	6,5
Glarus	GL	5,7	5,1	5,1
Solothurn	SO	5,9	5,9	5,9
Freiburg	FR	5,9	6,5	6,5
Luzern	LU	6,2	6,2	6,2
Genf	GE	6,6	9,1	9,9
Schaffhausen	SH	7,0	6,5	6,5
Basel	BS	7,5	10,0	10,0
Lausanne	VD	7,6	8,8	8,8
Neuenburg	NE	8,6	6,8	6,8
Liestal	BL	9,2	7,5	7,5

- Nicht kotierte Wertpapiere werden nach ihrem inneren Wert eingeschätzt und zwar durch die Steuerverwaltung des Kantons, in dem das betreffende Unternehmen seinen Sitz hat.
- Lebensversicherungen sind zum sogenannten Rückkaufswert einzusetzen; dieser Wert kann der Tabelle «Rückkaufswerte von Lebensversicherungen» in der Wegleitung zur Steuererklärung entnommen werden.

Grenzsteuersätze für Vermögen im kantonalen Vergleich

Die Besteuerung des Vermögens fällt je nach Kanton sehr unterschiedlich aus. Sie schwankt bei einem steuerbaren Vermögen von 2,5 Mio. Franken zwischen 0,18 und 1% (Grenzsteuersätze auf die letzten 100'000 Franken Vermögen). Im Kanton Basel-Stadt zum Beispiel zahlt der Besitzer eines solchen Vermögens über fünf Mal mehr Steuern als im günstigen Nidwalden (vgl. Abbildung auf Seite 135).

Zwischenveranlagung

Die sogenannte Vergangenheitsbemessung ist in der Schweiz nach wie vor das gebräuchlichste System der Veranlagung. Die Steuerschuld wird berechnet aufgrund des Einkommens in einem früheren Zeitraum - in der Annahme, dass das aktuelle Einkommen sich nicht verändert hat. Die meisten Kantone wenden die zweijährige Vergangenheitsbemessung an: Grundsätzlich ist alle zwei Jahre eine Steuererklärung auszufüllen. Somit ist das durchschnittliche Einkommen der zwei vorangegangenen Kalenderjahre die Grundlage der Einkommenssteuer. Anders im Kanton Basel-Stadt, der die Gegenwartsbemessung anwendet: Bemessungsjahr und Steuerjahr fallen zusammen, so dass immer das aktuelle Einkommen besteuert wird. Weil das effektive Einkommen erst zum Jahresende feststeht, kann die Steuererklärung jeweils erst zu Beginn des folgenden Jahres ausgefüllt werden. Mit der gleichen Verspätung werden dann die Steuern eingezogen.

Begründung

Mit der Pensionierung fallen nun wesentliche Teile des Einkommens weg und Abzugsmöglichkeiten werden gekürzt oder ganz gestrichen; die Einkommensverhältnisse ändern sich wesentlich und auf Dauer. Bei der Vergangenheitsbemessung entsteht damit eine Kluft zwischen geschuldeter Steuer und wirtschaftlicher Leistungsfähigkeit. In diesem Fall ist die Gegenwartsbemessung mittels Zwischenveranlagung vorgesehen (vgl. abschliessende Zusammenstellung auf der folgenden Abbildung).

Sache des Steuerpflichtigen

Es ist dem Steuerpflichtigen überlassen, zum Zeitpunkt der Pensionierung bei der zuständigen Steuerbehörde eine Zwischenveranlagung zu beantragen.

Gründe für eine Zwischenveranlagung

Eintritt in die Steuerpflicht	Dauernde und wesentliche Änderung der Einkommensverhältnisse
Zuzug aus dem Ausland	Heirat
Zuzug aus einem anderen Kanton	Scheidung oder Trennung
Minderjährige werden volljährig	Erbschaften und Schenkungen
Minderjährige, die Erwerbstätigkeit aufnehmen	Aufnahme der Erwerbstätigkeit
	Aufgabe der Erwerbstätigkeit
	Änderung des Beschäftigungsgrades
	Berufswechsel

Neue Steuerschuld

Bei einer Zwischenveranlagung wird das Einkommen vom Datum der Pensionierung bis zum Jahresende geschätzt und auf ein Jahr hochgerechnet. Die Steuer wird erhoben für die Zeit nach der Pensionierung («pro rata temporis»). Die Gegenwartsbemessung erfasst nur die Einkommensteile, die sich durch die Pensionierung verändert haben, für den Rest gilt weiter die Vergangenheitsbemessung.

Ein Beispiel soll die Zwischenveranlagung illustrieren: Auf der folgenden Abbildung links die Herleitung des steuerbaren Einkommens, in der Mitte die Steuerberechnung vom 1. Januar bis zum 31. Mai nach der Vergangenheitsbemessung (die Werte von 1995 und 1996 für die Bundessteuer und von 1996 für die Staatssteuer) und rechts die Steuerberechnung ab der Pensionierung bis zum Jahresende, hochgerechnet auf ein ganzes Jahr.

Zwischenveranlagung

Beispiel: Pensionierung per 31.5.1997, verheiratetes Ehepaar, 62- und 65jährig, reformiert, Stadt Zürich

	Steuerberechnung für die Periode vom ... **... 1.1. bis 31.5.97** Basis: Einkommen 1995/96 (Vergangenheitsbemessung)	**... 1.6. bis 31.12.97** Basis: Geschätztes Einkommen 1997 (Gegenwartsbemessung)
Einkommen	100'000	0
Renteneinkommen		
• AHV (max. Ehepaar-Rente)		28'656*
• Pensionskasse		36'480**
Übrige Einkommen/Erträge		
• aus bestehendem Vermögen	12'000	12'000
• aus neu zugeflossenem Kapital		6'000
Abzüge		
• während der Berufstätigkeit	./. 15'000 ***	
• nach Aufgabe der Berufstätigkeit		./. 4'800***
Sozialabzüge		
• vor der Pensionierung	./. 10'000	
• nach der Pensionierung		./. 13'200
Steuerbares Einkommen (Staat)	87'000	65'136
Steuerbares Einkommen (Bund)	97'600	85'900
Steuerbelastung auf Jahresbasis	15'654	10'593
Periodengerechte Steuerbelastung (pro rata temporis)	6'476	6'211
Total Steuerbelastung 1997		**12'687**

* AHV-Renten sind im Bund zu 100% und im Kanton Zürich zu 80% steuerbares Einkommen

** Renten von Pensionskassen sind im Bund und im Kanton Zürich zu 80% steuerbar (Annahme: mindestens 20% der Leistungen wurden von Steuerpflichtigen erbracht)

*** Unterschiedliche Abzugsmöglichkeiten bei Bund und Kantonen

Das bisherige Erwerbseinkommen von 100'000 Franken wird ersetzt durch die maximale AHV-Rente von 35'820 Franken für Ehepaare und eine Pensionskassen-Rente von 45'600 Franken; im Kanton Zürich sind AHV- und Pensionskassen-Renten nur zu 80% zu versteuern. Das übrige Einkommen aus Vermögen fliesst unverändert mit 12'000 Franken auch in die neue Berechnung ein. Zusätzlich werden aber weitere 6'000 Franken Einkommen aus neu zugeflossenem Kapital deklariert (geschätzte 500 Franken pro Monat, hochgerechnet auf ein Jahr). Anstelle der bisherigen Abzüge von 15'000 und 10'000 Franken werden jetzt 4'800 und 13'200 Franken geltend gemacht.

Für die Zeit von Januar bis Mai ergibt sich nach der Vergangenheitsbemessung eine Steuerbelastung für das ganze Jahr von 15'654 Franken – diese Berechnung ist aber nur gültig für 151 von 365 Tagen, der Steuerbetrag also 6'476 Franken. Die Zwischenveranlagung von Juni bis Dezember gilt für 214 von 365 Tagen und entspricht einem Betrag von 6'211 Franken. Addiert ergibt sich die Steuerrechnung für 1997 in der Höhe von 12'687 Franken. Zu beachten ist, dass nicht das effektive Einkommen von Januar bis Mai Bemessungsgrundlage für die Steuerrechnung ist. Deshalb nennt man diese Periode auch «Bemessungslücke».

Entscheidend für die Grösse dieser Bemessungslücke sind der Zeitpunkt der Pensionierung und das kantonale Steuersystem (mit ein- oder zweijähriger Vergangenheits- oder Gegenwartsbemessung). Im Kanton Basel-Land beispielsweise führt eine Pensionierung auf Ende 1998 zu einer Bemessungslücke von zwei Jahren, so dass das Einkommen der Jahre 1997 und 1998 nie als Bemessungsgrundlage für eine Steuerrechnung dient. Anders im Kanton Basel-Stadt: Mit der Gegenwartsbemessung entsteht nie eine Bemessungslücke.

Kapitalauszahlungen und Steuern

In der Schweiz sind alle Arbeitnehmer dem BVG, dem Bundesgesetz über die berufliche Vorsorge, unterstellt, wenn sie im Jahr über 23'880 Franken verdienen (Lohngrenze 1997). Selbständige können sich freiwillig der beruflichen Vorsorge unterstellen. Eine durchschnittliche Familie gibt jährlich 12'000 Franken für staatliche, berufliche und private Vorsorge aus. Der Staat unterstützt den Sparprozess, indem ein Grossteil der Zahlungen vom steuerbaren Einkommen abgezogen werden kann. In der Regel kann nach der Pensionierung über diese Gelder frei verfügt werden. Je nach Pensionskasse können die Leistungen als Rente oder einmalige Kapitalauszahlung bezogen werden.

Im folgenden soll dargestellt werden, wie sich ein Kapitalbezug aus der Zweiten oder Dritten Säule, eine Kapitalabfindung des Arbeitgebers oder Mitarbeiteraktien steuerlich auswirken.

Kapital aus Vorsorge

Wenn es das Reglement der Pensionskasse vorsieht, können die Versicherten in der Regel drei Jahre vor der Pensionierung entscheiden, ob sie die Leistungen der Kasse als Rente oder als einmalige Kapitalauszahlung beziehen wollen. Bei einer Kapitalauszahlung wird der Kapitalstock einmalig besteuert, die übrigen Einkommens- und Vermögensverhältnisse werden davon nicht berührt: Die Kapitalauszahlung bewirkt keine schärfere Progression.

Im Kanton Basel-Stadt beispielsweise ist bei der Auszahlung eines Kapitals von 800'000 Franken mit einer einmaligen Steuerbelastung von 62'225 Franken zu rechnen, netto ausbezahlt werden also 737'775 Franken. Auszahlungen von Freizügigkeitsgeldern und Kapitalleistungen aus der Säule 3a unterliegen den gleichen Bestimmungen.

Besteuerung von Kapitalauszahlungen aus der Pensionskasse

Beispiel: Steuerpflichtiger im Kanton Basel-Stadt: der Steuerpflichtige kann 20% eigene Beiträge in Abzug bringen

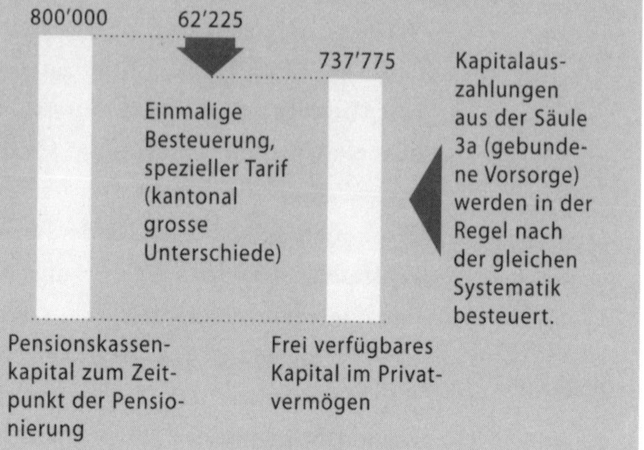

Auch der Bund besteuert das Kapital getrennt vom übrigen Einkommen zu einem Fünftel des Einkommenssteuer-Tarifs. Kapitalauszahlungen werden von der Bundessteuer erst in einer späteren Steuerperiode erfasst: Eine Auszahlung im Jahr 1995 wird erst in der Veranlagungsperiode 1997/98 besteuert. Die meisten Kantone hingegen fordern die Steuer im Jahr der Auszahlung.

Kantonale Unterschiede

Die kantonalen Regelungen weichen stark voneinander ab, und eine Vielzahl von Übergangsbestimmungen zur Einführung des BVG 1985 erschwert die Übersicht. In den folgenden Abbildungen sind alle aktuellen Bestimmungen für die Besteuerung von Kapitalleistungen aus den Säulen 2a (Pensionskasse und Kadervorsorge), 2b (Freizügigkeitskonto und Freizügigkeitspolice) und 3a (gebundene Selbstvorsorge) vollständig aufgeführt; in der letzten Spalte findet sich jeweils ein Hinweis auf die Übergangslösungen, die nur für Kapitalauszahlungen aus der 2. Säule gelten.

Besteuerung von Kapitalleistungen aus Säulen 2a, 2b und 3a (Stand 1996)

Die Besteuerung ist einmalig und getrennt vom übrigen Einkommen, sie wird nach folgenden Regeln berechnet:

	Einkommenssteuer(ESt)-Tarif bzw. Sonderregelung	Übergangsregelung
Bund	zu 1/5 des ESt-Tarifs für Ledige oder Verheiratete	A
AG	zu 40% des ESt-Tarifs für Ledige oder Verheiratete, jedoch mindestens zum Satz von 4% (nur Säule 3a); Leistungen sind steuerfrei, sofern sie vollumfänglich zum Kauf einer Rente verwendet werden, die zu 100% der Einkommenssteuer unterliegt; Freibetrag für Todesfalleistungen: 100'000 Fr. (reine Risikoleistungen sind steuerfrei)	B
AI	für den Vorsorgenehmer, den überlebenden Ehegatten, unmündige oder in Ausbildung stehende Kinder und massgeblich unterstützte Personen: zum Rentensatz [1]; für die übrigen Begünstigten oder bei vorzeitiger Auflösung des Vorsorgeverhältnisses: 100% des ESt-Tarifs*; für Wohneigentumsförderung: 50% des ESt-Tarifs* * mindestens zum Satz für ein Einkommen von 20'000 Fr.	A+
AR	zum Rentensatz [1]	A+
BE	zu Sondertarifen; Freigrenze: 4'999 Fr.; **Alleinstehende** 1% für die ersten 25'000, 1,3% für die nächsten 25'000, 1,7% für die nächsten 50'000, 2,1% für die nächsten 50'000, 2,6% für die nächsten 100'000, 3,2% für die nächsten 150'000, 3,8% für die nächsten 250'000, 4,5% für die nächsten 500'000 Fr., 5% für die übrigen Beträge; **Verheiratete** 1% für die ersten 50'000, 1,4% für die nächsten 50'000, 1,8% für die nächsten 100'000, 2,3% für die nächsten 100'000, 2,9% für die nächsten 200'000, 3,5% für die nächsten 300'000, 4,2% für die nächsten 500'000 Fr., 4,9% für die übrigen Beträge.	keine
BL	zum Rentensatz [1], mindestens zum Satz von 2,0%	B+

Besteuerung von Kapitalleistungen aus Säulen 2a, 2b und 3a (Fortsetzung)

	Einkommenssteuer(ESt)-Tarif bzw. Sonderregelung	**Über-gangs-regelung**
BS	für den Vorsorgenehmer, den überlebenden Ehegatten, die direkten Nachkommen und übrige massgeblich unterstützte Personen: zum Sondertarif (3% für die ersten 25'000, 4% für die nächsten 25'000, 6% für die nächsten 25'000 Fr. und 8% für die übrigen Beträge); für die übrigen Begünstigten: zusammen mit dem übrigen Einkommen zum vollen ESt-Tarif	**C**
FR	zum Sondertarif (2% für die ersten 30'000, 3% für die nächsten 30'000, 4% für die nächsten 40'000, 5% für die nächsten 50'000 Fr. und 6% für die übrigen Beträge); 50% Ermässigung bei Invalidität	**keine**
GE	für den Vorsorgenehmer: zu 1/5 des ESt-Tarifs für Ledige; für den überlebenden Ehegatten, unmündige oder in Ausbildung stehende Kinder und massgeblich unterstütze Personen: keine Einkommens-, dafür Erbschaftssteuer; für die übrigen Begünstigten: Einkommenssteuer (analog Vorsorgenehmer) zuzüglich Erbschaftssteuer auf Arbeitnehmerbeiträgen und Zinsen	**D**
GL	zum Rentensatz[1]	**A**
GR	zu 1/15 des ESt-Tarifs, mindestens zum Satz von 1,5% für Verheiratete und 2% für Alleinstehende, höchstens aber zum Satz von 5,2% bzw. 6%; Freigrenze: 4'000 Fr.	**A**
JU	zum Rentensatz[1]; Freigrenze für 2. Säule: 50'000 Fr. , gilt nicht bei Teilbezug für Wohneigentum	**keine**
LU	für den Vorsorgenehmer, den überlebenden Ehegatten, die direkten Nachkommen, Pflegekinder und übrige massgeblich unterstützte Personen: zu 1/3 des ESt-Tarifs für Ledige; für die übrigen Begünstigten: zu 100% des ESt-Tarif für Ledige	**A**
NE	zu 1/4 des ESt-Tarifs, mindestens zum Satz von 2,5% (Kanton) und 2% (Gemeinde)	**A**
NW	zu 2/3 des ESt-Tarifs	**A**
OW	zu 1/2 des ESt-Tarifs für Ledige	**A**

Besteuerung von Kapitalleistungen aus Säulen 2a, 2b und 3a (Fortsetzung)

	Einkommenssteuer(ESt)-Tarif bzw. Sonderregelung	**Übergangsregelung**
SG	für den Vorsorgenehmer, den überlebenden Ehegatten, unmündige oder in Ausbildung stehende Kinder und massgeblich unterstützte Personen sowie Wohneigentumsförderung: zum Rentensatz[1]*; für die übrigen Begünstigten oder bei vorzeitiger Auflösung des Vorsorgeverhältnisses: zu 100% des ESt-Tarifs* * mindestens zum Satz für ein Einkommen von 15'000 Fr.	**E+**
SH	für den Vorsorgenehmer, den überlebenden Ehegatten, unmündige oder in Ausbildung stehende Kinder und massgeblich unterstützte Personen sowie Wohneigentumsförderung (aus 2. Säule): zum Rentensatz[1]*; für die übrigen Begünstigten oder bei vorzeitiger Auflösung des Vorsorgeverhältnisses: zu 100% des ESt-Tarifs*; Leistungen sind steuerfrei, sofern sie vollumfänglich zum Kauf einer Rente verwendet werden, die zu 100% der Einkommenssteuer unterliegt; * mindestens zum Satz für ein Einkommen von 9'000 Fr.	**keine**
SO	zu 1/5 des ESt-Tarifs	**A++**
SZ	zum Rentensatz[1]	**A**
TG	zum Rentensatz[1], mindestens zum Satz von 1,5% für Verheiratete und 2% für Alleinstehende	**E+**
TI	zu 1/15 des ESt-Tarifs, mindestens zum Satz von 2%	**F**
UR	zu 2/5 des ESt-Tarifs	**G**
VD	für den Vorsorgenehmer, den überlebenden Ehegatten und massgeblich unterstützte Kinder: zu 1/2 des ESt-Tarifs für Ledige; für die übrigen Begünstigten: Einkommenssteuern (analog Vorsorgenehmer) zuzüglich Erbschaftssteuern auf halber Kapitalleistung	**keine**
VS	zum Rentensatz[1], mindestens aber zu 2%	**keine**
ZG	zum Rentensatz[1]	**keine**
ZH	zu 1/15 des ESt-Tarifs	**E**

Übergangsregelungen für Kapitalleistungen aus der 2. Säule

A	Kapitalleistungen, die vor dem 1.1.2002 fällig werden und auf einem Vorsorgeverhältnis beruhen, das am 31.12.1986 bereits bestanden hat, sind wie folgt steuerbar: a zu 60%, wenn die Leistungen, auf denen der Anspruch beruht, ausschliesslich vom Steuerpflichtigen erbracht wurden; b zu 80%, wenn diese Leistungen teilweise, mind. aber zu 20%, vom Steuerpflichtigen erbracht wurden; c zu 100% in den übrigen Fällen.
A+	Analog Variante A mit der Abweichung, '...auf einem Vorsorgeverhältnis beruhen, das am 31.12.1984 bereits bestanden hat, ...'
A++	Analog Variante A mit der Abweichung, '...auf einem Vorsorgeverhältnis beruhen, das am 31.12.1985 bereits bestanden hat, ...'
B	Kapitalleistungen, die vor dem 1.1.2002 fällig werden und auf einem Vorsorgeverhältnis beruhen, das am 31.12.1986 bereits bestanden hat, werden nach Abzug der eigenen bis zum 31.12.1986 geleisteten Beiträge besteuert
B+	Analog Variante B mit der Abweichung, '...eigenen bis zum 31.12.1984 geleisteten Beiträge besteuert.'
C	Von den Kapitalleistungen können die bis zum 31.12.1985 geleisteten, steuerlich noch nicht verrechneten eigenen Beiträge abgezogen werden.
D	Kapitalleistungen an Invalide oder über 60jährige Steuerpflichtige, die vor dem 1.1.2002 fällig werden und auf einem Vorsorgeverhältnis beruhen, das am 31.12.1986 bereits bestanden hat, sind 1987 noch steuerfrei; 1988 werden vom gemäss Art. 31C berechneten Steuerbetrag 1/15, 1989: 2/15, ..., 1995: 8/15, 1996: 9/15 etc. erhoben.
E	Kapitalleistungen, die vor dem 1.1.2002 fällig werden und auf einem Vorsorgeverhältnis beruhen, das am 31.12.1985 bereits bestanden hat, werden zu 80% besteuert, wenn mind. 20% der Leistungen aus eigenen Mitteln erbracht wurden. Kapitalleistungen an Selbständigerwerbende werden, wenn die zwei ersten Bedingungen erfüllt sind, zu 80% besteuert (Höhe der eigenen Mittel ist unerheblich).
E+	Analog Variante E mit der Abweichung, '...auf einem Vorsorgeverhältnis beruhen, das am 31.12.1984 bereits bestanden hat, ...'
F	Kapitalleistungen, die vor dem 1.1.2001 fällig werden und auf einem Vorsorgeverhältnis beruhen, das am 31.12.1986 bereits bestanden hat, werden – sofern günstiger als die ordentliche Methode – getrennt vom übrigen Einkommen zu einem Sondertarif besteuert: 1,25% auf den ersten 25'000, 2% auf den nächsten 25'000, 2,5% auf den nächsten 50'000, 3,25% auf den nächsten 100'000 und 3,75% auf den übrigen Beträgen.
G	Auf Kapitalleistungen, die vor dem 1.1.2002 fällig werden und auf einem Vorsorgeverhältnis beruhen, das am 31.12.1986 bereits bestanden hat, kann ein Abzug gemacht werden in Höhe von a 40%, max. 20'000 Fr., wenn die Leistungen, auf denen der Anspruch beruht, ausschliesslich vom Steuerpflichtigen erbracht wurden; b 20%, max. 10'000 Fr., wenn diese Leistungen teilweise, mind. aber zu 20%, vom Steuerpflichtigen erbracht wurden.

1 Rentensatz: „Die Steuer wird zu dem Satz berechnet, der sich ergäbe, wenn an Stelle der einmaligen Leistung eine entsprechende jährliche Leistung ausgerichtet würde"; d.h.: Die steuerbare Kapitalleistung ist anhand der Umrechnungstabelle der Eidg. Steuerverwaltung in eine jährliche Rente umzuwandeln.
2 Für diese Rente wird der entsprechende Einkommenssteuersatz bestimmt. Dieser Steuersatz wird auf die volle steuerbare Kapitalleistung angewendet.

Einige Kantone besteuern die Kapitalleistungen zum sogenannten Rentensatz: Die Kapitalauszahlung wird umgerechnet in eine theoretische Rente; der Umrechnungsfaktor, eben der Rentensatz, ergibt sich aus der restlichen Lebenserwartung des Steuerzahlers. Der Rentensatz steigt deshalb mit dem Alter.

Die Abbildung auf Seite 148 macht die grossen Unterschiede zwischen den einzelnen Kantonen deutlich. In unserem Beispiel, der Auszahlung von 400'000 oder 800'000 Franken an einen verheirateten 65jährigen Steuerpflichtigen, fällt die Steuerrechnung je nach Kantonshauptort ganz unterschiedlich aus (es gilt die Annahme, dass der Steuerpflichtige mindestens 20% der Leistungen selbst erbracht hat).

Für eine Auszahlung von 800'000 Franken muss in Delsberg fast sechs Mal mehr bezahlt werden als in Bellinzona, in absoluten Zahlen: rund 135'000 Franken mehr.

Quellensteuer auf Kapital aus Vorsorge

Wer sein Steuerdomizil zum Zeitpunkt der Auszahlung im Ausland hat, zahlt Quellensteuer (vgl. Abbildung auf Seite 149). Die Quellensteuer ist im Kanton fällig, in dem die Vorsorgeeinrichtung ihren Sitz hat. Wiederum sind die Tarife von Kanton zu Kanton sehr verschieden. Zur kantonalen Quellensteuer kommt die progressive des Bundes hinzu: Die ersten 25'000 Franken sind steuerfrei, die zweiten werden mit 0,15%, die dritten mit 0,45%, die vierten mit 0,75%, die fünften mit 1,15% und die sechsten mit 2,08% besteuert. Auf die nächsten 700'000 Franken werden ebenfalls 2,08% Steuern erhoben, auf allen Beträgen über 825'000 Franken 1,84%.

Gegenwärtig kennt einzig der Kanton Aargau diese Quellensteuer nicht, die Lücke soll allerdings in nächster Zeit geschlossen werden.

Kantonaler Vergleich von Kapitalauszahlungen aus der 2. Säule

Beispiel: verheirateter 65jähriger Steuerpflichtiger, reformiert

		Auszahlung: 400'000 Fr.	800'000 Fr.
Bund		6'173	14'493
Kantonshauptort			
Bellinzona	TI	6'640	13'320
Chur	GR	9'864	42'121
Liestal	BL	10'486	56'110
Genf	GE	13'391	28'861
Solothurn	SO	17'113	37'911
Herisau	AR	21'763	60'705
Basel	BS	22'132	47'732
Neuenburg	NE	23'500	45'771
Sarnen	NW	23'599	47'923
Appenzell	AI	23'599	66'477
St. Gallen	SG	23'684	77'078
Zug	ZG	23'777	67'410
Frauenfeld	TG	25'317	80'427
Luzern	LU	25'574	52'480
Zürich	ZH	25'960	71'362
Glarus	GL	27'238	81'432
Schwyz	SZ	27'417	70'813
Aarau	AG	28'847	64'301
Altdorf	UR	32'231	65'570
Stans	OW	33'121	67'681
Bern	BE	33'680	89'939
Sitten	VS	37'273	119'031
Schaffhausen	SH	38'684	110'613
Freiburg	FR	40'170	86'970
Delsberg	JU	56'871	148'409
Lausanne	VD	59'359	124'879

Quellenbesteuerung von Kapitalauszahlungen aus der 2. und 3. Säule

Beispiel: verheirateter 65jähriger Steuerpflichtiger, reformiert, Wohnsitz im Ausland

	Auszahlung: 400'000 Fr.	**800'000 Fr.**
Bund	6'345	14'665
Kanton		
AG	0	0
SZ	9'000	19'000
BL	11'970	32'695
TI	15'000	27'000
SO	19'000	39'000
ZG	20'050	56'550
AR	23'000	47'000
GR	23'000	47'000
SG	23'000	47'000
NE	24'000	48'000
LU	25'000	54'000
GE	25'780	55'013
OW	27'000	56'000
BE	27'930	55'930
BS	28'000	60'000
ZH	30'000	62'000
GL	31'000	63'000
UR	33'092	66'329
SH	36'000	104'000
AI	40'000	80'000
TG	40'000	80'000
VS	40'095	125'495
FR	41'200	89'200
NW	42'000	86'000
VD	58'200	114'500
JU	69'750	169'750

Abgangs-entschädigungen

Eine Kapitalauszahlung des Arbeitgebers (Kapitalabfindung), die nicht aus einer Vorsorgeeinrichtung stammt, ist grundsätzlich als ordentliches Einkommen zu versteuern – im Zusammenhang mit einer (Früh-)Pensionierung kann der Vorsorgecharakter dieses Kapitals geltend gemacht und die Abfindung einer Kapitalauszahlung aus der Zweiten Säule gleichgestellt werden. Denn gerade bei einer Frühpensionierung deckt dieses zusätzliche Kapital einen Teil des Leistungsverlustes der Zweiten Säule. Die meisten Kantone teilen diese Einschätzung; in der Regel akzeptieren die kantonalen Steuerbehörden bei einer Pensionierung nach dem 55. Altersjahr den Vorsorgecharakter. Selbstverständlich gibt es auch in dieser Frage kantonale Unterschiede. Kantone, die Abfindungen nicht wie Auszahlungen aus der Zweiten Säule behandeln, besteuern sie als ausserordentliches Einkommen zu einem günstigen Sondertarif. In der folgenden Abbildung ist die Praxis einiger Kantone dargestellt.

Erst in letzter Zeit hat die aktuelle Wirtschaftslage die Behörden vieler Kantone gezwungen, sich häufiger mit solchen Fragen auseinanderzusetzen. Bisher geltende Regelungen wurden überprüft und teilweise den neuen Bedingungen angepasst. Es empfiehlt sich deshalb, in jedem Einzelfall mit der zuständigen Steuerbehörde Kontakt aufzunehmen. Denn die Steuervor- bzw. -nachteile können gravierend sein. Dazu ein Beispiel: Ein 60jähriger, verheirateter Steuerpflichtiger in der Stadt Zürich mit einem steuerbaren Einkommen von 100'000 Franken erhält eine Kapitalabfindung von 200'000 Franken. Kann der Vorsorgecharakter geltend gemacht werden, muss er 17'873 Franken Einkom-menssteuer und 15'934 Franken Steuern für die Kapitalabfindung entrichten. Andernfalls wären Einkommenssteuern in der Höhe von 94'672 Franken fällig, was praktisch einer Verdreifachung der Steuerrechnung entspricht.

Steuern auf Abgangsentschädigungen

	Vorsorgecharakter gegeben (Alter über 55)	Vorsorgecharakter nicht gegeben (Alter unter 55)
Bund	Gesonderte Jahressteuer zu 1/5 des ordentlichen Tarifs	Zurzeit noch unsichere Rechtslage • Normalfall: Ersatzeinkommen; Anwendung des periodisierten Steuersatzes zusammen mit dem übrigen Einkommen • Spezialfall: wie wenn Alter über 55 Jahre
Kanton Aargau	Getrennt vom übrigen Einkommen zu einem Satz von 40% des normalen Tarifs (bei Betriebsschliessung oder -umstrukturierung sind 20'000 Fr. steuerfrei)	Normale Besteuerung als Einkommen: Normales Einkommen und Kapitalleistung werden zusammengezählt. Darauf wird eine volle Jahressteuer erhoben.
Kanton Basel-Land	Vorsorgecharakter i.d.R. bereits ab Alter über 50 gegeben. Besteuerung getrennt vom übrigen Einkommen zum Rentensatz*. Satzbestimmendes Einkommen: Steuerbares Einkommen + (Abgangsentschädigung : Anzahl Dienstjahre)	Getrennt vom übrigen Einkommen zum Rentensatz*. Satzbestimmendes Einkommen: Steuerbares Einkommen + (Abgangsentschädigung : (Abgangsentschädigung : Jahreslohnsumme))
Kanton Basel-Stadt	Vorsorgecharaktercharakter i.d.R. ab Alter 60 gegeben (in jedem Fall zu überprüfen); Besteuerung als Kapitalabfindung, entsprechend der Besteuerung von Kapitalleistungen aus Säulen 2a, 2b und 3a	Normale Besteuerung als Einkommen: Normales Einkommen und Kapitalleistung werden zusammengezählt. Darauf wird eine volle Jahressteuer erhoben.
Kanton Bern	Zu Sondertarif, entsprechend der Besteuerung von Kapitalleistungen aus Säulen 2a, 2b und 3a	Getrennt vom übrigen Einkommen zu einer vollen Jahressteuer

* Rentensatz: gleiches Vorgehen wie auf Seite 142f beschrieben.

Steuern auf Abgangsentschädigungen (Fortsetzung)

	Vorsorgecharakter gegeben (Alter über 55)	Vorsorgecharakter nicht gegeben (Alter unter 55)
Kanton St. Gallen	Alter von 55 bis 59 Jahre: Getrennt vom übrigen Einkommen mit einer vollen Jahressteuer Alter über 60: Getrennt vom übrigen Einkommen zum Rentensatz*, mindestens aber zum Satz für ein Einkommen von 15'000 Fr.	Normale Besteuerung als Einkommen: Normales Einkommen und Kapitalleistungen werden zusammengezählt. Darauf wird eine volle Jahressteuer erhoben.
Kanton Solothurn	Getrennt vom übrigen Einkommen zum Rentensatz*. Satzbestimmendes Einkommen: Steuerbares Einkommen + (Abgangsentschädigung : Anzahl Jahre bis zur ordentlichen Pensionierung)	Normale Besteuerung als Einkommen: Normales Einkommen und Kapitalleistung werden zusammengezählt. Darauf wird eine volle Jahressteuer erhoben.
Kanton Zürich	Getrennt vom übrigen Einkommen zum Satz von 1/15 der Kapitalleistung	Normale Besteuerung als Einkommen. Normales Einkommen und Kapitalleistung werden zusammengezählt. Darauf wird eine volle Jahressteuer erhoben.

* Rentensatz: gleiches Vorgehen wie auf Seite 142f beschrieben.

Mitarbeiteraktien

Immer mehr Aktiengesellschaften richten einen Teil des Lohnes in Form von Mitarbeiteraktien aus; andere räumen ihren Mitarbeitern das Recht ein, Aktien zu einem Vorzugspreis zu erwerben. Sie erhöhen damit das Interesse ihrer Mitarbeiter am künftigen Geschäftsgang des Unternehmens. Die Mitarbeiter geniessen den Vorteil, am gemeinsamen Erfolg, ausgedrückt im Unternehmensergebnis, direkt zu partizipieren.

Besteuerung von Mitarbeiteraktien

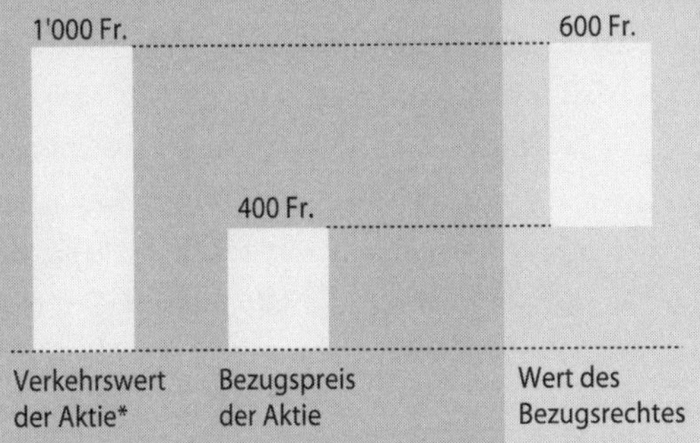

- **Ohne Sperrfrist**
  Steuerbares Einkommen
- **Mit Sperrfrist**
  Besteuerung des diskontierten Wertes**

1 Jahr	90,9%
2 Jahre	82,7%
3 Jahre	75,1%
4 Jahre	68,3%
5 Jahre	62,1%
6 Jahre	56,6%
7 Jahre	51,3%
8 Jahre	46,7%
9 Jahre	42,4%
>10 Jahre	38,6%

* Bei kotierten Aktiengesellschaften der Aktienkurs; bei nicht kotierten Aktiengesellschaften der innere Wert der Aktie

** Mit jedem Jahr Sperrfrist wird der Wert des Bezugsrechtes um 10% diskontiert (max. 10 Jahre)

Steuerlich gesehen sind Mitarbeiteraktien eine geldwerte Leistung des Arbeitgebers und damit steuerbares Einkommen – genau so wie die Differenz zwischen einem vorteilhaften Bezugspreis und dem Verkehrswert der Aktie.

Viele Unternehmen haben ein Interesse daran, dass ihre Mitarbeiter ein langfristiges berufliches und Aktien-Engagement eingehen, deshalb können Mitarbeiteraktien oft erst nach einer Sperrfrist wieder verkauft werden, etwa nach fünf oder zehn Jahren. Damit verbunden ist ein Steuervorteil: Für jedes Jahr Sperrfrist wird die steuerbare Differenz zwischen Bezugspreis und Verkehrswert der Aktie um 10% diskontiert.

Beispiel Eine Firma verkauft den eigenen Mitarbeitern Aktien zum Preis von 400 Franken. Der Verkehrswert der Aktie liegt bei

1'000 Franken. Die geldwerte Leistung der Firma zugunsten der Mitarbeiter beträgt also 600 Franken pro Aktie.

Kann ein Mitarbeiter die Aktie sofort veräussern, gelten die 600 Franken als steuerbares Einkommen. Bei einer zehnjährigen Sperrfrist hingegen sind nur 38,6% von 600 Franken, also 232 Franken, als Einkommen zu versteuern. Geht man davon aus, dass der Kurs der Aktie in diesen zehn Jahren jährlich um 10% steigt – nicht zuletzt dank dem Einsatz der Mitarbeiter – bringt die Aktie schliesslich einen Erlös von 2'594 Franken.

Einkommenssteuer ist bloss zu entrichten auf den 232 Franken geldwerter Leistung (bei einem Grenzsteuersatz von 35% also 81 Franken); somit bleiben 2'513 Franken Verkaufserlös oder – bezogen auf das ursprünglich eingesetzte Kapital von 400 Franken – eine Rendite von 20,2% pro Jahr.

Diese Regelung über die steuerliche Behandlung von Mitarbeiteraktien wurde im Kreisschreiben 5 der Eidgenössischen Steuerverwaltung vom 17. Mai 1990 festgelegt. Sie gilt spätestens seit der Veranlagungsperiode 1993/94.

Wie aber werden Mitarbeiteraktien behandelt, die früher erworben wurden, aber erst jetzt handelbar sind? Vor dem Kreisschreiben 5 wurde die Differenz zwischen dem Kaufpreis der Aktie und ihrem Verkehrswert am Tag der Pensionierung als Leistung der Personalvorsorge betrachtet und entsprechend privilegiert besteuert: in der Regel nach den Tarifen für Kapitalleistungen aus der Zweiten oder Dritten Säule.

Nach diesem Grundsatz handeln die meisten Kantone, unterschiedlich jedoch ist der Stichtag für die neue Praxis. Im Kanton Solothurn beispielsweise gilt seit dem 1. Januar 1995 das Kreisschreiben, in Basel-Stadt und Basel-Land aber erst seit Januar 1996.

In jedem Fall ist darauf zu achten, dass nur Mitarbeiteraktien besteuert werden, für die nicht schon Einkommenssteuer bezahlt wurde.

Renten und Steuern

AHV-Rente

Die Leistungen der Ersten Säule sind abhängig von der Höhe des Einkommens und der Zahl der Beitragsjahre. Die einfache AHV-Rente beträgt 1997 mindestens 11'940 Franken und maximal 23'880 Franken; die Ehepaar-Rente liegt zwischen 17'910 und 35'820 Franken.

Die AHV-Renten werden vom Bund voll als steuerbares Einkommen erfasst.

Besteuerung der AHV- und IV-Renten[1]

Bund	100%	**GL**	80%	**SO**	80%
AG	80%	**GR**	80%	**SZ**	80%
AI	80%	**JU**	90%	**TG**	80%
AR	80%	**LU**	80%	**TI**	80-100% [3]
BE	100% [2]	**NE**	80%	**UR**	100% [2]
BL	100% [2]	**NW**	80%	**VD**	100%
BS	80%	**OW**	80%	**VS**	80-100% [4]
FR	100% [2]	**SG**	80%	**ZG**	80%
GE	100% [2]	**SH**	90%	**ZH**	80% [5]

1 Aufgrund der Steuerharmonisierung werden ab dem 1.1.2001 sämtliche Kantone zu 100% besteuern
2 Mit limitierten Abzugsmöglichkeiten
3 Je nach Abzugsmöglichkeiten
4 Bei Rentenbeginn vor dem 1.1.83 zu 80%, vor dem 1.1.87 zu 90%, danach zu 100%
5 Ab 1999 zu 100%

Die Kantone verfahren noch unterschiedlich, zum Teil besteuern sie Renten nur zu 80%. Spätestens ab 1.1.2001 werden jedoch sämtliche Kantone die AHV-Rente voll als Einkommen betrachten. Dies betrifft alle Renten, d.h. solche, die heute bereits laufen und solche, die erst am 1.1.2001 beginnen.

Pensionskassen-Rente (BVG)

Die Pensionskassen-Rente stammt aus dem Kapital, das während der Erwerbstätigkeit aufgebaut wurde. Die Höhe des Guthabens wird nach dem Reglement der Pensionskasse bestimmt; es setzt sich in der Regel aus den einbezahlten Sparbeiträgen und deren Verzinsung zusammen.

Renten der beruflichen Vorsorge werden grundsätzlich hundertprozentig als Einkommen besteuert. Eine abweichende Regelung gilt für Renten, die zum ersten Mal vor dem 1. Januar 2002 ausbezahlt werden. Sie werden besteuert in Abhängigkeit vom sogenannten Eigenfinanzierungsgrad: Die Altersrente wird nur dann voll als Einkommen erfasst, wenn der Arbeitgeber während der Erwerbstätigkeit für den Grossteil der Beiträge aufgekommen ist. Hat der Arbeitnehmer als künftiger Rentenbezüger seinen Teil zur Finanzierung der Rente beigetragen, wird die Rente nur teilweise als steuerbares Einkommen betrachtet. Diese Sonderregelung der Bundessteuer gilt für sämtliche Rentenleistungen aus den Säulen 2a (obligatorische berufliche Vorsorge), 2b (überobligatorische berufliche Vorsorge) und 3a (gebundene private Vorsorge).

Nach Beginn der Rentenzahlungen ändert sich die steuerliche Behandlung nicht mehr – ein Beispiel: Ein Pensionierter im Kanton Aargau, der heute seine Rente nur zu 80% versteuert, wird auch nach dem 1. Januar 2002 nicht stärker zur Kasse gebeten. Die kantonalen Regelungen sind im Einzelnen in der Abbildung auf Seite 158 aufgeführt.

Nachteil der Pensionskassen-Rente

Die Pensionskassen-Rente hat einen gravierenden steuerlichen Nachteil: Spätestens ab 2002 ist sie in Bund und Kantonen voll als Einkommen zu versteuern. Damit wird nicht nur der Zinsertrag auf dem Kapital der Pensionskasse besteuert, sondern auch der Kapitalverzehr, mit dem die Rente grösstenteils finanziert wird.

Besteuerung von Renten aus Säulen 2a, 2b und 3a

	Grundsätzliche Rentenbesteuerung	**Übergangsregelung bis 31.12.2001** (für Renten aus vor 2002 fälligen Vorsorgeverhältnissen)			
		falls das betreffende Vorsorgeverhältnis bestanden	Besteuerung der Rentenleistung nach Massgabe der Eigenfinanzierung von		
	zu	hat vor	100%	mind. 20%	unter 20%
Bund	100%	1.1.87	60%	80%	100%
AG	100%	1.1.87	60%	80%	100%
AI	100%	1.1.85	60%	80%	100%
AR	100%	1.1.85	60%	80%	100%
BE	100%	-	-	-	-
BL	100%	1.1.87	60%	80%	100%
BS	100%	1.1.86	-	80%	100%
FR	100%	-	-	-	-
GE	100%	1.1.87	75%	90%	100%
GL	100%	1.1.87	60%	80%	100%
GR	100%	1.1.87	60%	80%	100%
JU	100%	-	-	-	-
LU	100%	1.1.87	60%	80%	100%
NE	100%	1.1.87	60%	80%	100%
NW	100%	1.1.87	60%	80%	100%
OW	100%	1.1.87	60%	80%	100%
SG	100%	1.1.85	60%	80%	100%
SH	100%	-	-	-	-
SO	100%	1.1.86	60%	80%	100%
SZ	100%	1.1.87	60%	80%	100%
TG	100%	1.1.85	60%	80%	100%
TI	100%	1.1.87	- 20% [1]	- 20% [1]	- 20% [1]
UR	100%	1.1.87	- 40% [2]	- 20% [2]	100% [2]
VD	100%	-	-	-	-
VS	100%	-	-	-	-
ZG	100%	1.1.87	60%	80%	100%
ZH	100%	1.1.86	80%	80%	100%

1 Abzug von 20%, maximal 4'000 Fr.
2 Abzug von 40 bzw. 20%, maximal 8'000 bzw. 4'000 Fr.

Private Leibrente

Die Leibrente einer Versicherungsgesellschaft wird aus dem privaten Vermögen finanziert, indem man sich eine lebenslängliche Rente kauft. Das eingesetzte Kapital wird Stück für Stück verzehrt, ohne dass es den Rentenbezüger zu kümmern braucht. Die Gesellschaft zahlt in jedem Fall lebenslang, auch nachdem der Kapitalstock aufgebraucht ist.

Privat finanzierte Leibrenten sind im Bund und in den meisten Kantonen nur zu 60% der Einkommenssteuer unterworfen. Nur in Ausnahmefällen greift die Vermögenssteuer bei sofort einsetzenden Zahlungen einer Leibrente, weil der Vermögenswert der Kaufsumme durch einen Rentenanspruch ersetzt worden ist. Bei aufgeschobenen Leibrenten ist der Rückkaufswert der Leibrenten-Versicherung steuerbar, bis die Auszahlung beginnt. Die Zinserträge jedoch, die während der Aufschubszeit dem Kapital gutgeschrieben werden, sind nicht einkommenssteuerpflichtig. Die Abbildung auf Seite 160 zeigt die steuerliche Behandlung von Leibrenten in Bund und Kantonen.

Nachteil der privaten Leibrente

Auf den ersten Blick ist die Besteuerung der privaten Leibrente attraktiv, weil in der Regel nur 60% der Rentenzahlungen als Einkommen erfasst werden. Doch hat die Leibrente einen ähnlichen Steuernachteil wie die Pensionskassen-Rente: Das steuerbare Einkommen ist in jedem Fall höher als die Zinserträge.

In anderen Ländern, etwa in Deutschland, wird nur die effektive Zinsquote der Rente als steuerbares Einkommen behandelt. Damit wird die Rente einer Versicherungsgesellschaft steuerlich praktisch gleich behandelt wie eine selbst konstruierte Rente, bei der nur die Kapitalerträge (Zinsen und Dividendenausschüttungen auf dem Kapitalstock) steuerbar sind (vgl. Kapitel «Einkommen aus Vermögen»; «Einkommen aus Vermögensverzehr»).

Besteuerung von Leibrenten

	Einkommenssteuer auf Rentenzahlungen[1]	Vermögenssteuer in % des Rückkaufswertes Während der Aufschubszeit	Vermögenssteuer in % des Rückkaufswertes Nach dem Rentenbeginn
Bund	60%	-	-
AG	60%	100%	-
AI	60%	100%	-
AR	60%	100%	-
BE	60%	100%	-
BL	60%	100%	-
BS	60%	100%	-
FR	100%	100%	-
GE	100%	0-100% [3]	100% [4]
GL	60%	100% abz. 5'000 Fr.	100% [5]
GR	60%	100%	-
JU	60%	100%	-
LU	60%	66,7%	-
NE	60%	100%	-
NW	60%	100%	-
OW	60%	100%	-
SG	60%	100%	100% [5]
SH	60%	100%	-
SO	60%	100%	-
SZ	60%	50% der Einlage	-
TG	60%	100%	-
TI	60%	100%	-
UR	60-100% [2]	60%	-
VD	100%	100%	-
VS	60%	100%	-
ZG	60%	100%	-
ZH	60%	100%	-

1 Nach Vollendung der Steuerharmonisierung, also spätestens ab dem 1.1.2001, besteuern alle Kantone zu 60%
2 Maximalabzug 40%, maximal 20'000 Fr.
3 Besondere Abzüge für Personen ohne Pensionskasse
4 100% eines kapitalisierten Wertes
5 100% des noch vorhandenen, stetig abnehmenden Rückkaufswertes

Steuern reduzieren

Das föderalistische Schweizer Steuersystem mit seinen vielen abweichenden Bestimmungen und Spezialregelungen schafft zahlreiche Möglichkeiten, die persönliche Steuerlast zu optimieren. Entscheidend ist die Kenntnis der Regelungen und ihrer Mechanik. Bei Unklarheiten empfiehlt sich eine kompetente Beratung. In vielen Fällen ist es nützlich, eine Massnahme vorab von der zuständigen Steuerbehörde beurteilen zu lassen. Im folgenden beleuchten wir einige zentrale Aspekte der Steuerplanung.

Auszahlungen aus Vorsorge splitten

Auszahlungen aus der Zweiten und Dritten Säule werden in der Regel einmalig und zu einem Sondertarif besteuert, allerdings zu progressiven Ansätzen. Auszahlungen aus verschiedenen Quellen (Säulen 2a, 2b und 3a) werden addiert und als eine einzige Auszahlung besteuert, wenn sie in der gleichen Bemessungsperiode liegen.

Ein Beispiel: Zur Pensionierung werden 500'000 Franken aus der Pensionskasse, 400'000 Franken aus einem Freizügigkeitskonto und weitere 100'000 Franken aus der Säule 3a ausbezahlt – Folge: Steuern für 1 Million Franken in einer Bemessungsperiode. Werden aber zuerst nur die 500'000 Franken aus der Pensionskasse und erst zwei Jahre später die übrigen Summen bezogen, ist jeweils nur eine halbe Million Franken Basis der Steuerrechnung. Den Steuervorteil macht die folgende Abbildung deutlich.

Bei der Splitting-Variante fallen gegen 80'000 Franken weniger Steuern an. Um den Steuernachteil einer Auszahlung aller Gelder im gleichen Jahr wettzumachen, müsste das Kapital während zwei Jahren mit einer Rendite von knapp 5% netto (nach Steuern) bei gleicher Sicherheit angelegt werden – praktisch ein Ding der Unmöglichkeit.

Splitting von Kapitalauszahlungen aus der 2. und 3. Säule

Beispiel: 63jähriger Mann, Kanton Zürich, 30% eigenfinanziert, Angaben in Fr.

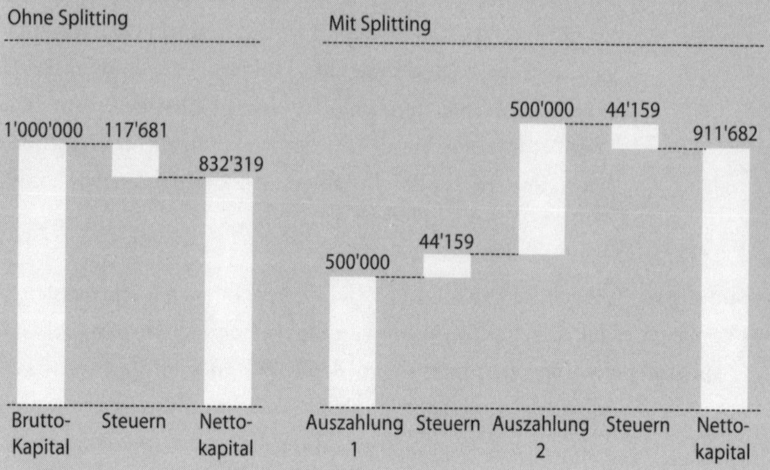

Das Splitting der Auszahlungen ist nicht beliebig wählbar. In der Regel kann Kapital aus einer Quelle nur als Ganzes bezogen werden, so dass ein Konto der Säule 3a nicht verteilt über mehrere Jahre aufgelöst werden kann. Ein Ehepaar aber kann das Dritte-Säule-Konto des Mannes in einer früheren und das Konto der Frau in einer späteren Steuerperiode auflösen. Dabei ist Rücksicht zu nehmen auf die Zeitfenster, in denen Alterskapitalien zu beziehen sind (mehr dazu im Kapitel «Frühpensionierung»).

In der Regel werden heute bei der Säule 3a zwei Vorsorgeinstrumente je Vorsorgenehmer akzeptiert. Kantonale Unterschiede gibt es auch in dieser Frage: Der Kanton Basel-Land zum Beispiel besteuert die Summe beider Vorsorgeinstrumente eines Vorsorgenehmers (Säule-3a-Konto oder Säule-3a-Police), auch wenn nur eines aufgelöst wird.

Wer gezielt Einkommenssteuern sparen will, muss zwei grundsätzlich verschiedene Massnahmen prüfen:

1. Optimierung des Steuerdomizils
2. Optimierung des steuerbaren Einkommens am Steuerdomizil.

Wohnort wechseln

Die Optimierung des Steuerdomizils ist in der Regel mit einem Wechsel des festen Wohnsitzes und dadurch mit gösseren Umständen verbunden. Doch ist der gezielte Wohnortswechsel eine der wirksamsten Massnahmen, um Steuern zu sparen (vgl. Abbildung auf Seite 164).

Nehmen wir an, ein Ehepaar ohne Kinder habe Wohn- und Steuersitz in der Stadt Zürich. Beide arbeiten in einem Angestelltenverhältnis, ihr steuerbares Einkommen liegt bei 100'0000 Franken. Mit einem Wohnsitzwechsel in die nahe Vorortsgemeinde Küsnacht, also innerhalb des Kantons, könnte die Steuerrechnung insgesamt um 13,25% gesenkt werden (Bund, Kanton, Gemeinde und Kirche). Deutlich mehr brächte die Entscheidung, den Wohnkanton zu wechseln und ins nahe Zug zu ziehen: Die Steuerrechnung wäre über 25% tiefer. Allerdings verbessert ein Wohnortswechsel die finanzielle Situation gesamthaft nicht immer so deutlich wie erwartet, weil eine tiefe Steuerbelastung meistens zu höheren Bodenpreisen und damit zu höheren Mietpreisen führt.

Im Pensionierungsalter besitzen viele Steuerpflichtige eine Ferienwohnung oder ein Ferienhaus. In diesen Fällen lohnt es sich, die steuerlichen Vor- und Nachteile zu prüfen und allenfalls das Steuerdomzil an den Standort der Zweitimmobilie zu verlegen.

Steuern sparen mit Wohnortswechsel

Beispiel: 100'000 Fr. steuerbares Einkommen; Ehepaar ohne Kinder, 1997

	Kanton Zürich Stadt Zürich	Küsnacht	Kanton Zug Stadt Zug
Bund	2'845	2'845	2'845
Kanton	6'814	6'814	5'150
Gemeinde	8'214	6'006	4'750
Kirche (ref.)	694	442	942
Total Steuern	**18'567**	**16'107**	**13'687**
Wohnortswechsel innerhalb des Kantons	→	-2'460 (-13,25%)	
Wohnortswechsel in anderen Kanton	→		-4'880 (-26,28%)

Steuerbares Einkommen senken

Wer am alten Wohnort Einkommensteuern sparen will, kann die Summe der steuerbaren Einkünfte senken und die Summe der Abzüge erhöhen, um mit einem tieferen steuerbaren Einkommen weniger Steuern zu zahlen.

Renten

Renten werden nach klaren Regeln besteuert, so dass einem Steuerpflichtigen, der bereits Rente bezieht, wenig Spielraum bleibt. Doch sollten alle Steuerpflichtigen, die etwa vor der Entscheidung stehen, eine Rente der Pensionskasse zu beziehen oder eine Leibrente zu kaufen, mögliche bessere Lösungen prüfen. Denn: Rentenbezüger sind steuerlich im Nachteil, weil der laufende Verzehr des angesparten Kapitals mindestens teilweise als Einkommen zu versteuern ist.

Liegenschafts-erträge

Erträge aus vermieteten Liegenschaften werden vollumfänglich zum steuerbaren Einkommen gerechnet. Bei selbstbewohntem Eigentum hat der Eigenmietwert eine grosse Bedeutung, weil er als Einkommen zu versteuern ist. Vorteile ergeben sich erst, wenn Schuldzinsen und Aufwendungen für den Unterhalt von Liegenschaften abgezogen werden können.

Wertschriften-erträge

Im Zusammenhang mit Wertschriften eröffnen sich für den privaten Steuerpflichtigen interessante Möglichkeiten durch Vermögensbildung mit steuerfreien Zinsen und Kapitalgewinnen. Diese erhöhen das steuerbare Einkommen nicht;

Übersicht über die wichtigsten Möglichkeiten zur Steueroptimierung

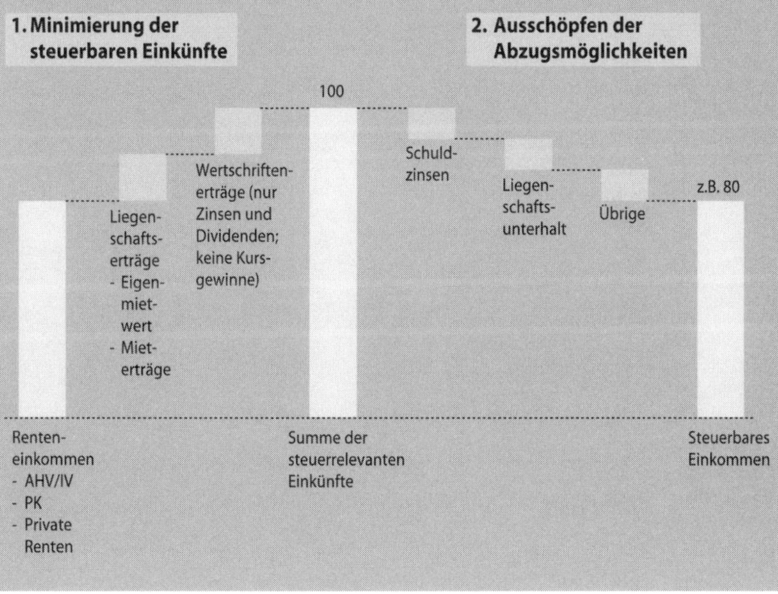

die Rendite macht sich in der Steuererklärung lediglich als Vermögenszuwachs bemerkbar. Doch bevor eine Wertschriftenanlage steuerlich optimiert werden kann, ist den persönlichen Anlagezielen entsprechend eine Anlagestruktur zu definieren: Die gesamte Anlagesumme ist nach Risikoklassen zu gewichten, und innerhalb der Risikoklassen sind einzelne Märkte auszuwählen. Erst im folgenden Schritt versucht man dann, den ertragsorientierten Anlageinstrumenten kapitalgewinnorientierte vorzuziehen.

Steueroptimierung von Wertschriftenanlagen

Grundlage	Schritt 1	Schritt 2	
Definition der Anlagestruktur	Auswahl von kapitalgewinnorientierten Anlagen	Optimierung der steuerbaren Erträge	Umsetzung
Festlegen der persönlichen Anlageziele - Vermögenswachstum oder Einkommensbedarf - Risikotoleranz - Zeithorizont - Liquiditätsbedürfnisse Gewichtung der Gesamtanlagen nach Risikoklassen Auswahl der Anlagemärkte innerhalb der einzelnen Risikoklassen	Aktien, Aktienfonds Tiefzins-Obligationen (Achtung: Zero-Coupon-Anleihen sind steuerbar) Einmaleinlagen-Versicherungen	Verfalltermine Verrechnungssteuer Spezialitäten wie - SICAV - Thesaurierende Fonds (Kantonale Unterschiede)	Massnahmenplan Zeitliche Staffelung der Umsetzung

In einem nächsten Schritt werden steuerlich relevante Erträge so gestaltet, dass sie nur noch wenig ins Gewicht fallen: Man verkauft beispielsweise eine Obligation vor dem Verfalltermin und kann so einen Teil der Rendite als steuerfreien Kapitalgewinn realisieren. Oder man investiert in quellensteuerfreie Anlagen, die nach der effektiven wirtschaftlichen Leistungsfähigkeit eines Steuerpflichtigen erfasst werden.

Einmaleinlagen-Versicherung

Am Beispiel der Einmaleinlagen-Versicherung lassen sich die Vorteile gegenüber einem ertragsorientierten Anlageinstrument zeigen.

Im Gegensatz zu Sparversicherungen mit regelmässigen Einzahlungen basieren Einmaleinlagen-Versicherungen ihrem Namen entsprechend auf einer einmaligen Kapitalüberweisung. Der Versicherungsnehmer zahlt einen grösseren Betrag, z.B. 50'000 oder 100'000 Franken an eine Versicherungsgesellschaft, die sich verpflichtet, die Summe nach einer festgelegten Laufzeit von fünf oder zehn Jahren verzinst zurückzuzahlen. Während der Vertragsdauer ist ein Todesfallkapital versichert. Seine Höhe ist abhängig von der Laufzeit, dem Alter des Versicherten und der Produktart; jede Versicherungsgesellschaft macht andere Angebote. Man kann davon ausgehen, dass das Todesfallkapital zwischen 10 und 30% der Einmaleinlage ausmacht (entspricht dem Todesfallschutz, vgl. Abbildung Seite 168).

Abgesehen von den versicherungs- und vorsorgetechnischen Aspekten ist eine Einmaleinlage mit einer Obligation vergleichbar: Der Anleger erwirbt in beiden Fällen ein sehr sicheres Instrument mit einer mittleren bis langen Laufzeit. Die Sicherheit einer Einmaleinlage entspricht einer Obligation mit einem «AAA»-Rating (mehr dazu im Kapitel «Einkommen aus Vermögen»).

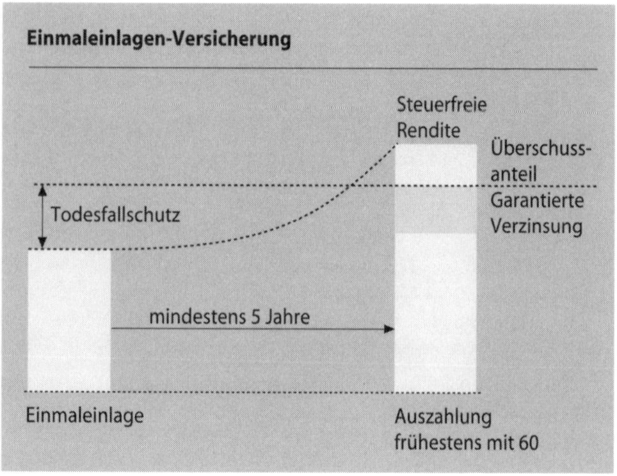

Wesentlich anders als bei einer Obligation sind Art und Höhe der Verzinsung einer Einmaleinlagen-Versicherung: Es wird kein Zins ausgeschüttet, sämtliche Erträge werden kumuliert und bei Vertragsablauf zusammen mit der ursprünglichen Einlage ausbezahlt. Die Rendite schwankt weniger als bei Obligationen, weil die Versicherungsgesellschaften auch bei stark fallenden oder steigenden Marktzinsen stabile Renditen anbieten und falls nötig auf Reserven zurückgreifen. Die Renditen klassischer Einmaleinlagen-Versicherungen liegen deshalb in Hochzinsphasen unter und in Tiefzinsphasen über den Renditen von Obligationen.

Wichtigster Unterschied aber zwischen Einmaleinlagen-Versicherungen und Obligationen: Zinsen und Zinseszinsen einer Einmaleinlagen-Versicherung unterliegen nicht der Einkommenssteuer, sofern die Laufzeit mindestens fünf Jahre beträgt und der Versicherungsnehmer bei der Auszahlung mindestens 60 Jahre alt ist (diese Regelung gilt für die Bundessteuer, kantonal gibt es Abweichungen).

Dank diesem Steuerprivileg ist die Netto-Rendite einer Einmaleinlage deutlich höher als die einer vergleichbar sicheren Obligation. Gerade wenn in einer individuellen Anlagestruktur Sicherheit gross geschrieben wird, können Einmaleinlagen die üblichen Obligationen zumindest teilweise ersetzen.

Die Angebote der verschiedenen Versicherungsgesellschaften weisen beträchtliche Unterschiede auf: bei den Angeboten zum Todesfallschutz, bei der Zinsgarantie im Erlebensfall und bei den Überschüssen – von Gesetzes wegen dürfen zwar Überschüsse nicht garantiert werden, doch jede gute Gesellschaft zahlt sie gemäss Offerte aus.

Grosse Unterschiede bei Einmaleinlagen

Beispiel: 50jähriger Mann, 10 Jahre Vertragsdauer, Einlage 100'000 Fr., Stand April 1997

Gesellschaft	**Total Auszahlung nach 10 Jahren** (inklusive Bonusanteil; in Fr.)	**Gesamtrendite** pro Jahr	**Garantierte Verzinsung**
A	149'100	4,1%	2,5%
B	146'800	3,9%	2,9%
C	146'700	3,9%	2,6%
D	146'600	3,9%	2,6%
E	145'300	3,8%	2,5%
F	144'600	3,8%	2,0%
G	144'200	3,7%	2,5%
H	143'900	3,7%	2,7%
I	142'500	3,6%	2,4%
J	141'100	3,5%	2,6%
K	135'500	3,1%	2,1%

Es wird immer schwieriger, das beste Angebot zu finden, weil die Versicherungsgesellschaften ihre Produkte regelmässig den veränderten Marktbedingungen anpassen. Deshalb lohnt es sich, vor einem Abschluss die Offerten neutral vergleichen zu lassen.

Abzüge erhöhen durch Schuldzinsen

Wer weniger Steuern zahlen will, darf die Abzüge nicht vernachlässigen. Ausser den Abzügen für Versicherungsprämien, Vermögensverwaltungskosten oder gemeinnützige Zuwendungen fallen auch nach der Pensionierung noch zwei wirksame Abzugsmöglichkeiten ins Gewicht: Unterhalt von Liegenschaften und Schuldzinsen. An dieser Stelle befassen wir uns mit den Schuldzinsen. (Alles über Steuern und Liegenschaftsunterhalt in der VZ-Publikation «Steuer-Tip».)

Im Zusammenhang mit der (Früh-)Pensionierung ist oft der Abbau einer bestehenden Hypothekarschuld ein Thema. Die Lebenshaltungskosten können zwar mit tieferen Wohnkosten gesenkt werden, doch sollte bei einer umfassenden Betrachtung die jährliche Steuerrechnung nicht vergessen werden. Wer seine Hypothek reduziert, darf weniger Schuldzinsen abziehen und zahlt höhere Steuern. Es kann deshalb Sinn machen, freie Mittel auf dem Kapitalmarkt anzulegen und die Hypothek nicht zu reduzieren.

Dazu ein Beispiel (vgl. folgende Abbildung): Abhängig von der individuellen Grenzsteuerbelastung werden die Schuldzinsen nach Steuern erheblich billiger: Für einen Steuerzahler mit einem Grenzsteuersatz von 35% (Annahme) reduzieren sich die Hypothekarzinsen von 5 auf netto 3,25%. Anlagen, die diesen Schulden gegenüberstehen, müssen also nach Steuern und Gebühren mehr als 3,25% Rendite bringen.

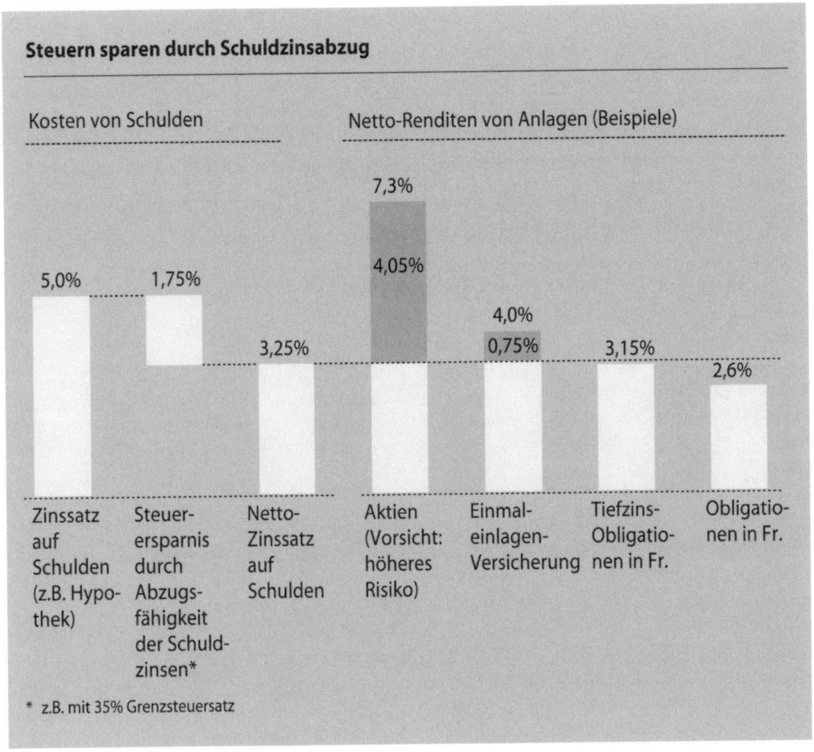

Eine Netto-Rendite von knapp 4% ist bei normal verzinsten und versteuerten Obligationen nicht zu erwarten (beim heutigen Zinsniveau von rund 3,6%). Mit steuergünstigen Tiefzinsobligationen kann die Rechnung allenfalls aufgehen. Am deutlichsten ist das Resultat bei Einmaleinlagen-Versicherungen: Mit einer Netto-Rendite von 4% kann immerhin ein Plus von 0,75% erwirtschaftet werden.

Mit Schweizer Aktien kann langfristig eine Netto-Rendite von 6 bis 9% erwirtschaftet werden – sind die Aktien mit Fremdmitteln finanziert, ist somit ein jährlicher Netto-Gewinn von 3 bis 6% möglich. Allerdings schwanken die Kurse von Aktien – man muss also sehr bewusst ein Risiko eingehen: Entwickeln sich die Aktienkurse nicht positiv, kann es schwierig werden. Wer also statt Hypotheken abzuzahlen in Aktien investiert, muss auf die Risikostruktur von Vermögen und Schulden achten und die Laufzeiten von Schuldverpflichtung und Investitionen in Kapitalanlagen in Übereinstimmung bringen.

KAPITEL 5

Früh-pensio-nierung

Manche Menschen planen ihren Ruhestand weniger gründlich als einen zweiwöchigen Urlaub.

Anonym

Einkommenslücke nach Frühpensionierung

Viele Menschen haben den Wunsch, vor der gesetzlichen Altersgrenze in Pension zu gehen; grosse Unternehmen nutzen Frühpensionierungen, um Personal abzubauen. Eine Frühpensionierung ist immer kostspielig. Zwar kann die Einkommenslücke, die sich nach einer Frühpensionierung durch den Wegfall des Erwerbseinkommens öffnet, durch den Vorbezug von Leistungen der Ersten und Zweiten Säule teilweise geschlossen werden. Aber wer AHV- und Pensionskassen-Gelder vorbezieht, muss eine kleinere Rente in Kauf nehmen, weil der Sparprozess kürzer ist und weniger Alterskapital zur Verfügung steht.

Ist das ordentliche Pensionierungsalter erreicht, wird das Erwerbseinkommen auf jeden Fall durch Leistungen aus der Ersten, Zweiten und Dritten Säule ersetzt. Die Ziele der einzelnen Säulen sind ganz unterschiedlich: Die staatliche AHV (die Erste Säule) soll das Existenzminimum garantieren, und die Pensionskasse (die Zweite Säule) soll den gewohnten Le-bensstandard sichern; die private Vorsorge (die Dritte Säule) soll die Leistungen der Ersten und Zweiten Säule ergänzen.

Das Schweizer System der Altersvorsorge ist ausgerichtet auf eine Pensionierung der Männer mit 65 und der Frauen mit 62 beziehungsweise neu 64 (ab dem Jahr 2005). Wer vorzeitig in Pension geht, beispielsweise als Mann schon mit 60, muss eine Einkommenslücke in Kauf nehmen (vgl. folgende Abbildung).

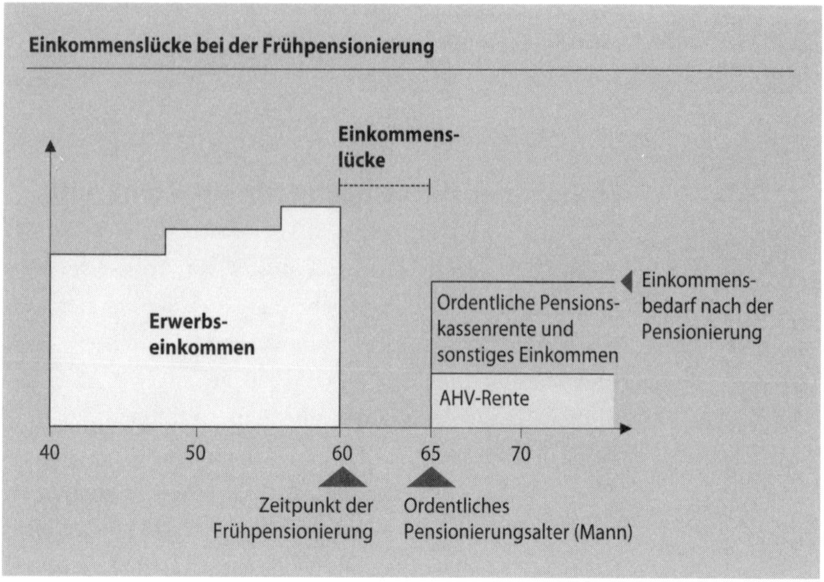

Die Einkommenslücke ist aber nicht die einzige finanzielle Konsequenz einer Frühpensionierung: Wer vor 62/65 aus dem Arbeitsleben ausscheidet, kann nicht seine volle Pensionskassen-Rente beziehen.

Die Rente ist abhängig vom Alterskapital, das durch die regelmässigen Einzahlungen von Arbeitgeber und Arbeitnehmer geäufnet wird. Das Beispiel in der folgenden Abbildung zeigt die Folgen einer Frühpensionierung für das Alterskapital.

In unserem Beispiel beginnt der Sparprozess im Alter von 25 Jahren, angenommen wurde ein konstantes Einkommen von 71'640 Franken (gesetzliches Maximum).

Mit steigendem Alter nehmen die Sparbeiträge zu: von jährlich 7% im Alter zwischen 25 und 35 Jahren auf 18% von 55 bis 65. So kommt ein Alterskapital von 486'360 Franken zusammen, Zinsen und Zinseszinsen (bei einem

Zinssatz von 4%) eingerechnet. Die letzten zehn Jahre vor der Pensionierung fallen besonders ins Gewicht. In dieser Zeit ist der Beitragssatz am höchsten und der Zins- und Zinseszinseffekt am grössten.

Auswirkungen fehlender Beitragsjahre bei der Pensionskasse (Beispiel)

Basis: Mann, Einzahlungen von 25 bis 65 bei einem konstantem Einkommen von 71'640 Fr. (BVG-Maximum)

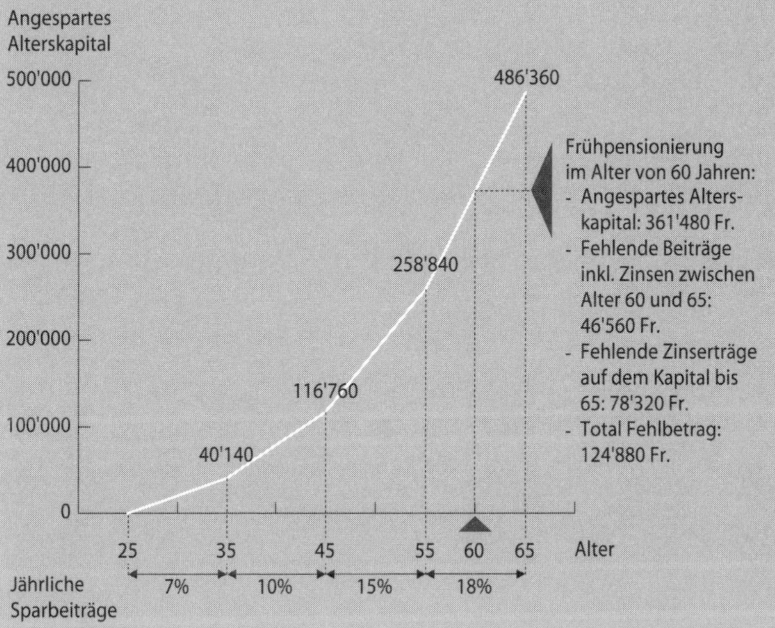

Im Fall einer Frühpensionierung mit 60 endet der Sparprozess früher als geplant. Das Alterskapital hat erst einen Stand von 361'480 Franken erreicht, also 124'880 Franken oder rund 25% weniger als im Regelfall.

Die Differenz entsteht, weil die Beitragszahlungen zwischen 60 und 65 und die entsprechenden Zinsen ausfallen, vor allem aber, weil die Zinsen und Zinseszinsen auf dem Alterskapital fehlen, das von 25 bis 55 gespart worden ist: immerhin 78'320 Franken.

Auswirkungen des Rentenvorbezugs

Weniger AHV Eine AHV-Rente kann frühestens zwei Jahre vor dem gesetzlichen Pensionsalter bezogen werden, mindestens für ein volles Jahr (der Vorbezug für einzelne Monate ist nicht möglich). Die 10. AHV-Revision, seit Anfang 1997 in Kraft, schränkt die Bezugsmöglichkeiten etwas ein (vgl. Abbildung).

Auswirkungen eines Vorbezuges auf die AHV-Rente

Gestaffelte Einführung des Rentenvorbezuges

	Frauen			Männer		
Jahr	Geburtsjahr	Vorbezug	Kürzung	Geburtsjahr	Vorbezug	Kürzung
ab 1997	1935 bis 1938	nein	-	1933 bis 1937	1 Jahr	6,8%
ab 2001	1939 bis 1941	1 Jahr	3,4%	1938 und jünger	1 Jahr oder 2 Jahre	6,8% 13,6%
ab 2004	1942 bis 1947	1 Jahr oder 2 Jahre	3,4% 6,8%	1938 und jünger	1 Jahr oder 2 Jahre	6,8% 13,6%
2010	1948 und jünger	1 Jahr oder 2 Jahre	6,8% 13,6%	1938 und jünger	1 Jahr oder 2 Jahre	6,8% 13,6%

Quelle: Informationsstelle AHV/IV; Informationsblatt 3.04, gültig ab 1.1.1997

Frauen der Jahrgänge 1935 bis 1938 dürfen die AHV-Rente gar nicht vorbeziehen. Frauen mit Jahrgängen zwischen 1939 und 1941 können sie maximal ein Jahr früher beziehen. Gleiches gilt für Männer mit den Jahrgängen 1933 bis 1937. Die Kürzungssätze sind für Männer und Frauen unterschiedlich; erst ab dem Jahr 2010 gibt es für beide Geschlechter gleiche Leistungen.

Beispiel

Ehefrau und Ehemann haben je ihre eigene AHV-Rente. Somit hat jeder Ehegatte unabhängig die Möglichkeit, seine Rente vorzubeziehen. Ein Beispiel:

- Ein Mann mit Jahrgang 1933 geht bereits mit 64 in Pension und will seine AHV-Rente ein Jahr vorbeziehen.
- Seine Frau ist 62 und kommt bereits in den Genuss der AHV-Rente.
- Zusammen haben sie im Zeitpunkt der Frühpensionierung des Mannes Anspruch auf eine maximale Ehepaarrente von monatlich 2'985 Franken (Ansatz für das Jahr 1997), also je 1'492.50 Franken.
- Die vorbezogene Rente des Ehemanns wird um 6,8% gekürzt: Er erhält 1'391 Franken. Zusammen erhält das Ehepaar monatlich von der AHV schliesslich 2'883.50 Franken.

Weniger Pension

Die Rente der Pensionskasse wird bei einem Vorbezug ebenfalls gekürzt – die Regelungen sind je nach Pensionskasse unterschiedlich (die genauen Angaben finden sich im Reglement der Pensionskasse). Die Kürzung ist gerechtfertigt, weil die Pensionskasse mit dem vorhandenen, kleineren Kapitalstock (vgl. Abbildung Seite 177) die Jahre bis zur ordentlichen Pensionierung finanzieren muss.

Verfügbarkeit von Kapital und Renten

Vorsorgegelder können nicht zu jedem beliebigen Zeitpunkt bezogen werden. Es gibt klare Regelungen, wann welche Leistungen bezogen werden können (vgl. Abbildung).

Die Regelungen sind insbesondere verbindlich für Leistungen aus der Ersten Säule, Auszahlungen von Freizügigkeitskapital und Freizügigkeitsrenten sowie Auszahlungen aus der Dritten Säule (vgl. Abbildung: Anmerkungen zum ausserreglementarischen Kapitalbezug aus der 2. und 3. Säule).

Im Fall einer Frühpensionierung gelten für Pensionskassenrente oder Bezug von Pensionskassenkapital die Reglemente der jeweiligen Pensionskasse oder die speziellen Absprachen mit dem Arbeitgeber.

Verfügbarkeit von Alterskapital und Altersrenten

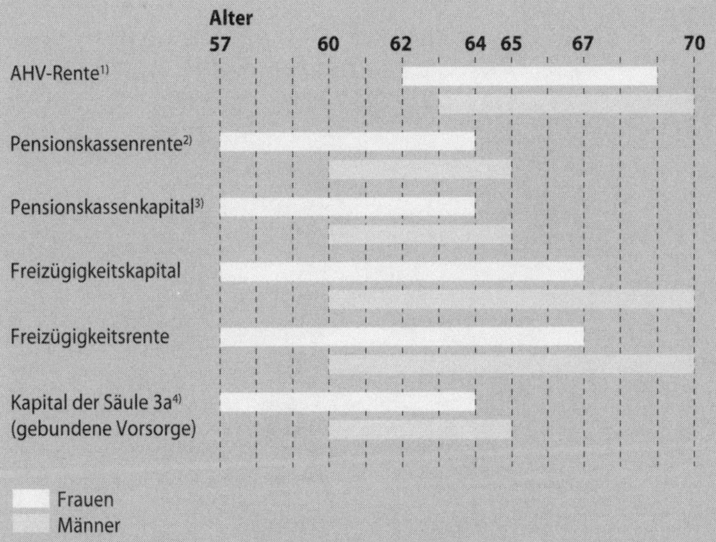

1) Übergangsregelungen für den Vorbezug der AHV-Rente vgl. "Auswirkungen eines Vorbezugs auf die AHV-Rente"
2) Gemäss Reglement der jeweiligen Pensionskasse und individueller Absprache mit dem Arbeitgeber
3) Wie 2), meistens Kündigungsfrist zwischen 3 Jahren und 1 Monat; ausserreglementarischer Kapitalbezug möglich zwecks Wohneigentumsförderung, beim Verlassen der Schweiz oder bei Aufnahme einer selbständigen Tätigkeit
4) Kapitalbezug auch möglich zwecks Wohneigentumsförderung, beim Verlassen der Schweiz oder bei Aufnahme einer selbständigen Tätigkeit

Möglichkeiten der Überbrückung

Wer nach einer Frühpensionierung weder AHV- noch Pensionskassenrente vorbeziehen will, kann je nach Arbeitgeber und persönlichen finanziellen Verhältnissen eine Reihe anderer Möglichkeiten erwägen, die Einkommenslücke zu decken (ein Überblick über mögliche Geldquellen in der folgenden Abbildung).

Mögliche Quellen für die Überbrückungsfinanzierung

Leistungen des Arbeitgebers
- Einmalige Abgangsentschädigung
- Überbrückungsrente (bis Alter 62/65 Jahre)

Nutzung des Privatvermögens*
- Erträge aus Privatvermögen (Zinsen, Dividenden)
- (Teil-)Verzehr ausgewählter Vermögensbestandteile
- Spezialfall: «Verzehr» der eigenen Liegenschaft durch Aufstocken der Hypothek

Ausserordentliches Erwerbseinkommen
- Aufnahmen einer selbständigen Tätigkeit
- Nebenerwerb, Verwaltungsmandate etc.

* Unter Einbezug der Kapitalien aus der 2. und 3. Säule

Leistungen des Arbeitgebers

Im Rahmen eines Sozialplanes stellen Arbeitgeber oft zusätzliche Mittel bereit für Mitarbeiter, die vorzeitig pensioniert werden, beispielsweise in Form einmaliger Abgangsentschädigungen. Für die Höhe dieser Kapitalabfindungen gibt es keine Faustregel. Denkbar wäre aber eine Abfindung in der Höhe der Differenz zwischen dem Ziel-Saldo des Alterskapitals im Zeitpunkt der ordentlichen Pensionierung und dem effektiven Stand im Zeitpunkt der Frühpensionierung. (Im Kapitel «Steuerplanung» wird die Besteuerung solcher Kapitalabfindungen näher erörtert; in einzelnen Kantonen kann ein Sondertarif geltend gemacht werden, sofern der Vorsorgecharakter gegeben ist.)

In der Praxis ebenfalls häufig anzutreffen ist eine Überbrückungsrente in der Höhe einer einfachen AHV-Rente. Sie wird in der Regel ausgerichtet bis zum Zeitpunkt der ordentlichen Pensionierung und dann ersetzt durch die eigentliche AHV-Rente. Die Überbrückungsrente wird in den meisten Kantonen gleich besteuert wie die AHV-Rente.

Staatliche Unterstützung

Der Vorruhestand wird staatlich gefördert. Eine entsprechende Verordnung gilt vorläufig für die Jahre 1997 und 1998: Finanziert der Arbeitgeber den Vorruhestand eines Mitarbeiters, leistet die Arbeitslosenversicherung (ALV) finanzielle Unterstützung. Sie übernimmt für längstens zwei Jahre höchstens 50% des letzten Lohnes. Zwei Bedingungen müssen dafür erfüllt sein:

1. Der Arbeitgeber trifft mit dem Frühpensionär eine Vereinbarung, wonach der Vorruhestand finanziert wird, bis das reglementarisch oder gesetzlich festgelegte Rentenalter erreicht ist.
2. Der Arbeitgeber muss die Stelle des Frühpensionärs mit einer seit mindestens sechs Monaten arbeitslosen Person wieder besetzen.

Ob sich dieses Modell in der Praxis durchsetzen wird, ist noch offen. Wirksam wird die staatliche Förderungsmassnahme jedoch nur bei Arbeitgebern, die langjährigen Mitarbeitern gegenüber eine soziale Verantwortung empfinden und deshalb bereit sind, die Leistungen der Arbeitslosenversicherung aufzustocken. Fruchtlos bleibt die staatliche Unterstützung in Unternehmen, die Frühpensionierungen vornehmen, um Stellen abzubauen.

Höhere Hypothek

Selbstverständlich müssen viele Frühpensionierte ihr privates Vermögen einsetzen, um die Einkommenslücke zu decken. In Frage kommen alle Einkommensquellen, die im Kapitel «Einkommen aus Vermögen» beschrieben sind. Im Fall der Frühpensionierung kann aber besonders die eigene Liegenschaft eine wichtige Rolle spielen. Viele Besitzer von Wohneigentum streben danach, die Hypothekarschuld während der Erwerbstätigkeit abzubauen. Damit bauen sie auf die Pensionierung hin eine Eigenkapitalreserve auf. Im Fall der Frühpensionierung ist es denkbar, diese Reserve zu verzehren, um die Einkommenslücke zu decken.

Dabei stockt der Frühpensionär seine Hypothek auf. Selbstverständlich sind dabei die Konsequenzen zu bedenken: Wegen der höheren Hypothek steigen die Schuldzinsen. Anderseits sinkt die Steuerbelastung. Die Vor- und Nachteile dieser Lösung sind in jedem Einzelfall individuell zu beurteilen.

Selbständigkeit als Alternative

Eine (Früh-)Pensionierung bedeutet nicht zwingend den Rückzug aus dem aktiven Erwerbsleben. Die berufliche Selbständigkeit ist eine Alternative: Ob man das Hobby zum Beruf macht oder im angestammten Tätigkeitsumfeld aktiv wird, spielt dabei keine Rolle. Wichtig ist, den Weg in die Selbständigkeit sorgfältig zu planen – in der Regel ein bis drei Jahre vor der (Früh-)Pensionierung.

Der Übergang vom Angestellten zum Selbständigen wird durch eine Kündigung vollzogen. In der Regel werden keine vorzeitigen Leistungen aus der Ersten oder Zweiten Säule bezogen, und das Alterskapital wird auf eine Freizügigkeitspolice oder ein Freizügigkeitskonto übertragen. Der Status der Selbständigkeit erlaubt es, das Kapital der Pensionskasse in die neue Firma zu investieren, wenn man nicht vorzieht, es bis zur ordentlichen Pensionierung, spätestens bis Alter 67/70 Jahren, stehen zu lassen. Ein Selbständiger kann weiterhin Rücklagen im Rahmen der Säule 3a bilden, um eine spätere Vorsorgelücke zu schliessen.

Persönliche Vorsorge

Frühpensionierungen sind heute keine Seltenheit. Wer dafür gewappnet sein will, bezieht die Möglichkeit frühzeitig in die persönliche Vorsorge ein. Neben der Zweiten Säule sind besonders die Vorsorgeinstrumente der Säulen 3a und 3b geeignet.

Säule 3a

Die gebundene Vorsorge (Säule 3a) kennt klare Bestimmungen: Mindest-Laufzeit und maximale Prämienhöhe, eine frühzeitige Auszahlung des Kapitals nur unter bestimmten Voraussetzungen.

Alle in der Schweiz wohnhaften Personen mit AHV-pflichtigem Einkommen können in die Säule 3a einzahlen. Diese Prämienzahlungen können vom steuerbaren Einkommen abgezogen werden bis zu einem Maximalbetrag, der jährlich festgelegt wird: 1997 beispielsweise können Angestellte mit Pensionskasse 5'731 Franken steuerlich absetzen, Selbständigerwerbende ohne Pensionskasse 20% des AHV-pflichtigen Einkommens, höchstens jedoch 28'656 Franken.

Das Vermögen, das mit diesen Einzahlungen auf das Konto einer Bank (Vorsorgekonto 3a) oder Versicherung (Vorsorgepolice 3a) gebildet wird, ist steuerfrei: Die Zinsen unterliegen nicht der Einkommenssteuer, und das angesparte Kapital wird von der Vermögenssteuer nicht erfasst.

Der Zugriff auf dieses Vermögen ist eingeschränkt, es kann bezogen werden

- frühestens fünf Jahre vor dem AHV-Alter
- im Invaliditäts- oder Todesfall
- für selbstgenutztes Wohneigentum

- beim Verlassen der Schweiz
- bei Aufnahme einer selbständigen Tätigkeit.

In all diesen Fällen ist eine begrenzte Steuer fällig (mehr zu den kantonalen Unterschieden im Kapitel «Steuerplanung»).

Säule 3b

Zur Säule 3b gehören sämtliche anderen Sparmassnahmen. Besonders zu erwähnen ist das steuerlich privilegierte Versicherungssparen. Der Versicherungsvertrag ist innerhalb der Säule 3b an keine Auflagen gebunden: Laufzeiten, Prämienhöhe oder Begünstigung können individuell festgelegt werden.

Die Prämien können lediglich im Rahmen der Höchstbeträge für Versicherungsprämien vom steuerbaren Einkommen abgezogen werden. Meistens wird diese Abzugspauschale bereits durch die Krankenkassen-Prämien ausgeschöpft. Dennoch sind Lebensversicherungen der Säule 3b steuerlich attraktiv, weil der Wertzuwachs dieser «Sparversicherung» steuerfrei bleibt: Zinsen und Zinseszinsen unterliegen weder der Verrechnungs- noch der Einkommenssteuer und auch am Ende der Vertragsdauer, wenn die eingezahlten Prämien und die aufgelaufenen Zinsen ausgeschüttet werden, fallen keine Steuern an.

Diese Steuerfreiheit gilt nur für Lebensversicherungen, die mit regelmässigen Prämien finanziert werden und einen Vorsorgeschutz aufweisen, z.B. ein versichertes Todesfallkapital.

AHV und Frühpensionierung

Grundsätzlich sind alle, die in der Schweiz einem Erwerb nachgehen oder Wohnsitz haben, verpflichtet, AHV-Beiträge zu zahlen, also beispielsweise auch nichterwerbstätige Ehefrauen. Wer vorzeitig in Pension geht, bleibt beitragspflichtig bis zum gesetzlichen Rentenalter. Selbst wer im Rentenalter weiterhin erwerbstätig bleibt, muss entsprechend dem Erwerbseinkommen Beiträge zahlen. Freiwillige Beiträge sind nicht möglich.

Es sind drei Formen der Beitragspflicht zu unterscheiden:

1. 10,1% des Lohns von Arbeitnehmern – der Beitrag wird je zur Hälfte vom Arbeitgeber und vom Arbeitnehmer getragen.
2. Die Höhe der Beitragspflicht Selbständigerwerbender ist abhängig vom Erwerbseinkommen und liegt zwischen 5,116 und 9,5%.
3. Der Beitrag Nichterwerbstätiger richtet sich nach dem Vermögen und dem mit dem Faktor 20 vervielfachten Renteneinkommen; für Verheiratete zählt ungeachtet des Güterstandes die Hälfte des ehelichen Vermögens und Renteneinkommens.

Beiträge Nichterwerbstätiger

Anspruch auf eine Vollrente der AHV haben nur Versicherte mit vollständiger Beitragsdauer. Es ist Sache der Versicherten, sich um die Beitragspflicht zu kümmern. Diese Regel ist besonders wichtig für Nichterwerbstätige. Ihre Beiträge werden in der Regel alle zwei Jahre entsprechend der letzten Veranlagung der Staatssteuer festgelegt.

Zum beitragspflichtigen Vermögen zählen namentlich Sparhefte, Wertpapiere, Liegenschaften und Vermögenswerte, die der Versicherte nutzen kann. Zum Renteneinkommen zählen Renten und Pensionen aller Art, also auch Unterhaltszahlungen eines geschiedenen Ehegatten. Ebenfalls berücksichtigt werden Kinderrenten, auf die Kinder nicht einen eigenen Rechtsanspruch haben, Taggelder von Kranken- und Unfallversicherungen, Stipendien und ähnliche Zuwendungen. Der Mietwert einer unentgeltlich zur Verfügung gestellten Wohnung wird ebenso mitgerechnet wie regelmässige Zuwendungen Dritter (z.B. Freunde oder Verwandte).

Nicht dem Renteneinkommen zugeschlagen werden familienrechtliche Unterhalts- und Unterstützungsbeiträge sowie Leistungen der AHV/IV und Ergänzungsleistungen.

Höhe der Beiträge

Aus der Tabelle der folgenden Abbildung kann herausgelesen werden, welche Beiträge sich auf diesen Bemessungsgrundlagen ergeben. Ein Versicherter beispielsweise, dessen Ver mögen und mit dem Faktor 20 vervielfachtes Renteneinkommen sich auf eine Million Franken beziffern, hat jährlich einen AHV-Beitrag von 1'919 Franken zu zahlen.

Die Beitragspflicht Nichterwerbstätiger endet in dem Monat, in dem Frauen das 62. Altersjahr (bis 2001) und Männer das 65. Altersjahr vollenden. Diese Regel gilt auch bei einem Rentenvorbezug.

Beitragspflicht bei Frühpension

Insbesondere im Jahr, in dem die Frühpension beginnt, gibt es Unsicherheiten über die Basis der Beiträge. Hier gelten folgende Bestimmungen:

- Als erwerbstätig im Sinne der AHV gilt, wer in einem Kalenderjahr während mindestens neun Monaten und der Hälfte der normalen Arbeitszeit tätig ist.
- Sind diese Voraussetzungen nicht erfüllt, wird eine Beitragspflicht als Nichterwerbstätiger geprüft.
- Erwerbstätigkeit wird schliesslich dann angenommen,

AHV-Beitragstabelle

Vermögen und mit 20 vervielfachtes jährliches Renteneinkommen in Fr.		AHV-Beitrag in Fr. pro Jahr
unter Fr.	250'000	390*
ab Fr.	250'000	404
	300'000	505
	350'000	606
	400'000	707
	450'000	808
	500'000	909
	550'000	1'010
	600'000	1'111
	650'000	1'212
	700'000	1'313
	750'000	1'414
	800'000	1'515
	850'000	1'616
	900'000	1'717
	950'000	1'818
	1'000'000	1'919
	1'050'000	2'020
	1'100'000	2'121
	1'150'000	2'222
	1'200'000	2'323
	1'250'000	2'424
	1'300'000	2'525
	1'350'000	2'626
	1'400'000	2'727
	1'450'000	2'828
	1'500'000	2'929
	1'550'000	3'030
	1'600'000	3'131
	1'650'000	3'232
	1'700'000	3'333
	1'750'000	3'434

Für je weitere 50'000 Fr. erhöht sich der Betrag um 151.50 Fr. pro Jahr, Maximalbeitrag 10'100 Fr. pro Jahr.

* Mindestbeitrag

wenn die Beiträge aus Erwerb (Arbeitgeberbeiträge eingeschlossen) mindestens die Hälfte der Nichterwerbstätigenbeiträge ausmachen.

Dazu ein Beispiel: Ein alleinstehender 60jähriger Arbeitnehmer wird Ende Februar vorzeitig pensioniert. Ab März bezieht er ein monatliches Renteneinkommen von 4'000 Franken. Sein Vermögen beläuft sich auf 250'000 Franken. Im Januar und Februar verdiente er noch je 6'000 Franken pro Monat. Jetzt wird folgende Rechnung gemacht:

- Aus Erwerbstätigkeit schuldet der Mann 1'212 Franken: 6'000 Franken Erwerbseinkommen mal 2 mal 10,1%.
- Für die Zeit nach der Erwerbstätigkeit schuldet er 2'020 Franken: 250'000 Franken Vermögen zusätzlich 4'000 Franken Rente mal 10 Monate mal 20 ergeben die Bemessungsgrundlage von 1'050'000 Franken.
- Die vom Versicherten geleisteten Beiträge aus der Erwerbstätigkeit (1'212 Franken) übersteigen die Hälfte der Beiträge, die er als Nichterwerbstätiger schuldet (1'010 Franken). Der frühpensionierte Mann gilt somit für das ganze Jahr als Erwerbstätiger und hat als Nichterwerbstätiger keine Beiträge mehr zu entrichten.

Planung der Frühpensionierung

Wer sich auf die (Früh-)Pensionierung vorbereitet, muss die künftigen Einnahmen und Ausgaben und die Entwicklung des Vermögens sorgfältig und detailliert planen.

Fast jeder Erwerbstätige speist bis zur (Früh-)Pensionierung verschiedene Kapitalquellen, die er für sein Renteneinkommen nutzen kann: staatliche und berufliche Vorsorgeeinrichtungen, Vermögenswerte wie Sparkonti, Wertschriften, Liegenschaften und Lebensversicherungen, die mit der Pensionierung ausbezahlt werden.

In jedem einzelnen Fall ist die finanzielle Situation anders und verlangt eine individuelle Analyse. Immer aber geht es darum, das verfügbare Einkommen (nach Steuern) mit dem Bedarf in Übereinstimmung zu bringen und gleichzeitig die Substanz des angesparten Kapitals zu erhalten. Die Abbildung auf der nächsten Seite zeigt beispielhaft eine solche Finanzplanung.

Wer in fünf Schritten vorgeht, findet die optimale Lösung:

1. Arbeitsgrundlage ist eine umfassende Liste sämtlicher Rentenansprüche, Vermögenswerte und allfälligen Anwartschaften zum Zeitpunkt der (Früh-)Pensionierung.
2. Das notwendige Einkommen ergibt sich aus einem detaillierten Ausgabenbudget, das in den Folgejahren unterschiedlich ausfallen kann; für die langfristige Planung ist es wichtig, genügend Reserven einzurechnen und die Inflation zu berücksichtigen.
3. In einem nächsten Schritt werden steuergünstige Lösungen geprüft: Die vorhandenen Kapitalquellen sollen das notwendige Einkommen bringen und möglichst die Substanz erhalten; unterschiedliche Modelle der Kapitalverwendung sind zu prüfen; insbesondere ist zu entscheiden,

Detaillierte Planung: Voraussetzung der Frühpensionierung

	Frühpensionierungs-alter			Ordentliches Pensionierungsalter		
	Jahr 1	Jahr 2	....	Jahr 6	Jahr 7	....
Einnahmen:						
• Renten - AHV:						
- Ehepartner 1	....	....	....	....	....	....
- Ehepartner 2	....	....	....	....	....	....
- Überbrückungsrenten	....	....	....	....	....	....
- Pensionskasse	....	....	....	....	....	....
- Übrige Renten	....	....	....	....	....	....
• Nebeneinkünfte	....	....	....	....	....	....
• Vermögenserträge	....	....	....	....	....	....
• Kapitalverzehr (bewusster Verzehr von Vermögensteilen)	....	....	....	....	....	....
• Sonstige	....	....	....	....	....	....
Total Einnahmen	....	....	....	....	....	....
Ausgaben:						
• AHV-Beiträge (bis zum ordentlichen Pensionierungsalter)	....	....	....	....	....	....
• Inflationsbereinigte Lebenshaltungskosten (Haushalt, Auto, Ferien, Wohnen etc.)	....	....	....	....	....	....
• Einmalige Anschaffungen	....	....	....	....	....	....
• Steuern	....	....	....	....	....	....
• Reserven	....	....	....	....	....	....
Total Ausgaben	....	....	....	....	....	....
Vermögen:						
• Liquidität (Konti, Geldmarktanlagen)	....	....	....	....	....	....
• Wertschriftendepots	....	....	....	....	....	....
• Versicherungsanlagen (z.B. Einmaleinlagen, Leibrenten)	....	....	....	....	....	....
• Liegenschaften	....	....	....	....	....	....
• Sonstige Vermögenswerte	....	....	....	....	....	....
./. Schulden (Hypotheken, Darlehen)	....	....	....	....	....	....
Total Vermögen	....	....	....	....	....	....

ob der Pensionskassenanspruch als Rente oder als Kapital bezogen werden soll.

4. Nach der Entscheidung für die günstigste Lösung wird ein detaillierter Plan erarbeitet: Er zeigt sämtliche Einnahmen und Ausgaben inklusive Steueraufwendungen und die Entwicklung des Vermögens über Zeit.

5. In der Umsetzung kommen unterschiedliche Anlageinstrumente zum Zug. Oft kombiniert die optimale Lösung langfristig ausgerichtete Wertschriftenanlagen mit gezielt eingesetzten Versicherungen, bewusstem Kapitalverzehr von Teilvermögen, ergänzt durch Einkommen aus Renten.

Die Umsetzung verlangt viel Fachwissen, nicht nur in der Startphase, sondern auch während der Laufzeit. Es lohnt sich, Experten beizuziehen für die Planungsarbeiten und die langfristige Umsetzung. Die Checkliste in der abschliessenden Abbildung zählt die wichtigsten Unterlagen auf, die der Spezialist für eine fachmännische Planung braucht.

Checkliste für die Ausgangslage

1. Letzte ordentliche Steuererklärung, inklusive sämtlicher Beiblätter
2. Pensionskassenausweis
3. Freizügigkeitskonti (-policen)
4. Säule 3a-Vorsorgekonti (-policen)
5. Lebens- und Sparversicherungspolicen
6. Wertschriftendepot-Auszüge
7. Bankkonti-Auszüge
8. Liegenschaften-Ertragsrechnungen
9. Grober Entwurf des zukünftigen Ausgabenbudgets

KAPITEL 6

Rente oder Kapital?

Im Zusammenhang mit Vermögen ist die Möglichkeit, dasselbe innerhalb der Familie zu erhalten, etwas vom Bemerkenswertesten.

Edmond Burke

Kapitalbezug oft bessere Lösung

Die Entscheidung, aus der Pensionskasse eine Rente zu beziehen, fällt häufig nicht bewusst, sondern ergibt sich, weil die Möglichkeit des Kapitalbezugs zu spät oder gar nicht in Betracht gezogen wird. Dabei ist der Kapitalbezug in vielen Fällen die bessere Lösung, weil das Vermögen aus der Pensionskasse in die Verfügungsgewalt des Eigentümers gelangt.

Patentlösungen gibt es nicht – die Entscheidung für Rente oder Kapital wird bestimmt durch die eigenen Prioritäten; je nach den individuellen Familien- und Vermögensverhältnissen ist eine der beiden Lösungen die bessere. In jedem einzelnen Fall sind daher Vor- und Nachteile sorgfältig zu analysieren.

Vor der Entscheidung müssen alle Eventualitäten berücksichtigt und auf ihre Wahrscheinlichkeit hin überprüft werden. Wer sich seine Meinung nicht gründlich erarbeitet, kann später immer wieder verunsichert werden: Ein tieferes Zinsniveau lässt den Kapitalbezug weniger attraktiv erscheinen. Oder: Eine Schlagzeile in der Zeitung lässt ganze Generationen um ihre Rente bangen. Die gewählte Organisationsform muss Bestand haben.

In vielen Fällen ist weder der Kapital- noch der Rentenbezug, sondern eine Lösung dazwischen die beste. Ein systematisches Vorgehen ist zu empfehlen, hilfreich ist ein Raster von Kriterien. Die einzelnen Kriterien sind nach ihrer Bedeutung für die individuelle Situation zu gewichten.

Renten- oder Kapitalbezug: Kriterien

	Rentenbezug	Kapitalbezug
Einkommen	7,2% Umwandlungssatz (bei frühzeitiger Pensionierung tieferer Satz)	4% bis 7% Ertrag je nach Einkommenskonzept
Teuerungsausgleich	Gemäss Stiftungsratsbeschluss	Gemäss persönlicher Planung
Sicherheit	Hohe Sicherheit	Sicherheit abhängig von der Anlagestrategie
Kapitalerhalt	Kein Kapitalerhalt	Kapitalerhalt
Stellung des Ehepartners nach Tod	60% der Altersrente*	100% des Einkommens**
Hinterbliebene	Keine Ansprüche	Gemäss Erbrecht/Testament
Flexibilität	Keine Flexibilität	Hohe Flexibilität
Besteuerung	Rente zwischen 80% und 100% in Bund und Kanton steuerbar***	Einmalige Kapitalbesteuerung; Einkommen zwischen 0% und 100% steuerbar, je nach Einkommenskonzept

* Gemäss Reglement der jeweiligen Pensionskasse
** Vorbehältlich Auszahlung des Pflichtteils an die Kinder, vgl. Kapitel «Nachlassplanung»
*** Details im Kapitel «Steuerplanung»

Ist die Entscheidung einmal gefallen und praktisch umgesetzt, gibt es kein Zurück mehr. Rückkommensanträge müssen die Pensionskassen ablehnen. Deshalb ist es wichtig, sich gründlich mit der Frage zu beschäftigen und sich alle Informationen zu verschaffen, um über umfassende Entscheidungsgrundlagen zu verfügen. In die Entscheidung muss unbedingt auch der Lebenspartner einbezogen werden.

Vorteile der Rente

Einkommen gesichert

Die Pensionskasse soll das Einkommen im Alter gewährleisten. Die Rente orientiert sich ausschliesslich an diesem Ziel. Der Rentenbezüger weiss, wie hoch seine Rente ausfallen wird. Er braucht sich um nichts zu kümmern: Während der Berufstätigkeit wurde ihm der Lohn überwiesen, nach der Pensionierung erhält er die Rente ausbezahlt.

Beim Kapitalbezug ist die Situation weniger klar: Mit wieviel Einkommen kann gerechnet werden? Wie fliesst dieses Einkommen? Wie lange reicht es? Auf diese Schlüsselfragen muss es einfache und überzeugende Antworten geben, wenn der Kapitalbezug eine Alternative zum Rentenbezug sein will.

Keine Frage der Lebenserwartung

Die meisten Menschen rechnen damit, sehr alt zu werden; sie sind überzeugt, die statistische Lebenserwartung zu übertreffen. Vordergründig spricht eine hohe Lebenserwartung für den Rentenbezug. Denn: Eine einfache Rechnung teilt das Pensionskassen-Guthaben durch die erwartete Anzahl verbleibender Lebensjahre – ist das Resultat höher als die jährliche Rente, erscheint der Kapitalbezug vorteilhaft, andernfalls wird die Rente favorisiert. Dieser Ansatz greift zu kurz: Er vernachlässigt wesentliche Kriterien wie die Einkommenssteuern (und damit die Höhe des Nettoeinkommens), die Anlagerendite oder die Stellung der Witwe und der Kinder.

Der Kapitalbezug ist eindeutig vorteilhaft bei tiefer Lebenserwartung. Daraus folgt jedoch nicht, dass man bei hoher Lebenserwartung mit der Rente zwingend besser fährt. In vielen Fällen kann das Einkommen aus dem Vermögen gezogen werden, ohne die Substanz anzugreifen. So bleiben Einkommen und Vermögen erhalten.

Hoher Umwandlungssatz

Wer regulär pensioniert wird, erhält einen Renten-Umwandlungssatz von 7,2%: Damit wird das persönliche Pensionskassen-Guthaben in eine Rente umgerechnet. Bei einem Kapital von 500'000 Franken zum Beispiel wird also eine Rente von jährlich 36'000 Franken oder 3'000 Franken pro Monat ausbezahlt. Bei vorzeitiger Pensionierung wird der Umwandlungssatz reduziert.

Der Umwandlungssatz entspricht nicht einer erwirtschafteten Rendite, sondern setzt sich zusammen aus einem Teil Zinsen und einem Teil Kapitalverzehr. Der Zinsteil geht von einer sehr konservativen Annahme über die erzielbare Rendite aus: in der Regel 4%. Die Höhe des Kapitalverzehrs wird abgeleitet aus der statistischen Lebenserwartung und den Leistungen im Todesfall.

Trotz markant gestiegener Lebenserwartung sind den Pensionskassen Rentenbezüger willkommen – meistens willkommener als Kapitalbezüger. Denn Pensionskassen, die ihre Gelder auf den Kapitalmärkten professionell anlegen, erzielen durchschnittlich höhere Renditen als zur Finanzierung der Renten notwendig (4%). Deshalb verfügen die meisten Pensionskassen über beruhigend hohe Reserven. Auf den Finanzmärkten lassen sich also Renditen erwirtschaften, die mehr als das Alterseinkommen sicherstellen – vorausgesetzt, das entsprechende Know-how im Bereich Wertschriftenanlagen ist vorhanden.

Inflationsausgleich

Die Inflationsrate liegt gegenwärtig unter einem Prozent pro Jahr. Niemand kennt die Inflation der nächsten 20 Jahre. Nehmen wir an, sie liege durchschnittlich bei 2%; dann sind 12'000 Franken Renteneinkommen in 20 Jahren noch 8'011 Franken wert.

Pensionskassenrenten können der Inflation angepasst werden. Der Teuerungsausgleich ist jedoch nicht reglementarisch garantiert, sondern wird vom Stiftungsrat in der Regel jährlich überprüft und neu festgelegt. Viele Pensionskassen gleichen die Teuerung wenigstens teilweise aus (vgl. dazu die Abbildungen auf Seiten 56 und 57). Im höheren Alter sinkt der Einkommensbedarf, so dass ein voller Teuerungsausgleich meistens nicht nötig ist. Beim Kapitalbezug muss der Inflationsausgleich in die Planung einbezogen werden.

Anlagesicherheit Die Sicherheit des Einkommens ist das wichtigste Entscheidungskriterium überhaupt. Zu prüfen ist also, wie das Guthaben in der Pensionskasse verwaltet wird. Beim Rentenbezug bleibt das Geld in der Pensionskasse; der Pensionskassenverwalter bewirtschaftet das Kapital. Beim Kapitalbezug geht das Geld in das private Vermögen über.

Pensionskassenverwalter unterstehen strengen Anlagevorschriften und müssen Kontrollstellen Rechenschaft ablegen. Von ganz wenigen Ausnahmen abgesehen sind Pensionskassengelder so sicher, dass ein lebenslängliches Alterseinkommen gewährleistet ist.

Grundsätzlich stehen Pensionskassen und Privatpersonen die gleichen Anlageinstrumente zur Verfügung. Unterschiede gibt es lediglich in der Höhe der Mittel und in der Professionalität der Verwaltung. Pensionskassen sind institutionelle Anleger, die in Immobilien, Obligationen und Aktien investieren und dabei gewisse Anlagerichtlinien einhalten. Dem privaten Anleger stehen diese Anlagemöglichkeiten ebenfalls offen, er kann sich sogar freiwillig denselben Anlagerestriktionen unterziehen wie ein Pensionskassenverwalter. Je nach Erfahrung und Interesse ist dem privaten Anleger zu empfehlen, einen professionellen Berater beizuziehen oder die Entscheidungen an einen kompetenten Vermögensverwalter zu delegieren.

Vergleich der Anlagesicherheit

	Pensionskassenrente	Private Einkommensorganisation
Entscheidungsrisiko	Stiftungsrat, Anlageausschuss, Pensionskassenverwalter, Berater	Privater Anleger, Berater, Vermögensverwalter
Strategierisiko	Vorgeschriebene Anlagestrategie (BVV2)*	Freie Definition der Anlagestrategie
Umsetzungsrisiko	Anlageinstrumente, Depotbank	Anlageinstrumente, Depotbank

* Verordnung über die berufliche Alters-, Hinterbliebenen- und Invalidenversicherung

Anlagerichtlinien

Die Anlagerichtlinien für Pensionskassen sind konservativ. Es mag daher überraschen, dass sie einen Aktienanteil von fünfzig Prozent erlauben. Berücksichtigt man aber den langfristigen Anlagehorizont und die Renditen der Aktienmärkte über längere Zeit, dient eine dynamische Strategie der besseren Bewirtschaftung. Es bleibt dem einzelnen Pensionskassenverwalter überlassen, wie konsequent er den Spielraum nutzen und in Aktien investieren will.

Die meisten Pensionskassen beschränken sich im Jahresbericht an ihre Versicherten auf die Mitteilung, wieviel Zinsen ihrem Kapital gutgeschrieben werden. Doch einige Pensionskassen legen bereits eine vorbildlich transparente Berichterstattung über Anlagepolitik und erzielte Renditen ab. Es gibt sogar Kassen, die ihren Versicherten nach amerikanischem Vorbild die Wahl zwischen unterschiedlich dynamischen Anlagestrategien ermöglichen. In den USA geht die Entwicklung in Richtung autonomer

Pensionskassen. Die Arbeitnehmer entscheiden unabhängig vom Arbeitgeber, in welcher Pensionskasse sie Vermögen bilden. Auswahlkriterien sind Anlagepolitik und Performance. Setzt sich dieses System durch, so beginnt zwischen den Kassen der freie Wettbewerb zu spielen, was sich positiv auf Transparenz und Renditen auswirkt.

Anlagevorschriften für Pensionskassen

Maximalanteile der Anlagekategorien gemäss BVV2*

Schweizer Aktien	30%
Ausländische Aktien	25%
Fremdwährungsobligationen	20%
Auslandsobligationen in Franken	30%
Schweizer Obligationen in Franken	100%
Schweizer Liegenschaften**	50%
Ausländische Liegenschaften**	5%
Liquidität in Franken	100%
Total	**100%**

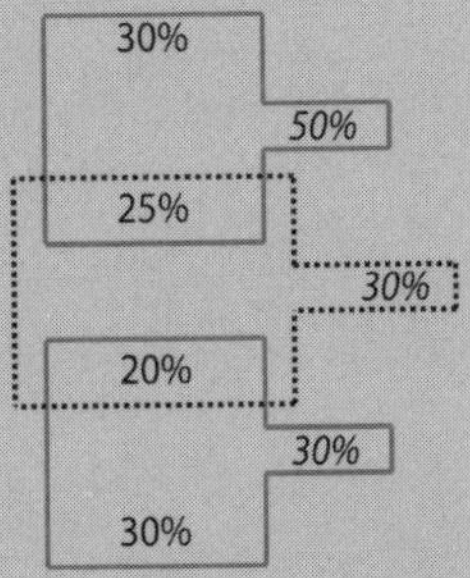

* Verordnung über die berufliche Alters-, Hinterbliebenen- und Invalidenversicherung

** Aktien und Liegenschaften zusammen maximal 70%.

Trotz ihres grossen Spielraums sind die meisten Pensionskassen Aktienanlagen gegenüber noch sehr zurückhaltend und investieren im Durchschnitt nicht mehr als 15% in Aktien. Damit verzichten sie auf die Möglichkeit, für ihre Rentenbezüger bessere Renditen zu erwirtschaften. Eine höhere Rendite hätte enorme Auswirkungen auf die Renten: 1% mehr Rendite führen zu 13,9% mehr Rente (zum Umwandlungssatz von 7,2%). In unserem früheren Beispiel würden aus einem Kapital von 500'000 Franken nicht 36'000 Franken, sondern 41'000 Franken Rente im Jahr resultieren.

Vorteile des Kapitalbezugs

Wer das Kapital aus der Pensionskasse bezieht, hat eine Entscheidung gefällt, die Entschlossenheit verlangt. Insbesondere wenn man sich bisher in seinem Leben wenig mit Kapitalanlagen befasst hat.

Zahlt die Pensionskasse das Kapital aus, geht es ins private Vermögen über; über die Verwendung kann frei und flexibel entschieden werden. Auch wenn die Verwaltung delegiert wird, können neue Entscheidungen getroffen werden.

Besserstellung der Witwe

Beim Kapitalbezug ist die Witwe wesentlich besser gestellt als bei einem Rentenbezug: Nach dem Tod des Mannes erhält die Witwe noch 60% der Rente, zugleich auch nur noch die einfache AHV-Rente – das Einkommen verschlechtert sich einschneidend. Beim Kapital bleibt das Einkommen erhalten. Dennoch sind es häufig die Ehefrauen, die den Rentenbezug wünschen: Viele haben sich in finanziellen Fragen ganz auf ihren Mann verlassen und sind mit der Materie nicht vertraut. Diese Unselbständigkeit kann den Ausschlag zum Rentenbezug geben, obwohl die Frauen damit ihren eigenen materiellen Interessen und denen ihrer Kinder zweifellos schaden.

Die Benachteiligung der hinterbliebenen Ehefrau ist güterrechtlich nicht korrekt. Nach neuem Eherecht gehört das Pensionskassen-Guthaben beiden Partnern zu gleichen Teilen (Errungenschaftsbeteiligung). Stirbt die Ehefrau vor dem Mann, erhält er weiter 100% der Rente, aber nicht umgekehrt.

Es kann nicht genug betont werden, wie wichtig es ist, dass sich auch die Frauen um die Finanzen kümmern und Bescheid wissen – sonst stehen sie in Zukunft weiterhin auf der Verliererseite.

Besserstellung des Witwers

Entscheidet sich eine erwerbstätige Frau für den Kapitalbezug, ist ihr überlebender Ehemann erheblich besser gestellt als beim Rentenbezug. Als Witwer erhält er im besten Fall 60% der Altersrente seiner Frau, oft aber gar nichts. Denn das Pensionskassen-Guthaben der Frau fällt im Falle ihres Todes in der Regel an die Pensionskasse (vor allem Pensionskassen von kleinen und mittleren Unternehmen kennen häufig keine Leistungen an den Witwer).

Auch diese Regelung ist güterrechtlich nicht korrekt, weil der Ehemann im Fall der Errungenschaftsbeteiligung Anrecht auf mindestens einen Teil des Pensionskassen-Guthabens seiner Frau hätte. Die Regelung basiert auf einem antiquierten Rollenverständnis – ein Mann kann für sich sorgen und ist nicht auf das Geld der Frau angewiesen – und verletzt auf eklatante Weise Eigentumsrecht.

Besserstellung des Lebenspartners

Für Lebenspartner ohne Trauschein gilt: Eine Begünstigung des Partners ist nur möglich, wenn das Pensionskassenkapital in das private Vermögen überführt wird, weil der Partner keinen Anspruch auf Rente hat. Moderne Pensionskassen sind dabei, Leistungen an Konkubinatspartner zu prüfen. Sie tragen damit den veränderten gesellschaftlichen Realitäten Rechnung.

Besserstellung der Kinder

Auch die Kinder haben bei der Rentenlösung keinen Anspruch auf das Pensionskassenkapital. Selbst bei einem frühen Tod der Eltern (oder des bereits verwitweten oder alleinstehenden Elternteils) bleibt das gesamte Guthaben in der Pensionskasse.

Viele Eltern wollen wenigstens einen Teil ihres Vermögens an die nächste Generation weitergeben. Der Erhalt des Kapitals, die finanzielle Sicherheit für Kinder und Enkelkinder, gewinnt in schwierigen Zeiten neue Bedeutung.

Stellung der Witwe, des Witwers und der Hinterbliebenen*

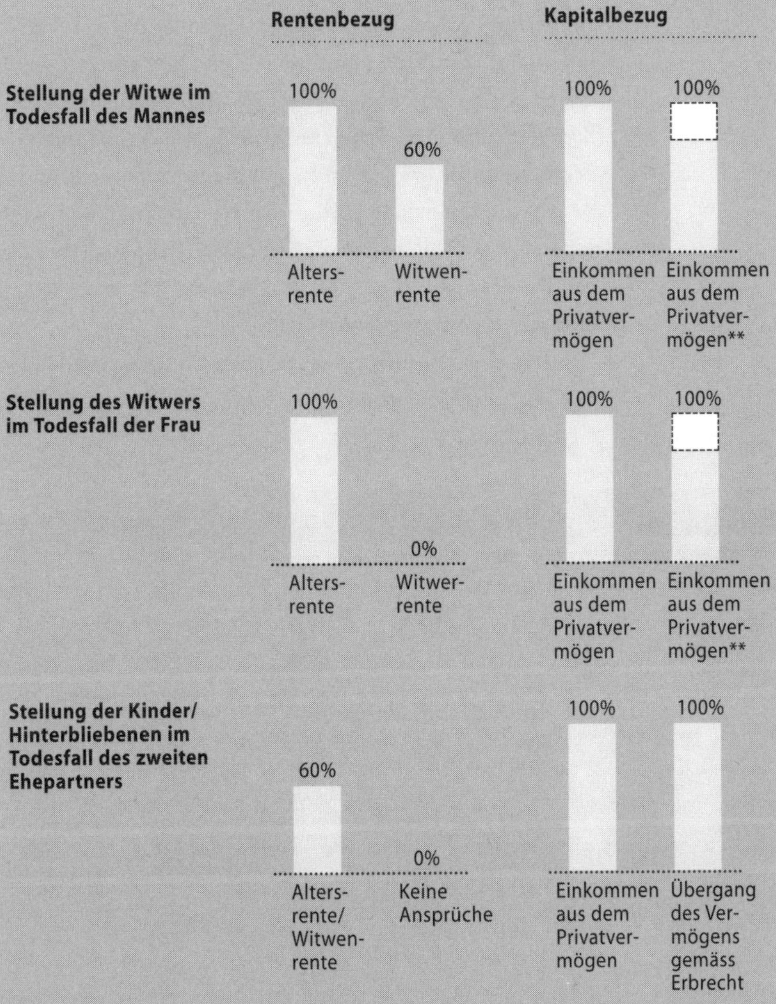

* Häufigster Fall, Unterschiede je nach Pensionskassen

** Je nach Pflichtteil bzw. erbrechtlicher Auseinandersetzung, vgl. Kapitel «Nachlassplanung»

Flexibilität Der Kapitalbezug schafft eine grosse Flexibilität. Auch nach der Pensionierung können sich Einkommensbedürfnisse und Vermögensverhältnisse ändern. Direkt nach der Pensionierung sollte das verfügbare Einkommen möglichst hoch sein, damit die gewonnene Zeit aktiv genutzt werden kann. Mit zunehmendem Alter werden die Ansprüche kleiner. Flexibilität ist auch dann wichtig, wenn ein Kind ein eigenes Geschäft gründen oder ein Haus kaufen will und dabei auf die finanzielle Unterstützung der Eltern angewiesen ist. In diesem Fall wollen die Eltern vielleicht auch ihre übrigen Kinder begünstigen. Kapital braucht aber auch, wer sich eine Alterswohnung kaufen will.

Die Zeit der unvorhergesehenen Ereignisse endet nicht mit der Pensionierung. Flexibilität bleibt ein wichtiges Kriterium.

Beispiele unterschiedlicher Einkommens- und Vermögensverhältnisse im Alter

Alter	**60/59**	**63/62**	**65/64**	**67/66**	**68/67**	**78/77**
Situation	Frühzeitige Pensionierung	Reguläre Pensionierung der Ehefrau	Erreichen des regulären Rentenalters des Mannes	Jüngstes Kind beendet Ausbildung	Erbschaft	Tod des Mannes
Auswirkungen	Wegfall des Erwerbseinkommens des Ehemannes	Wegfall des Erwerbseinkommens der Frau, Einsetzen der einfachen AHV-Rente der Ehefrau	Einsetzen der AHV-Ehepaarrente	Keine Unterstützungszahlungen mehr notwendig; Wegfall der Kinderrente	Zufluss von Vermögen und/oder Schulden	Erbschaftsauseinandersetzung; Einsetzen der Witwenrente
	BVG-Kapital?	3. Säule?			Private Leibrente?	Neuorganisation?

Option auf Rente intakt

Auch wenn die Verwaltung des Vermögens delegiert wird, bleibt die Kontrolle Aufgabe des Anlegers – in den Jahren nach der Pensionierung meistens auch kein Problem, im Gegenteil: Viele Rentner geniessen es, sich endlich einmal in Ruhe um die eigenen Belange zu kümmern. Doch fürchten viele Rentner das höhere Alter, in dem sie allenfalls nicht mehr über die geistige Beweglichkeit verfügen, um Entscheidungen selber zu treffen. Für sie ist wichtig zu wissen: Es ist jederzeit möglich, mit dem Privatvermögen oder Teilen davon eine lebenslängliche Rente zu kaufen. Das gilt auch für zurückbleibende Ehefrauen. Sie können einfach das Wertschriftenvermögen gegen eine Rente eintauschen, wenn sie sich von der neuen Situation überfordert fühlen. Dabei brauchen sie nicht mehr Kapital einzusetzen, als für die Deckung ihres Einkommensbedarfs notwendig ist.

Die Option auf eine Rente bleibt intakt. Und: Je älter der Rentenbezüger bei Beginn der Rente, desto höher die Rente (mehr dazu im Kapitel «Sicherung des Einkommens»).

Rente oder Kapital: Beispiel

Der Vergleich zwischen Rente und Kapital in Zahlen ist nicht ganz einfach, weil nur das Renteneinkommen von vornherein bekannt ist, nicht aber das Einkommen aus dem Kapital. Um eine vergleichbare Ausgangslage zu erhalten, gehen wir vom Einkommensbedarf aus, der gedeckt werden soll. Er beträgt in unserem Beispiel 84'000 Franken. Die Pensionskassenrente beträgt 50'000 Franken, das Pensionskassenguthaben 695'000 Franken. Beim Kapitalbezug müssen 63'000 Franken als einmalige Kapitalsteuer abgezogen werden: verfügbares Nettokapital 632'000 Franken.

Das gewünschte Netto-Einkommen von 84'000 Franken nach Steuern ist in beiden Szenarien sichergestellt. Doch während der Kapitalbezüger neu über ein Vermögen von 1.5 Millionen Franken verfügt, sind es beim Rentenbezüger nur 880'000 Franken. Der grosse Vermögensunterschied entsteht, weil beim Kapitalbezug das ganze Pensionskassen-Guthaben dem privaten Vermögen zugeschlagen wird. Die zur Erhaltung des realen Kapitals erforderliche Anlagestrategie liegt mit 30% Aktien zwischen konservativ und ausgewogen.

In der vorliegenden Ausgangslage ist der Kapitalbezug die bessere Lösung – eine langfristige, sorgfältig diversifizierte Anlagepolitik vorausgesetzt. Aufgrund des im Verhältnis zum Vermögen bescheidenen Einkommensbedarfs gelingt es, den Realwert des Vermögens zu erhalten. Eine andere Zielsetzung wäre der sukzessive Kapitalverzehr zugunsten eines höheren Einkommens. Um sich vor Überraschungen zu schützen, muss von einer überdurchschnittlichen Lebenserwartung und einer hohen Inflation ausgegangen werden. Wer so rechnet, stellt sicher, dass Einkommen und Vermögen bis ans Lebensende ausreichen werden.

Rente oder Kapital?

Persönliche Daten

- Ehemann 65jährig, reguläre Pensionierung, Ehefrau 63jährig, zwei erwachsene Kinder
- Steuerdomizil Pfaffhausen/ZH, röm.-kath.
- AHV: maximale Ehepaarrente 36'000 Fr.
- Einkommensbedarf: 84'000 Fr.

Pensionskasse

- Rente ab 65 Jahren 50'000 Fr.
- Pensionskassenguthaben mit 65 Jahren: 695'000 Fr.
  - Einmalige Kapitalsteuer: 63'000 Fr.
  - Guthaben nach Steuer: 632'000 Fr.

Vermögen

- Eigentumswohnung:
  - Verkehrswert 500'000 Fr.
  - Steuerwert 200'000 Fr.
  - Hypothek 100'000 Fr.
  - Eigenmietwert netto 9'000 Fr.
- Wertschriften und Liquidität 480'000 Fr.
- Ausgewogene Anlagestrategie mit 5,6% Netto-Rendite, davon 30% als Einkommen steuerbar

	Rente	Kapital
Einkommen		
• aus AHV	36'000	36'000
• aus Pensionskasse	50'000	0
• aus Wertschriften	26'880	62'272
• Total brutto	112'880	98'272
• Einkommenssteuern*	10'100	4'600
• Vermögenssteuern**	800	2'800
• Total netto	101'980	90'872
• *Einkommensbedarf (7'000 Fr./Monat)*	*84'000*	*84'000*
Vermögen		
• Eigentumswohnung (netto)	400'000	400'000
• Wertschriften (bestehend)	480'000	480'000
• Wertschriften (Pensionskasse)	0	632'000
• Total	880'000	1'512'000

* AHV- und Pensionskassenrente zu 80% steuerbar, Eigenmietwert netto 9'000 Fr., Wertschriftenrendite zu 1,7% als Einkommen steuerbar, Hypothekarzinsabzug 5'000 Fr., sonstige Abzüge 9'000 Fr.

** Wertschriftenguthaben zu 100% steuerbar, Wohnung zum Steuerwert von 200'000 Fr. steuerbar, Abzug der Hypothek, Abzug Freibetrag 126'000 Fr.

Anlage des Kapitals

Die entscheidenden Fragen nach dem Kapitalbezug: Wie gut und sicher ist das Geld angelegt? Woher kommt das regelmässige Einkommen? Der Zeitaufwand und die Verantwortung für die Vermögensverwaltung dürfen die Lebensqualität nicht beeinträchtigen.

Über die Möglichkeiten, das Einkommen zu organisieren, herrscht vielfach Unklarheit. Drei Einkommensvarianten können als Alternativen zur Rente dargestellt werden.

Obligationen in Schweizer Franken

Bei Zinsen von 5 oder 6% sind Anlagen in Obligationen in Schweizer Franken beliebt. Vorteilhaft sind die hohe Anlagesicherheit und das regelmässige Einkommen in Form von Zinserträgen. Steuerlich sind Obligationen wenig attraktiv, weil die Zinserträge voll als Einkommen zu versteuern sind. Das Hauptproblem aber sind die Zinsschwankungen: Ein Zinsrückgang von 6 auf 4% innerhalb von drei Jahren reduziert das Einkommen um 30%. Einem Anleger, der von den Zinsen lebt, fällt es in dieser Situation schwer, die Substanz nicht anzugreifen.

Verschärft wird das Problem durch vorzeitige Rückzahlungen von hochverzinslichen Obligationen. Die meisten privaten Anleger achten nicht darauf, ob ihre Anleihen frühzeitig kündbar sind oder nicht. Sind die allgemeinen Zinsen tief, nutzen viele Schuldner die Gelegenheit und kaufen teure Anleihen zurück – zum Leidwesen des Obligationärs, der unerwartet und zu einem ungünstigen Zeitpunkt sein Geld neu anlegen muss.

Private Leibrente

Der Kauf einer privaten Leibrente unmittelbar nach der Kapitalauszahlung ist nur in Ausnahmefällen sinnvoll, zum Beispiel wenn die volle Rente an den Lebenspartner oder die

Kapitalrückgewähr[1] im Todesfall besonders wichtig sind. Nach Abzug der einmaligen Kapitalsteuer steht nämlich für die private Leibrente nur noch ein reduziertes Kapital zur Verfügung, auf das ein tieferer Umwandlungssatz angewendet wird als bei der Pensionskasse. Deshalb ergibt sich eine Rentenhöhe, die deutlich unter der Pensionskassenrente liegt.

Die private Leibrente ist dennoch eine gute Lösung – nur nicht direkt anschliessend an die Pensionierung. Im höheren Alter kann der Umwandlungssatz der privaten Rente deutlich über dem Umwandlungssatz der Pensionskassenrente liegen; zudem geht die Leibrente zu 100% an den überlebenden Partner über und kennt die Kapitalrückgewähr zugunsten der Nachkommen.

Individuelles Rentenmodell

Das individuelle Rentenmodell will nicht nur das Einkommen sicherstellen, sondern auch die Substanz des Vermögens erhalten und die Einkommenssteuern tief halten.

Es ist ein einfaches Modell: Das Vermögen wird aufgeteilt in einen Verzehr- und einen Wachstumsteil. Das Kapital im Verzehrteil sichert das Einkommen während einer bestimmten Zeit, z.B. zehn oder fünfzehn Jahren; das Kapital im Wachstumsteil soll die Vermögensteile, die verzehrt werden, ganz oder teilweise ersetzen. Im Verzehrteil eingesetzt werden kurzfristige und liquide Anlageinstrumente wie Festgeld, Tiefzinsobligationen oder Obligationenfonds in Schweizer Franken. Der Wachstumsteil profitiert von langfristigen Anlagen mit einem Zeithorizont von zehn Jahren, in erster Linie Aktien und Aktienfonds (mehr dazu im Kapitel «Langfristige Vermögenskonzepte»).

1 Bei der Kapitalrückgewähr zahlt die Versicherungsgesellschaft nach dem Tod das restliche Kapital an die Erben aus.

Einkommensvarianten zur Pensionskassenrente

Beispiel:
- Pensionskassenkapital von 500'000 Fr.; verheirateter Steuerpflichtiger in Wallisellen/ZH mit einer Steuerbelastung von 20%; Alter 65 Jahre, Vorsorgeverhältnis hat bereits vor dem 31.12.1985 bestanden
- Einmalige Steuer bei der Kapitalauszahlung 40'000 Fr.; zur Verfügung stehendes Kapital 460'000 Fr.

Variante A: Anlage in Schweizer-Franken-Obligationen		**Variante B: Kauf einer privaten Rentenversicherung**		**Variante C: Individuelles Rentenmodell**	
Anlage in Franken-Obligationen	460'000 Fr.	Kauf Rentenversicherung	460'000 Fr.	Teil 1:	Verzehr von 230'000 Fr. über 10 Jahre (Rendite der Anlagen 3,0% brutto)
Bruttoertrag (4,0%)	18'400 Fr.	Bruttorente (6,0%)	27'600 Fr.	Teil 2:	Wachstumsorientierte Anlage von 230'000 Fr. mit 6,5% Rendite nach Steuern
Steuern (20%)	3'680 Fr.	Steuern (Rente nur zu 60% steuerbar)	3'300 Fr.		
Nettoertrag (nach Steuern)	14'720 Fr.	Nettorente (nach Steuern)	24'300 Fr.	Nettoertrag (nach Steuern)	26'300 Fr.
Kapital nach 10 Jahren	460'000 Fr.	Kapital nach 10 Jahren	185'000 Fr.	Kapital nach 10 Jahren	432'000 Fr.
Vorteil:	Hohe Sicherheit	Vorteil:	Höchste Sicherheit	Vorteil:	Maximierung von Ertrag und Kapital nach Steuern
Nachteil:	Tiefes Einkommen, voll steuerbar	Nachteil:	Sukzessiver Verzehr des Kapitals	Nachteil:	Bedarf von anlagetechnischem Wissen und Können

Keine Kapital-Option?

Wer sich nach sorgfältiger Prüfung entscheidet, sein Guthaben aus der Pensionskasse als Kapital zu beziehen, kann Überraschungen erleben: Es gibt Kassen, die ihren Mitgliedern den Kapitalbezug verweigern.

Die folgende Abbildung zeigt das Ergebnis einer Umfrage bei den 200 grössten Arbeitgebern der Schweiz: 42% der Pensionskassen, die an der Umfrage teilgenommen haben, erlauben ihren Versicherten, das volle Kapital zu beziehen; 16% zahlen höchstens die Hälfte des Kapitals aus, weitere 16% höchstens einen Drittel. 26% der Pensionskassen sehen nur eine Rente vor.

Bei allen Kassen mit Kapital-Option sind Zwischenlösungen mit Teilauszahlungen möglich. Jede Auszahlung hat eine proportionale Kürzung der Altersrente zur Folge.

Umfrage zur Kapital-Option

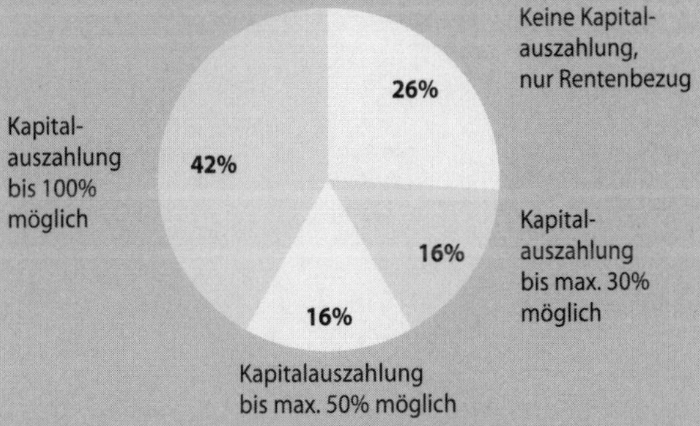

Quelle: VZ-Umfrage bei den Pensionskassen der 200 grössten Schweizer Arbeitgeber, Auswertung des Rücklaufs von 60 Antworten (6/97)

Die Pensionskassen der unzähligen kleinen und mittleren Unternehmen wurden in der Umfrage nicht erfasst. Sie entsprechen in der Regel den gesetzlichen Vorschriften und sind wenig flexibel, doch wächst die Zahl der Pensionskassen, die ihren Mitgliedern auf Wunsch das Kapital auszahlen.

Umfrage bei grossen Arbeitgebern zu Kapital-Option und Anmeldefrist

Arbeitgeber	Kapital-Option*	Anmeldung der Kapitalauszahlung (3 Jahre vorher → Pensionierung)
Bund, Bühler AG, IBM, Migros, PTT, Schweizer Rück, Siemens, Stadt Zürich, Winterthur Vers.	Keine Kapital-option	-
Ciba	25%	3 Monate
Nestlé	30%	1 Tag
Bank Julius Bär	40%**	3 Jahre
ZKB	50%	1 Jahr
Ems Chemie	50%	3 Jahre
Swissair	100%	1 Monat
Dow Europe	100%	6 Monate
Hilti	100%	1 Jahr
Galenica, GEC Alsthom, Leica, Rieter, Sarna	100%	3 Jahre

* Kapital-Option kann auch teilweise eingelöst werden

** Mit Antrag an den Stiftungsrat auch 100% Kapitalauszahlung möglich

Quelle: VZ-Umfrage bei den Pensionskassen der 200 grössten Schweizer Arbeitgeber

In der Regel muss eine Kapitalauszahlung drei Jahre vor der Pensionierung angemeldet werden. Die Entscheidung kann bis zum Datum der Pensionierung in praktisch allen Fällen wieder rückgängig gemacht werden.

Gegenwärtig befinden sich die Pensionskassen in einem starken Wandel: Diskutiert werden flexiblere Modelle, die dem neuen Eherecht und den veränderten Lebensformen Rechnung tragen. Schon heute bemühen sich fortschrittliche Firmen um zeitgemässe Reglemente und informieren umfassend. Die Versicherten verlangen mehr Transparenz. Wie stark sich die Pensionskassen führender Schweizer Unternehmen noch unterscheiden, zeigt die linksstehende Übersicht.

Kapital für Wohneigentum

1995 ist das Bundesgesetz über die «Wohneigentumsförderung mit Mitteln der beruflichen Vorsorge» in Kraft getreten. Danach kann ein Versicherter bis drei Jahre vor der Pensionierung (oder bis drei Jahre vor dem gemäss Reglement seiner Pensionskasse frühesten Pensionierungsdatum) Kapital aus der Pensionskasse beziehen, um eine Wohnung oder ein Haus zu finanzieren. Bis zum fünfzigsten Altersjahr können 100% der Freizügigkeitsleistung bezogen werden, nachher höchstens der Teil der Freizügigkeitsleistung, der mit 50 schon vorhanden war, oder aber die Hälfte der aktuellen Freizügigkeitsleistung.

Die Auszahlung ist nur zulässig für Kauf oder Bau von Wohneigentum, das selbst bewohnt wird. Das Kapital kann auch für die Rückzahlung der Hypothek eingesetzt werden.

Versicherten in Pensionskassen ohne Kapital-Option ermöglicht das Gesetz einen Teilbezug des Kapitals. Doch muss die Investition von Pensionskassengeldern in Wohneigentum sorgfältig geprüft werden. Es stellen sich eine

Reihe von steuerlichen, vorsorge- und anlagetechnischen Fragen. Die Auszahlung ist mit Auflagen verbunden: Sie wird im Grundbuch vermerkt; bei einem späteren Verkauf des Eigenheims muss das Geld zurückbezahlt werden. Die Rückzahlungspflicht erlischt erst drei Jahre vor dem Anspruch auf Altersleistung oder bei Barauszahlung der gesamten Freizügigkeitsleistung.

Stirbt der Bezüger vor der Pensionierung, müssen die Erben das Kapital zurückzahlen, es sei denn, sie hätten Anspruch auf Vorsorgeleistungen.

Der Kapitalvorbezug ist zu versteuern; wird das Kapital wieder in die Pensionskasse eingebracht, wird diese Steuer von den Behörden zurückerstattet.

Kapital dank Freizügigkeit

1995 ist auch das neue Bundesgesetz über die Freizügigkeit (FZG) in Kraft getreten. Es erlaubt in zwei Fällen, Kapital zu beziehen: beim Verlassen der Schweiz und bei der Aufnahme einer selbständigen Tätigkeit.

Die Bestimmungen sind klar und unproblematisch bis auf einen Punkt: Ist der Versicherte zum Zeitpunkt der Abreise ins Ausland oder der Aufnahme einer selbständigen Tätigkeit bereits in einem Alter, in dem seine Pensionskasse eine Frühpensionierung vorsieht, kann die Kasse die Auszahlung ablehnen. Sie muss das Ende des Anstellungsverhältnisses nicht als Freizügigkeitsfall, sondern kann es als vorzeitige Pensionierung betrachten und sich dabei auf ein 1994 ergangenes Gerichtsurteil stützen. Damit hat der Versicherte Anspruch auf die Altersleistung, nicht aber auf Freizügigkeit. Wenn das Reglement keine Kapital-Option einräumt, kann die Kasse auf der frühzeitigen Rente beharren und die Kapitalauszahlung verweigern. Es empfiehlt sich, rechtzeitig mit den Verantwortlichen der Pensionskasse nach Lösungen zu suchen.

Planung Die Entscheidung zum Bezug von Rente oder Kapital kann nicht unmittelbar vor der Pensionierung getroffen werden. Spätestens im Alter von 55 Jahren sollte jedes Mitglied einer Pensionskasse die Frage sorgfältig prüfen und Varianten durchrechnen. Damit ist sichergestellt, dass keine wichtigen Weichenstellungen verpasst werden.

Jede Planung stützt sich auf genau formulierte Bedürfnisse, die individuellen Vermögensverhältnisse und wahrscheinlichen Entwicklungen in der Zukunft. Die sorgfältige Darstellung der Ausgangslage ist Grundvoraussetzung jeder erfolgreichen Planung. Die Checkliste im Kapitel «Frühpensionierung» auf Seite 193 hilft, die Ausgangslage möglichst systematisch zu erfassen.

KAPITEL 7

Nachlass-planung

Der Vater liess den Ring von seinen Söhnen dem geliebtesten; und setzte fest, dass dieser wiederum den Ring von seinen Söhnen dem vermache, der ihm der liebste sei; und stets der liebste ohn' Ansehn der Geburt, in Kraft allein des Rings, das Haupt, der Fürst des Hauses werde.

Lessing, Nathan der Weise

Grundsätze des Erbens und Vererbens

Wir alle müssen sterben, aber wollen es am liebsten nicht wahrhaben. Deshalb trifft niemand gerne Vorkehrungen im Hinblick auf den eigenen Tod. Viele Menschen sterben, ohne ihren Nachlass geregelt zu haben. Das macht es für niemanden leichter: Weder für den Erblasser, der sich des Gefühls nicht erwehren kann, noch etwas in Ordnung bringen zu müssen, noch für die Erben, denen der letzte Wille des Verstorbenen verborgen bleibt.

Es ist für alle Beteiligten einfacher, wenn die materiellen Dinge geregelt sind. Auf den folgenden Seiten werden deshalb die wichtigsten Grundsätze dargestellt, die bei der Nachlassplanung zu beachten sind.

Wer erbt? Kein Gesetz schreibt ein Testament zwingend vor. In Erbfällen ohne Nachlassregelung gilt die gesetzliche Erbfolge. Aber auch wer seinen letzten Willen formuliert, kann seine Güter nicht völlig frei verteilen: Das Gesetz schreibt Pflichtteile vor, die zwingend einzuhalten sind. Diese Vorschriften betreffen jedoch nicht den ganzen Nachlass. Über einen Teil des Vermögens – die sogenannte freie Quote – kann der Erblasser verfügen und begünstigen, wen immer er will.

Gesetzliche Erben

Die gesetzliche Erbfolge richtet sich nach dem Verwandtschaftsgrad, der nach Stämmen bestimmt wird.

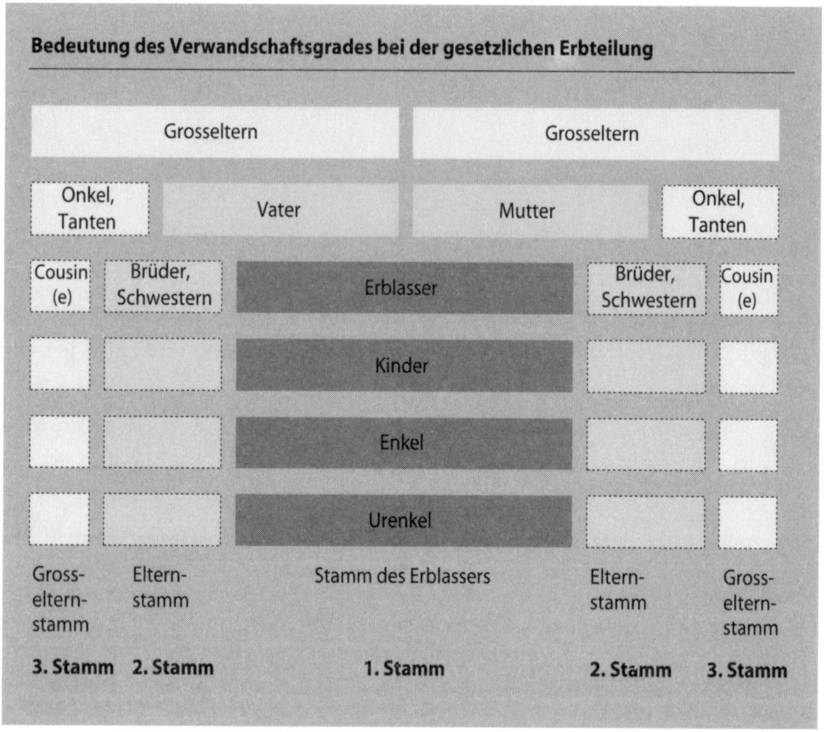

Regeln der Erbteilung

Für die gesetzliche Erbteilung gelten folgende Regeln:

1. Pflichtteilsberechtigte haben Vorrang: Der überlebende Ehepartner und die direkten Nachkommen erben immer.

2. Die Stammesordnung legt fest, in welcher Reihenfolge die Verwandten erben: Hauptstamm ist der Stamm des Erblassers; der Stamm geht nicht von einem Ehepaar aus, sondern nur vom Erblasser.

3. Der nähere Stamm schliesst den entfernteren Stamm aus: Sind direkte Nachkommen vorhanden, erben allfällige Nichten und Neffen nichts.

4. Ist ein Erbe schon verstorben, fällt sein Anteil an seine Nachkommen.

5. Gibt es weder Ehepartner noch direkte Nachkommen, geht das Erbe je zur Hälfte zurück an Vater- und Mutterseite. Erst wenn auf einer Elternseite keine Angehörigen der beiden grosselterlichen Stämme mehr leben, erbt die andere Elternseite alles. Die Erbberechtigung von Verwandten hört mit dem Stamm der Grosseltern auf.

Pflichtteil

Der Pflichtteil ist der gesetzlich vorgeschriebene Mindestanteil, der nahen Erben zusteht. Erben mit Pflichtteilsanspruch sind insbesondere der Ehegatte und die direkten Nachkommen, also Kinder und Enkel. Fehlen direkte Nachkommen, so erhalten die Eltern einen Pflichtteil. Anspruch auf einen Pflichtteil von 3/4 des Nachlasses haben beispielsweise die direkten Nachkommen eines alleinstehenden Erblassers. Oder: Bei einem kinderlosen Ehepaar erbt der überlebende Ehepartner mindestens 3/8 als Pflichtteil, die Eltern 1/8 als Pflichtteil, die übrigen 4/8 machen die freie Quote aus (Einzelheiten in den beiden Abbildungen zur gesetzlichen Erbfolge und den Pflichtteilen).

Ein Testament muss diese Pflichtteile berücksichtigen. Die übergangenen Erben können es sonst anfechten. Die stärkste mögliche Zurücksetzung: Der Erblasser kann einen nahen Erben «auf den Pflichtteil setzen». Will er noch weiter gehen, so bedarf es spezieller Voraussetzungen. Das Ausschalten von Pflichtteilen ist nur in Ausnahmefällen möglich (vgl. Seite 240 «Enterbung»).

Gesetzliche Erbfolge und Pflichtteile: Ehepaar

	Erbteilung ohne Nachlassplanung[1]	Pflichtteile[2]
Mit Kindern	Ehegatte 1/2; Nachkommen[3] 1/2	Ehegatte 1/4; Nachkommen[3] 3/8; Freie Quote 3/8
Ohne Kinder, mit 2 Elternteilen	Eltern[4] 1/4; Ehegatte 3/4	Eltern[4] 1/8; Ehegatte 3/8; Freie Quote 1/2
Ohne Kinder, mit 2 Elternteilen und Geschwistern	Eltern[4] 1/4; Ehegatte 3/4	Eltern[4] 1/8; Ehegatte 3/8; Freie Quote 1/2
Ohne Kinder, mit einem Elternteil und Geschwistern	Geschwister[5] 1/8; Elternteil 1/8; Ehegatte 3/4	Elternteil 1/16; Ehegatte 3/8; Freie Quote 9/16
Ohne Kinder, ohne Eltern, mit Geschwistern	Geschwister[5] 1/4; Ehegatte 3/4	Ehegatte 3/8; Freie Quote 5/8

[1] Falls kein Testament vorliegt.
[2] Pflichtteil muss eingehalten werden, auch wenn ein Testament eine andere Regelung vorsieht.
[3] Kinder zu gleichen Teilen. Anstelle der verstorbenen Kinder die Enkel, gegebenenfalls die Urenkel.
[4] Zu gleichen Teilen.
[5] Zu gleichen Teilen.

Gesetzliche Erbfolge und Pflichtteile: Alleinstehend

	Erbteilung ohne Nachlassplanung[1]	Pflichtteile[2]
Mit Kindern	Nachkommen[3] 1/1	Nachkommen[3] 3/4; Freie Quote 1/4
Ohne Kinder, mit 2 Elternteilen,	Eltern[4] 1/1	Eltern[4] 1/2; Freie Quote 1/2
Ohne Kinder, mit 2 Elternteilen, mit Geschwistern	Eltern[4] 1/1	Eltern[4] 1/2; Freie Quote 1/2
Ohne Kinder, mit einem Elternteil und Geschwistern	Eltern[4] 1/2; Geschwister[5] 1/2	Eltern[4] 1/4; Freie Quote 3/4
Ohne Kinder, ohne Eltern, mit Geschwistern	Geschwister[5] 1/1	Freie Quote 1/1

1) Falls kein Testament vorliegt.
2) Pflichtteil muss eingehalten werden, auch wenn ein Testament eine andere Regelung vorsieht.
3) Kinder zu gleichen Teilen. Anstelle der verstorbenen Kinder die Enkel, gegebenenfalls die Urenkel.
4) Zu gleichen Teilen.
5) Zu gleichen Teilen.

Besonderer Wille des Erblassers: Erbeinsetzung

Es liegt im Ermessen des Erblassers, als Erben seiner gesamten Hinterlassenschaft oder einzelner Teile Drittpersonen oder Institutionen einzusetzen, die an die Stelle der gesetzlichen Erben treten können – falls keine Pflichtteile verletzt werden.

Praktisch niemand stirbt ohne gesetzliche Erben, gelegentlich aber existieren keine Erben mit einem Anspruch auf Pflichtteil. Werden mehrere Erben eingesetzt, muss festgehalten werden, zu welchen Teilen sie an der Hinterlassenschaft beteiligt werden.Werden Erben nicht für die ganze Erbschaft eingesetzt, so fällt der Rest an die gesetzlichen Erben.

Nacherben

Gesetzlich kann nur Erbe sein, wer den Erblasser überlebt - mindestens um Sekunden oder Minuten. Auf den ersten Blick mutet diese Bedingung seltsam an, sie kann aber ungeahnte Bedeutung erlangen, zum Beispiel in einer Unfallsituation: Hat der Erbe den Erblasser überlebt, tritt er die Erbschaft an und vererbt dann seinen Anteil weiter. Stirbt der Erbe vor dem Erblasser, fällt er als Erbe aus.

Stirbt ein gesetzlicher Erbe vor dem Erblasser, fällt die Erbschaft an die Nachkommen. Stirbt aber ein eingesetzter Erbe vor dem Erblasser, gehen seine Nachkommen leer aus.

Der Erblasser kann einen oder mehrere Ersatzerben einsetzen, falls ein eingesetzter Erbe den Erbfall nicht erleben sollte. Sterben alle im Testament aufgeführten Erben vor dem Erblasser, fällt der Erbteil an die gesetzlichen Erben.

Das Gesetz gestattet die einmalige Einsetzung eines Nacherben: Wer Nacherben einsetzt, bestimmt zwei aufeinanderfolgende Erben. So kann auch eine Person bedacht werden, die zum Zeitpunkt der Erbfolge noch gar nicht lebt. Diese Möglichkeit nutzt ein Erblasser, der befürchtet, dass sein Erbe kinderlos bleibt und ohne Massnahme ein

Grossteil seines Vermögens nach seinem Tod in fremde Hände fällt; dieser Erblasser kann zum Beispiel einen sonstigen Enkel als Nacherben vorsehen.

Keine Pflichtteile

Der Erblasser kann also keineswegs unbeschränkt über sein Vermögen verfügen, es sei denn, er habe keine Nachkommen, keinen Ehepartner und keine Eltern. Frei verfügen kann er immer nur über den Teil des Nachlasses, der nicht durch Pflichtteile gebunden ist.

Keine Erben

Stirbt jemand, ohne gesetzliche oder eingesetzte Erben zu hinterlassen, fällt sein Erbe an den Wohnkanton, in einigen Kantonen an die Wohngemeinde.

Zuwendungen zu Lebzeiten

Bei der Berechnung der Pflichtteile ist nicht nur der Nachlass im Zeitpunkt des Todesfalls massgebend, es zählen auch Zuwendungen zu Lebzeiten: Schenkungen, Erbabfindungen und Erbvorbezüge sind wesentliche Teile einer Nachlassplanung.

Zuwendungen zu Lebzeiten sind als Vermögensübergang zu dokumentieren. Dabei ist schriftlich festzuhalten, wann, wo, in welcher Höhe und Absicht eine Zuwendung gemacht wurde. Achtung: Zuwendungen an pflichtteilsberechtigte Erben sind immer der Erbschaft zuzuschlagen und müssen unter den Erben ausgeglichen werden.

Schenkungen

Schenkungen werden nur dem Nachlass zugerechnet, falls sie in den letzten fünf Jahren vor dem Tod des Erblassers erfolgten. Erfolgten sie vor dieser Frist, so zählen sie nicht zum Nachlass und werden bei der Berechnung der Pflichtteile nicht berücksichtigt. Von dieser Regelung ausgenommen sind Schenkungen an Erben mit Pflichtteilsanspruch: solche Schenkungen sind immer dem Nachlass zuzurechnen.

Erbrechtlich unbedeutend sind Gelegenheitsgeschenke – allerdings ist es nicht immer einfach, ein Gelegenheitsgeschenk von einer Schenkung zu unterscheiden. Schenkungen, die offensichtlich dazu dienten, künftige Pflichtteil-Forderungen zu umgehen, werden unabhängig vom Zeitpunkt immer dem Nachlass zugerechnet.

Erbvorbezug Rechtlich der Schenkung gleichgestellt wird der Erbvorbezug. Besonders zu beachten sind auch hier die Vorschriften über Pflichtteile und Ausgleich.

Erbabfindung Bei einer Erbabfindung wird ein Erbe im voraus ausbezahlt. Er verzichtet damit definitiv auf alle künftigen Ansprüche.

Nutzniessung trotz Eigentumsübergang Ein Erblasser kann Eigentum an künftige Erben übergeben, es aber weiterhin nutzen. Die Nutzniessung ist eine faktische Zweiteilung des Vermögens: Der Begünstigte wird neuer Eigentümer, die Erträge aber gehören dem alten Eigentümer.

Diese Lösung wird häufig gewählt für Liegenschaften und Wertschriftendepots; die Nutzniessung besteht entsprechend aus einem Wohnrecht, aus Mieteinnahmen oder Wertschriftenerträgen. Möglich sind auch Vereinbarungen mit Teilnutzniessung.

Der Nutzniesser bezahlt bei voller Nutzniessung weiterhin Einkommenssteuern auf dem Ertrag und Vermögenssteuern auf dem Vermögenswert. Er übernimmt Unterhalt und Hypothekarzinsen.

Die Eigentumsübertragung unter Vorbehalt der Nutzniessung bedeutet, dass der Nutzniesser die wirtschaftliche Verfügungsmacht verliert. Er kann beispielsweise kein zusätzliches Hypothekardarlehen aufnehmen und die freiwerdenden Mittel für sich verwenden. Hingegen kann der neue

Eigentümer ein zusätzliches Darlehen aufnehmen und die Mittel zu eigenen Zwecken verwenden – die Darlehenszinsen werden dem Nutzniesser belastet. Der Nutzniessungsvertrag muss entsprechend formuliert sein und solchen Missbrauch ausschliessen.

Die Nutzniessung mindert den Wert des Eigentums; für Vermögensübergänge mit Nutzniessung sind deshalb weniger Schenkungs- oder Erbschaftssteuern fällig. Die Nutzniessung sollte bei Schenkungen zwischen entfernt oder gar nicht verwandten Personen gezielt eingesetzt werden, da bei ihnen die Schenkungs- und Erbschaftssteuern je nach Kanton bis zu 59% betragen.

Wohnrecht

Das Wohnrecht ist eine Form der Nutzniessung: Der Erblasser übergibt seine Liegenschaft zu Lebzeiten an die Erben, behält aber das Recht, darin zu wohnen. Der Erblasser trägt die Unterhaltskosten, er versteuert den Eigenmietwert (abzüglich Unterhaltskosten) als Einkommen und das kapitalisierte Wohnrecht als Vermögen.

Die Hypothekarzinsen dagegen werden vom neuen Eigentümer bezahlt; er kann sie von den Steuern absetzen.

Darlehen

Verzinste oder zinslose Darlehen sind insbesondere zwischen Eltern und Kindern häufig. Sie bleiben in der Regel für die Nachlassbestimmung bedeutungslos, es sei denn, für erlassene Darlehenszinsen wäre eine Ausgleichspflicht (das heisst eine Anrechnung ans Erbe) vorgesehen.

Die Wertsteigerung der ausgeliehenen Mittel während der Darlehensdauer wird bei der Erbschaftssteuer nicht berücksichtigt. Beim Vermögensübergang wird nur der Nominalwert des Darlehens besteuert. Damit werden Darlehen zum Steuerplanungsmittel beispielsweise auch für Konkubinatspaare.

Zuwendung zu Lebzeiten

	Beschreibung	Erbrechtliche Konsequenzen	Steuerliche Konsequenzen
Schenkung	Unentgeltliche Zuwendung, möglich auch an Drittpersonen oder Institutionen	Sofern die Schenkung mind. fünf Jahre vor dem Tod des Schenkers erfolgt, keine erbrechtlichen Konsequenzen. Ausnahme: Schenkungen an pflichtteilsberechtigte Erben werden immer an deren Erbteil angerechnet	Beschenkter zahlt Schenkungssteuer. Steuerhoheit im Wohnkanton des Schenkers
Erbvorbezug	Unentgeltliche Zuwendung zu Lebzeiten des späteren Erblassers an Erben	Erbvorbezug an pflichtteilsberechtigte Erben werden immer an deren Erbteil angerechnet	Erbe zahlt Schenkungssteuer. Steuerhoheit im Wohnkanton des späteren Erblassers
Nutziessung	Zuwendung von Eigentum, wobei die Zuwendung mit der Nutzniessung belastet ist. Das Nutzniessungsrecht bleibt beim Schenker	Wie oben, Bewirtschaftung und Unterhaltspflicht weiterhin beim Nutzniesser	Wie oben, Wertverminderung des Steueranrechnungswertes wegen Nutzniessung. Einkommenssteuer weiterhin beim Nutzniesser (Zinsen, Eigenmietwert, Hypothekarkosten, Unterhaltsabzüge). Vermögenssteuer weiterhin beim Nutzniesser
Wohnrecht	Wie Nutzniessungsrecht, aber nur bei vom Wohnrechtsbesitzer bewohnten Wohneigentum	Wie Nutzniessungsrecht, aber Hypothekarkosten beim Beschenkten	Wie Nutzniessung, aber Hypothekarzinsabzug beim Beschenkten. Vermögenssteuer unter Abzug des kapitalisierten Wohnrechts beim Beschenkten

Finanzielle Absicherung des Ehepartners

Vielen Ehepaaren ist es ein grosses Anliegen, sich gegenseitig weitestgehend zu begünstigen. Der zurückbleibende Partner soll nicht in finanzielle Schwierigkeiten kommen, erst nach dem Tod des zweiten Elternteils sollen die Kinder ihr Erbe antreten.

In der gesetzlichen Erbfolge ist die Meistbegünstigung des Ehepartners an sich nicht vorgesehen, es braucht deshalb besondere Massnahmen. Diese schliessen aber nicht aus, dass die Eltern ihren Kindern bereits zu Lebzeiten grössere Zuwendungen machen.

Die Erfahrung zeigt, dass die Nachkommen in der Regel nicht mehr auf finanzielle Unterstützung angewiesen sind, wenn ihre Eltern sterben. Eine Schenkung oder ein Erbvorbezug ist beispielsweise sinnvoll, wenn die Nachkommen Kapital brauchen für eine Geschäftsgründung oder den Kauf eines Hauses.

Für eine Zuwendung an die Erben spricht ein weiteres Argument: Bei einem späteren Aufenthalt im Pflegeheim bleibt bei einem rechtzeitigen Vermögensübergang wenigstens ein Teil der Ersparnisse der Familie erhalten (mehr dazu im Kapitel «Pflege und ihre Kosten»).

Güterstände

Jeder Nachlassbestimmung geht eine güterrechtliche Auseinandersetzung voraus, in der genau bestimmt wird, was zum Nachlass des Erblassers gehört!

Mit der Wahl des Güterstands regeln die Eheleute die Anrechte, die sie sich gegenseitig auf Vermögen und Einkommen einräumen. Es gibt drei Güterstände: die Errungenschaftsbeteiligung, die Gütertrennung und die Gütergemeinschaft. Als ordentlicher Güterstand gilt die Errungenschaftsbeteiligung. Ihr unterstehen alle Ehepaare, die nicht den Stand der Gütertrennung oder der Gütergemeinschaft in einem speziellen Ehevertrag vereinbart haben.

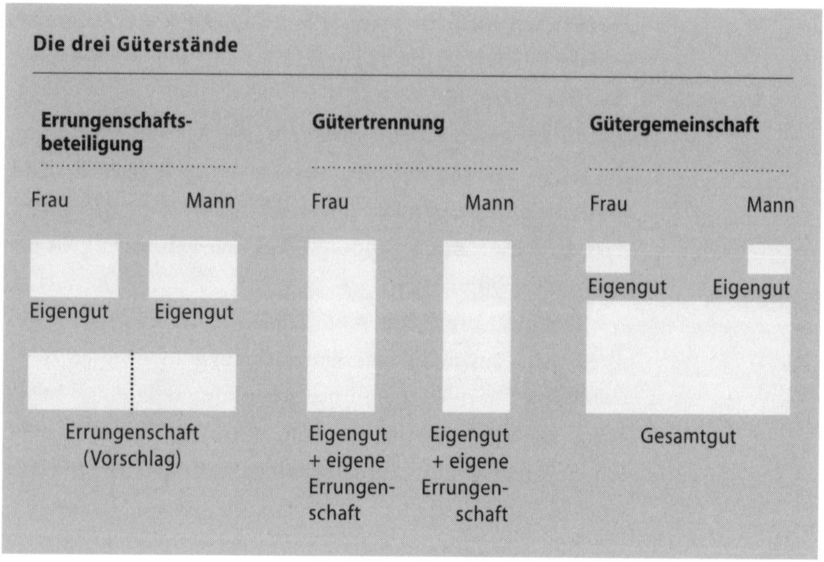

Errungenschafts-beteiligung

Die Errungenschaftsbeteiligung unterscheidet zwischen dem Eigengut und der Errungenschaft des Mannes und der Frau.

Zum Eigengut gehört alles, was ein Partner in die Ehe eingebracht hat, was er während der Dauer der Ehe geerbt hat oder was ihm unentgeltlich zugesprochen worden ist. Auch der Wertzuwachs auf diesen Vermögensteilen zählt zum Eigengut.

Zur Errungenschaft gerechnet werden Erwerbseinkommen, Leistungen aus staatlicher oder beruflicher Vorsorge sowie die Erträge aus dem Eigengut (Zinsen oder Mieteinnahmen beispielsweise).

Die Zugehörigkeit von Vermögensteilen zum Eigengut oder zur Errungenschaft ist für die güterrechtliche Auseinandersetzung im Erbfall von Bedeutung: Dem überlebenden Ehegatten steht sein Eigengut und je zur Hälfte die eigene und die Errungenschaft des Ehepartners zu. In den Nachlass fallen das Eigengut des verstorbenen Ehegatten sowie je zur Hälfte seine Errungenschaft und die Errungenschaft des überlebenden Ehepartners.

Häufig ist es nach vielen Ehejahren beim besten Willen nicht mehr möglich, einzelne Vermögenswerte einwandfrei zuzuordnen. Dann gilt die Vermutung, dass sie zur Errungenschaft gehören.

Gütertrennung

Bei einer Gütertrennung bleiben Eigengut und Errungenschaft von Mann und Frau getrennt. Im Todesfall ist keine güterrechtliche Auseinandersetzung nötig, da die Vermögenswerte der beiden Ehegatten bereits ausgeschieden sind. Das gesamte Vermögen des Verstorbenen kommt in den Nachlass.

Gütergemeinschaft

In der Gütergemeinschaft dominiert das gemeinsame Gesamtgut. Das Eigengut von Mann und Frau beschränkt sich auf Gegenstände zum persönlichen Gebrauch und Genugtuungsansprüche. Erbschaften und Zuwendungen fallen ins Gesamtgut.

Wird die Gütergemeinschaft durch den Tod eines Ehegatten aufgelöst, steht dem überlebenden Ehepartner die Hälfte am Gesamtgut zu. In den Nachlass kommen das Eigengut des Verstorbenen sowie die Hälfte des Gesamtguts.

Begünstigung des Ehegatten

Der Wunsch des Erblassers, den überlebenden Ehepartner zu begünstigen, ist schon fast die Regel. In der Folge sind die wichtigsten Möglichkeiten der Begünstigung beschrieben.

Für alle speziellen Regelungen gilt die Empfehlung, sich von einem Spezialisten beraten zu lassen.

Zuweisung der Errungenschaft

Ohne spezielle Vereinbarung steht dem überlebenden Ehegatten die Hälfte des Vorschlages des verstorbenen Ehegatten zu. Vorschlag heisst die Errungenschaft des verstorbenen Ehegatten bei Vorliegen einer positiven Wertentwicklung; hat sich die Errungenschaft des Partners negativ entwickelt, spricht man von einem Rückschlag, den der überlebende Partner ausschlagen kann.

Die Ehepartner können sich in einem Ehevertrag gegenseitig den gesamten Vorschlag zusprechen, allerdings nur zum «Nachteil» gemeinsamer Nachkommen. Gegenüber nicht-gemeinsamen Nachkommen würde ein solcher Ehevertrag eine Pflichtteilsverletzung darstellen.

Im Rahmen der Errungenschaftsbeteiligung ist auch die ehevertragliche Zuweisung von Errungenschaft zu Eigengut möglich. Dies kann zu einer gleichmässigeren Verteilung des Eigenguts führen oder bei einem grossen Altersunterschied den Partner mit der höheren Lebenserwartung besserstellen.

Vereinbarung der Gütergemeinschaft

In einem Ehevertrag kann der Güterstand rückwirkend geändert werden – auch viele Jahre nach der Eheschliessung. In Fällen, in denen das Vermögen hauptsächlich aus der Erbschaft eines Ehegatten besteht, also einseitig Eigengut vorhanden ist, eignet sich die Gütergemeinschaft ausgezeichnet zur Besserstellung des weniger begüterten Ehegattens, weil die Errungenschaft zum gemeinsamen Gesamtgut zählt.

Für kinderlose Ehepaare ist eine Gütergemeinschaft mit Zuweisung des Gesamtgutes an den überlebenden Partner besonders nützlich: Damit kann der Anspruch der Eltern auf einen Pflichtteil weitgehend aufgehoben werden.

Übertragung des Nutzniessungsrechts

Eine Begünstigung des überlebenden Ehegatten ist auch möglich durch die Übertragung des Nutzniessungsrechts am gesamten Nachlass. Für diesen Fall schreibt das Gesetz dem überlebenden Partner 3/8 des Nachlasses zu Eigentum und 5/8 zur Nutzniessung zu.

Die Nutzniessung kann dem überlebenden Ehegatten testamentarisch zugesprochen werden. Es lohnt sich hier wie in den anderen beschriebenen Fällen, ein öffentliches Testament zu errichten (vgl. Abschnitt «Der letzte Wille»). Das Nutzniessungsrecht an einer Liegenschaft sollte zudem im Grundbuch vermerkt werden.

Bei Wiederverheiratung verliert der Überlebende die Nutzniessung am pflichtteilsgeschützten Nachlass der Kinder.

Erbverzicht

Bei einem Erbverzicht (nicht zu verwechseln mit der Erbausschlagung) verzichten die Nachkommen vertraglich vorerst auf ihre Ansprüche am Nachlass des erstverstorbenen Elternteils. Sie treten ihr Erbe erst nach dem Tod beider Eltern an.

Ein Erbverzicht muss in einem Erbvertrag notariell beglaubigt werden: Die Ehepartner sprechen einander gegenseitig den gesamten Nachlass zu, und die Kinder geben eine Verzichtserklärung ab.

Ein Erbverzicht sollte immer offiziell geregelt werden, sonst lauern Steuerüberraschungen. Es gibt Kantone (beispielsweise ZH und BE), die Erbschaftssteuern auf den Vermögensübergang erheben, wie er gesetzlich stattfindet. Verzichten die Nachkommen auf den formellen Rahmen, so werden dreimal Steuern fällig: Besteuert wird der Vermögensübergang an die Nachkommen, die Schenkung an den überlebenden Elternteil und nach dessen Ableben nochmals der Vermögensübergang an die Nachkommen.

Erbschaftsplanung mit Begünstigung des Ehepartners

1. Gegenseitige Zuweisung des Vorschlages (eherechtlich)	2. Gütergemeinschaft (Wechsel des Güterstandes) (eherechtlich)	3. Zuweisung der Nutzniessung (erbrechtlich)	4. Erbverzicht (erbrechtlich)
Der gesamte Vorschlag (Errungenschaft) wird dem hinterbliebenen Ehegatten zugesprochen	Das Gesamtgut wird dem hinterbliebenen Ehegatten zugesprochen	3/8 des Nachlasses zu Eigentum, 5/8 zur Nutzniessung durch den überlebenden Ehegatten	Die Nachkommen verzichten auf ihren Erbteil, bis auch der zweite Elternteil verstorben ist
In den Nachlass fällt nur das Eigengut des Verstorbenen; davon gehören 2/8 dem überlebenden Ehepartner, 3/8 können ihm zusätzlich im Rahmen der freien Quote zugesprochen werden	In den Nachlass fällt nur das Eigengut des Verstorbenen. In der Gütergemeinschaft gehören zum Eigengut nur Gegenstände zum persönlichen Gebrauch und Genugtuungsansprüche	Der Nachlass setzt sich zusammen aus dem Eigengut des Verstorbenen und der Hälfte seiner Errungenschaft sowie der Hälfte der Errungenschaft des überlebenden Partners	Der gesamte Nachlass bleibt beim überlebenden Ehepartner
Öffentliche Beurkundung über die volle Zuteilung des Vorschlages empfehlenswert	Öffentliche Beurkundung der Gütergemeinschaft notwendig. Öffentliche Beurkundung der vollen Zuteilung des Gesamtguts empfehlenswert	Öffentliche Beurkundung über die Zuteilung der Nutzniessung empfehlenswert	Öffentliche Beurkundung des Erbverzichts notwendig
Form: Ehevertrag	Form: Ehevertrag	Form: Testament, evtl. zusätzlich Ehevertrag	Form: Erbvertrag
Kein Einverständnis der Kinder erforderlich	Kein Einverständnis der Kinder erforderlich	Kein Einverständnis der Kinder erforderlich	Notariell beglaubigtes Einverständnis der Kinder erforderlich
Pflichtteilsverletzung bei nicht-gemeinsamen Nachkommen; notariell beglaubigtes Einverständnis erforderlich	Pflichtteilsverletzung bei nicht-gemeinsamen Nachkommen; notariell beglaubigtes Einverständnis erforderlich	Pflichtteilsverletzung bei nicht-gemeinsamen Nachkommen; notariell beglaubigtes Einverständnis erforderlich	Pflichtteilsverletzung bei nicht-gemeinsamen Nachkommen; notariell beglaubigtes Einverständnis erforderlich

Spezialfälle

Altersheirat Die Zahl der Ehen, die in der zweiten Lebenshälfte geschlossen werden, nimmt stetig zu. Erbrechtlich können solche Ehen kompliziert werden, wenn nicht-gemeinsame Nachkommen vorhanden sind. Ist eine Vermischung der beiden Vermögen unerwünscht, ist ein gegenseitiger Erbverzichtsvertrag ein geeignetes Mittel. In diesem Vertrag wird vereinbart, dass der Nachlass an die blutsverwandten Erben fällt.

Eine andere, elegante Möglichkeit der Nachlassregelung bei Zweitehen: die Nacherbfolge. Der Ehegatte wird im Erbvertrag als Vorerbe, die Kinder aus erster Ehe werden als Nacherben eingesetzt. Damit wird der überlebende Ehegatte normal begünstigt; die Nacherbschaft aber kann nicht in fremde Hände fallen – auch dann nicht, wenn zum Beispiel bei einer Wiederverheiratung neue Pflichtteilsrechte geschaffen würden.

Konkubinat Erbrechtlich ist eine Konkubinatsverbindung inexistent. Jeder Partner hat seine Vermögenswerte, die er an die gesetzlichen Erben vererbt, der Konkubinatspartner geht leer aus. Nur wenn der Partner in einem Testament oder Erbvertrag bedacht wird, erhält er – unter Wahrung der Pflichtteile – den übrigen Nachlass.

Anders als bei einer Scheidung, die alle erbrechtlichen Bindungen löst, bleibt ein Erbvertrag auch nach dem Ende eines Konkubinats bestehen, es sei denn, die Bedingungen einer Auflösung seien im Vertrag festgehalten, zum Beispiel bei Aufhebung des gemeinsamen Wohnsitzes.

Die Möglichkeiten, sich gegenseitig zu begünstigen, sind im Konkubinat stark eingeschränkt, sobald es Nachkommen mit Pflichtteilsansprüchen gibt.

Begünstigung durch Lebensversicherungen

Lebensversicherungen kennen eine besondere Form der Begünstigung: Die Versicherungsleistung fällt direkt der begünstigten Person zu. Der Rückkaufswert, der aktuelle Sparwert der Versicherung also, wird aber rechnerisch dem Nachlass zugeschlagen. Ist durch die Auszahlung des Sparguthabens ein Pflichtteil verletzt worden, muss die zu Unrecht bedachte Person eine Ausgleichszahlung leisten.

Um einen Konkubinatspartner ausserordentlich zu begünstigen, eignet sich eine reine Risikoversicherung am besten. Der Risikoteil bildet keinen Bestandteil des Nachlasses, weil das Guthaben erst durch das Ableben des Erblassers begründet wird. Die fällige Versicherungssumme wird unter Wahrung aller erbrechtlichen Bestimmungen vollumfänglich dem Begünstigten gutgeschrieben.

Natürlich müssen Steuern bezahlt werden, jedoch nicht Erbschaftssteuern zum hohen Nichtverwandten-Tarif, sondern Einkommenssteuern zum privilegierten Rentensatz, wie bei Auszahlungen aus der Säule 3a (mehr dazu in der VZ-Publikation «Steuer-Tip»).

Enterbung

Bei einer Enterbung wird der Pflichtteilsanspruch herabgesetzt oder ganz gestrichen. Das Gesetz unterscheidet zwischen der Straf- und der Präventiventerbung.

Voraussetzung für die seltene Strafenterbung ist ein hinreichend schwerer Grund, namentlich ein Verbrechen gegen den Erblasser oder dessen Familie oder die schwere Verletzung familienrechtlicher Pflichten. Erbrechtlich werden enterbte Personen behandelt wie Verstorbene: Die Pflichtteile für die Nachkommen des Enterbten werden ausbezahlt oder verwaltet.

Mit einer Präventiventerbung eines zahlungsunfähigen Erbens will der Erblasser verhindern, dass die Erbschaft direkt an die Gläubiger geht. Er kann veranlassen, dass die

Hälfte des Pflichtteils direkt den Nachkommen des verschuldeten Erben ausbezahlt wird. Sind keine Nachkommen da, ist eine Präventiventerbung nicht möglich.

Domizil im Ausland Wer sein Altersdomizil im Ausland hat, kann seinen Nachlass nicht beliebig schweizerischem Recht unterstellen. Der Staat, in dem der letzte dauerhafte Aufenthaltsort war, kann aufgrund seiner territorialen Hoheit bestimmen, welches Erbrecht im Todesfall anzuwenden ist. Auslandschweizer müssen sich nach den Regelungen des Gastlandes richten, das auf Wunsch Heimatrecht gestatten kann.

Auskunft zur Praxis einzelner Staaten erteilt die Sektion internationales Privatrecht im Bundesamt für Justiz in Bern.

Der letzte Wille

Das Schweizer Gesetz kennt drei Arten von Testament: das eigenhändige, das öffentliche und das mündliche. Neunzig Prozent aller Testamente werden eigenhändig geschrieben.

Das eigenhändige Testament

Ein eigenhändiges Testament ist gültig, wenn der Erblasser selber seinen letzten Willen von Anfang bis Schluss von Hand niederschreibt, das Schreiben mit Ort und Datum versieht und unterzeichnet.

Es ist keine Bestätigung durch Zeugen und auch keine Hinterlegung auf einer Amtsstelle erforderlich. Doch wer sichergehen will, dass das Testament seinen Zweck erfüllt, übergibt es der zuständigen Amtsstelle, die vom Tod Kenntnis erhalten wird (vgl. letzte zwei Seiten dieses Kapitels). Die Aufbewahrung kostet ein paar Franken jährlich.

Abzuraten ist von der Aufbewahrung durch eine Vertrauensperson: Es ist nicht sichergestellt, dass sie vom Ableben Kenntnis erhalten wird.

Eigenhändige Testamente geben wegen des fehlenden Sachverstandes des Verfassers oder unklarer Formulierungen oft Anlass zu Erbstreitigkeiten. Sie sollten daher von einer Fachperson auf ihre Richtigkeit und Verständlichkeit überprüft werden.

Das öffentliche Testament

Das öffentliche Testament wird von einer Urkundsperson nach Vorlage des Erblassers abgefasst und bei der Amtsstelle hinterlegt. Das Verfahren ist mit zwei Zeugen etwas aufwendiger, aber es stellt die rechtskundige Beratung, die Aufbewahrung und die Echtheit des Dokuments sicher. Die Ausstellung des Testaments kostet in diesem Fall rund zwei- bis dreihundert Franken. Ein Aufwand, der sich bestimmt lohnt.

Das mündliche Testament

Das mündliche Testament ist nur für Notfälle vorgesehen, in denen der Erblasser sich keiner anderen Form mehr bedienen kann. Das mündliche Testament bedarf zweier Zeugen, die den letzten Willen unverzüglich durch die nächste Amtsstelle beurkunden lassen müssen.

Elemente eines Testaments

Wer sein Testament verfassen will, sollte sich vor der Niederschrift mit der Beantwortung einer Reihe von Fragen Klarheit verschaffen sowie auch der Form der Niederschrift genügend Aufmerksamkeit schenken (vgl. Abbildung).

Formvorschriften

Die Formvorschriften für ein Testament sind einzuhalten. Wer Formfehler vermeiden will, hält sich an die gesetzlich vorgesehenen Verfügungsarten.

Inhaltlich geht die Verfügungsfreiheit sehr weit. Nicht gestattet sind einzig unsittliche oder völlig unsinnige Anordnungen oder Auflagen.

Widerrufung

Mit der Widerrufung werden sämtliche letztwilligen Verfügungen, die je getroffen worden sind, ausser Kraft gesetzt. Die Widerrufung steht zumeist am Anfang der Niederschrift.

Erbfolge

Die Erbfolge bezeichnet das System der gesetzlichen oder eingesetzten Erben, regelt also, wer Erbe ist.

Erbeinsetzung

Durch Erbeinsetzung wird ein gesetzlicher oder nicht gesetzlicher Erbe mit allen Rechten und Pflichten eingesetzt. Ein nicht gesetzlicher Erbe hat ohne diese formale Begünstigung keine Ansprüche auf das Erbe.

Ein nicht gesetzlicher Erbe wird durch Erbeinsetzung zum eingesetzten Erbe. Das ist bedeutungsvoll: Stirbt ein gesetzlicher Erbe vor dem Erblasser, treten die Nachkom-

Checkliste für Nachlassplanung und Testament

1. Welche Vermögenswerte sind vorhanden, und was fällt in den Nachlass?
2. Wer sind die Erben (Ehegatten, Kinder, Lebenspartner, Eltern, etc.)?
3. Wer ist pflichtteilsberechtigt, und wie hoch sind diese Pflichtteile?
4. Ist die wirtschaftliche Grundlage des Partners nach dem Tod des Erblassers gewährleistet?
5. Entspricht die Erbverteilung gemäss Pflichtteilsrecht und gesetzlicher Erbfolge den persönlichen Wünschen?
6. Falls nicht: Gibt es Möglichkeiten, Wunschvorstellungen den gesetzlichen Vorschriften anzunähern, zum Beispiel mittels Testament, Ehevertrag, Erbvertrag, Wechsel des Güterstandes, Nutzniessung, Lebensversicherung etc.?
7. Sind zu Lebzeiten Zuwendungen gemacht worden, die bei der Erbteilung anzurechnen sind? Wenn ja, wann, was, an wen und in welcher Höhe?
8. Sind in den letzten fünf Jahren unentgeltliche Zuwendungen (Schenkungen) gemacht worden, die zu einer Pflichtteilsverletzung führen könnten? Wenn ja, wann, was, an wen und in welcher Höhe? Wird die Pflichtteilsverletzung bewusst in Kauf genommen?
9. Sollen für den Fall einer Wiederverheiratung des Partners Sicherheitsvorkehrungen zugunsten der Nachkommen getroffen werden (Nacherbeneinsetzung/Nutzniessung)?
10. Erfüllt das Testament die formalen Vorschriften?
11. Ist der Text klar und unmissverständlich formuliert? Geht der Wille des Verfassers daraus eindeutig hervor?
12. Soll das Testament durch eine Fachperson geprüft werden?
13. Ist die Erbteilung so komplex, dass ein Willensvollstrecker oder Erbenvertreter eingesetzt werden soll?
14. Wo kann das Testament aufbewahrt werden, damit es sicher eröffnet wird?

men an die Stelle des Erben, nicht aber die Nachkommen eines eingesetzten Erben.

Es ist also zu empfehlen, den Fall des Vorversterbens eines eingesetzten Erben zu regeln.

Vermächtnis

Mit einem Vermächtnis wird ein einzelner Gegenstand, etwa ein Bankkonto, ein Grundstück oder ein bestimmter Geldbetrag jemandem vermacht, ohne dass dieser formal Erbe wird, also keine Rechte und Pflichten übernimmt. Ein Vermächtnis darf Pflichtteile nicht verletzen.

Teilungsanordnungen

Teilungsanordnungen regeln, wer welche Vermögenswerte erhalten soll. Ohne Teilungsanordnungen müssen die Erben untereinander ausmachen, wer was aus dem Nachlass erhält.

Teilungsvorschriften helfen insbesondere bei komplexen Vermögensverhältnissen, Streitigkeiten zu vermeiden. Sind sich die Erben einig, haben sie das Wahlrecht und können sich sanktionslos über Teilungsanordnungen des Erblassers hinwegsetzen.

Der überlebende Ehegatte hat ausser dem Anrecht auf die selbstbewohnte Familienwohnung keine Vorrechte. Es kann deshalb sinnvoll sein, ihm ein Vorrecht auf bestimmte Vermögensteile einzuräumen, beispielsweise mit der Klausel: «... räume ich meiner Frau/meinem Mann das Recht ein, die von ihr/ihm gewünschten Vermögensteile unter Anrechnung an ihren/seinen Erbteil aus dem gesamten Nachlass auszuwählen».

Die Durchführung der Erbteilung kann zu einem langwierigen, aufreibenden und teuren Verfahren werden. Die einfachste Lösung wäre natürlich, alles zu liquidieren und das Geld zu verteilen. Dieses Vorgehen schadet aber häufig dem Wert des Nachlasses und ist meist auch nicht im Sinn des Erblassers.

Auflage

Die Auflage kann dem Erben eine zumutbare Verpflichtung auferlegen, beispielsweise für den Hund des Erblassers zu sorgen – die Annahme einer Erbschaft kann mit Pflichten verbunden sein. Ist der betroffene Erbe mit der Auflage nicht einverstanden, sollte er die Erbschaft ausschlagen.

Beispiel eines Testaments

Testament (Beispiel)

Ich, ..., geb. ...., wohnhaft in ...., treffe die folgenden letztwilligen Verfügungen:

1. Aufhebung von früheren Testamenten

Ich ersetze alle vorangegangenen Verfügungen, insbesondere mein Testament vom ...., durch diese vorliegende letztwillige Verfügung.

2. Bestimmen der Erben unter Berücksichtigung der Pflichtteile

Als Erben für meinen Nachlass setzte ich meine beiden Kinder .... und .... zu gleichen Teilen ein.

3. Vermächtnis

Der Schweizerischen Krebsliga und dem Schweizer WWF vermache ich je einen Betrag von 50'000 Fr.

4. Teilungsvorschrift

Meinem Sohn .... soll die Liegenschaft in .... gehören, meiner Tochter .... das Haus in .... Das Picasso-Bild soll zum von mir bezahlten Preis von 750'000 Fr. an meine Tochter gehen.

5. Auflage

Sollte meine Tochter .... das Picasso-Bild verkaufen, so besitzt mein Sohn .... das Vorkaufsrecht.

Ort, Datum: ....

Unterschrift: ....

Vorsicht beim Erbvertrag

Der Erbvertrag unterscheidet sich vom Testament dadurch, dass er zwischen zwei oder mehreren Vertragspartnern auf Gegenseitigkeit abgeschlossen wird. Ein Vertrag lässt sich nicht ohne weiteres ändern oder auflösen, es braucht das gegenseitige Einverständnis. Der Abschluss eines Erbvertrages muss also reiflich überlegt werden.

Ein Erbvertrag ist öffentlich zu beurkunden; der Notar verfügt über das erforderliche Fachwissen und gibt gerne Auskunft.

In einem Erbvertrag am häufigsten geregelt werden Erbeinsetzung, Erbabfindung und Erbverzicht.

Erbeinsetzung

Bei einer Erbeinsetzung setzt der Erblasser seinen Vertragspartner als Erbe, allenfalls sogar als Alleinerbe ein. Pflichtteile können auch durch eine solche erbvertragliche Vereinbarung nicht umgangen werden.

Im Erbvertrag kann eine Gegenleistung vereinbart werden in Form von Geld oder geldwerter Leistung, beispielsweise Unterhalt und Pflege des Erblassers bis an sein Lebensende.

Erbverzicht

Mit einem Erbverzicht verzichten der pflichtteilsberechtigte Lebenspartner oder die pflichtteilsberechtigten Nachkommen vorläufig oder endgültig auf ihr Erbe. Der endgültige Erbverzicht kann insbesondere bei komplizierten Familienverhältnissen sinnvoll sein, wenn ein Ehepaar beispielsweise nicht-gemeinsame Nachkommen hat. Meist sollen Erbverzichtsverträge sicherstellen, dass Vermögensteile nicht in familienfremde Hände geraten.

Erbe und Vermächtnis

In einer Nachlassverfügung soll immer klar unterschieden werden zwischen Erbe und Vermächtnis. Ein Vermächtnis ist die Zuwendung einer Sache, einer Spende, eines gewissen

Geldbetrags. Wer ein Vermächtnis erhält, ist Vermächtnisnehmer, nicht Erbe: Er hat keine Rechte und Pflichten und kann sich nicht in den Erbgang einmischen, sondern bloss ein Vermächtnis annehmen oder ablehnen.

Wer als Erbe eingesetzt wird, erhält einen gewissen Prozentsatz des Erbes. Erben können sich einmischen, sie müssen angehört werden, können die sofortige Erbteilung erwirken und müssen das Erbe explizit ausschlagen, wenn es nicht an sie übergehen soll.

Wer ein Testament schreibt, muss sich überlegen, wen er als Erbe einsetzen und wem er ein Vermächtnis hinterlassen will. Erben sollten mit Quoten bedacht werden, die allenfalls mit Sachgegenständen ausgefüllt werden, Vermächtnisnehmer dagegen sind immer mit Geldsummen oder Sachgegenständen zu bedenken, nie mit Quoten.

Pflichtteilsverletzung

Eine Erbteilung, die Pflichtteile verletzt, ist nicht automatisch ungültig. Die Betroffenen müssen gerichtlich gegen eine Verletzung vorgehen. Ein Testament kann angefochten werden innerhalb eines Jahres nach Kenntnisnahme der Pflichtteilsverletzung. Viele Verletzungen bleiben unangefochten, weil die Erben den Willen des Erblassers respektieren.

Wenn ein Gericht eine Verletzung von Pflichtteilen anerkennt, kommt es zu einer Korrektur: Unrechtmässig entrichtete Zuwendungen aus dem Nachlass sind zurückzuzahlen.

Die Umsetzung des letzten Willens

Erbgang Der Erbgang beginnt mit dem Eintritt des Todes und wird mit der Erbteilung abgeschlossen. Das Testament wird eröffnet innerhalb eines Monats nach Ablieferung an die Behörden. Das Testament wird in Gegenwart der Erben eröffnet, soweit sie bekannt und auffindbar sind. Mit der Eröffnung beginnt auch die Anfechtungsfrist, die normalerweise ein Jahr dauert.

Erbschein Gegen Vorlage des Erbscheins sind Banken und Behörden gezwungen, das Erbgut an den bevollmächtigten Erbenvertreter, den Willensvollstrecker oder an sämtliche Erben gemeinsam herauszugeben.

Der Erbschein wird nicht ausgestellt, wenn auch nur ein einziger Erbe die Erbteilung in Frage stellt.

Ausschlagung der Erbschaft Wer vermutet, ein Nachlass bestehe vor allem aus Schulden, hat Grund, eine Erbschaft auszuschlagen. Eine Erbschaft kann ausgeschlagen werden innerhalb einer Frist von drei Monaten, nachdem ein Erbe vom Tod des Erblassers Kenntnis genommen hat. Verpasst der Erbe diese Frist, gilt die Erbschaft als angenommen.

Jede Ausschlagung ist vorbehaltlos: Will ein Erbe seine Erbschaft ausschlagen, darf er sich in keiner Weise in den Erbgang einmischen.

Unklarer Wert der Erbschaft Ist ein Erbe sich nicht sicher über den Wert einer Erbschaft, kann er ein öffentliches Inventar verlangen. Eine solche Massnahme kann sinnvoll sein, weil Erben mit dem Erbantritt sämtliche Rechte und Pflichten übernehmen, also auch die Schulden des Erblassers. Insbesondere bei Liegenschaften mit unklarem Wert und hohen Hypotheken lohnen sich das Inventar und die Neueinschätzung durch einen Experten.

Statt des öffentlichen Inventars kann ein Erbe eine amtliche Liquidation verlangen. Er nimmt damit die Erbschaft an, kann jedoch für Schulden nicht haftbar gemacht werden.

Verdacht auf Betrug

Besteht der Verdacht, dass Vermögenswerte unrechtmässig auf die Seite geschafft werden könnten, sind die Behörden angehalten, den Nachlass zu versiegeln oder ein Sicherungsinventar aufzunehmen. Diese Massnahmen können von den Behörden selber oder aber auf Verlangen eines Erben eingeleitet werden. Droht eine Steuerhinterziehung, erstellt die Steuerbehörde ein Steuerinventar.

Von der Testamentseröffnung bis zur Erbteilung

Testamentseröffnung	Inventarisierung	Annahme/ Ausschlagung	Erbteilung	Erbbescheinigung
Einreichung des Testaments bei den zuständigen Behörden Testamentseröffnung durch Behörde innert Monatsfrist Eröffnung vor allen anwesenden Erben Beginn der Anfechtungsfrist (1 Jahr)	Antrag auf Inventarisierung innert Monatsfrist durch gesetzliche(n) Erben Auskunft über Vermögensverhältnisse des Erblassers Steuerinventar	Annahme der Erbschaft; Erbe haftet für alle Verpflichtungen Ausschlagung der Erbschaft innert 3 Monaten Möglicher Antrag auf Liquidation; damit keine Übernahme von Verpflichtungen	Vorbereitende und durchführende Funktion des Willensvollstreckers, falls vorhanden Einigung der Erbengemeinschaft auf Erbteilung	Ausweisdokument für rechtmässige Erben Ausweis gegenüber Banken und Behörden Herausgabe des Erbteils auf Verlangen an Erbenvertreter resp. Willensvollstrecker

Erbengemeinschaft Eine Erbengemeinschaft beginnt mit dem Tod des Erblassers und dauert bis zur Teilung der Erbschaft. Allen Erben gehört alles, sie sind nur gemeinsam handlungs- und entscheidungsfähig. Es gibt keine Mehrheitsbeschlüsse, die Grösse des Erbteils spielt keine Rolle. Die Chancen, bei Meinungsverschiedenheiten oder gar einem Streit eine Lösung zu finden, sind damit sehr beschränkt.

Die Erbengemeinschaft ist nur als Zwischenstadium gedacht. Jeder Erbe kann jederzeit die sofortige Aufteilung des Erbes verlangen.

Die Erbengemeinschaft kann einen bevollmächtigten Erbenvertreter bestimmen (meist einen Miterben), der Verhandlungen mit Banken und Behördern führt, um die Erbteilung voranzubringen.

Willensvollstrecker Während der Erbenvertreter von der Erbengemeinschaft eingesetzt wird, wird der Willensvollstrecker testamentarisch vom Erblasser bestimmt. Ein Willlensvollstrecker hat vierzehn Tage Zeit, um über Annahme oder Ablehnung des Mandates zu entscheiden.

Der Willensvollstrecker verwaltet den Nachlass (oft eine reine Liegenschaften- und Vermögensverwaltungsaufgabe). Er bereitet die Erbteilung vor und führt sie durch. Er ist unter anderem befugt, Schulden zu tilgen, Vermächtnisse auszurichten und Teile des Nachlasses zu veräussern, um flüssige Mittel zu beschaffen.

Ein von allen Erben akzeptierter Willensvollstrecker trägt massgeblich zu einer raschen und reibungslosen Erbteilung bei. Nach dem Vollzug der Erbteilung ist seine Arbeit beendet.

Der Willensvollstrecker hat Anspruch auf eine angemessene Entschädigung. Die Meinungen, was darunter zu verstehen sei, gehen allerding auseinander. Üblich ist eine

Entschädigung zwischen einem halben und fünf Prozent des Nachlassvermögens.

Erbteilung Wenn die Erben sich nicht auf eine Teilung einigen können, werden gleich viele Lose gebildet, wie Erben vorhanden sind. Im schlechtesten Fall, wenn die Erben auf völlig unvereinbaren Positionen beharren, werden die Lose gerichtlich festgesetzt und in einer Losziehung verteilt.

Erbschaftssteuern Keine Erbteilung ohne Steuern: Die Erbschaftssteuer wird von den Kantonen erhoben (der Bund kennt keine Erbschaftssteuer). Sie wird von den Erben geschuldet. Massgeblich für den Steuersatz ist das Wohndomizil des Erblassers. Die Erben haften solidarisch für die Steuerschuld.

Die Steuersätze sind je nach Kanton sehr unterschiedlich und abhängig von der Höhe des Vermögensübergangs und vom Verwandschaftsgrad: Je näher verwandt Erblasser und Erbe, desto geringer die Steuer, für Ehegatten entfällt sie häufig ganz. Im Kanton Zürich bezahlen Kinder und Eltern 2% bis 6%. Der Satz erhöht sich bis zu einem maximalen Satz von 36% für einen Erbübergang zwischen Nicht-Verwandten.

In anderen Kantonen bewegt sich der Satz der Erbschaftssteuer zwischen 0% (z.B. Kanton Schwyz, ohne Erbschaftssteuer) und 59% (Kanton Glarus). Der maximale Satz wird übrigens auch angewandt, wenn eine Familienstiftung gegründet wird: Der Übergang vom Privat- ins Stiftungsvermögen wird behandelt wie ein Vermögensübergang zwischen nicht-verwandten Personen. In allen Kantonen fällt die Erbschaftssteuer wesentlich milder aus, wenn das Vermögen unter Vorbehalt der lebenslänglichen Nutzniessung verschenkt wird.

KAPITEL 8

Pflege und ihre Kosten

«Jeder unserer alten Staatsbürger hat das Recht, nützlich zu sein, das Recht eine Beschäftigung auszuüben, das Recht unabhängig zu leben, das Recht, in Würde zu leben und zu sterben.»

John F. Kennedy

Betreuung im Alter

Rund achtzig Prozent aller alten und unterstützungsbedürftigen Menschen der Schweiz werden in der Familie betreut. Das ist das übereinstimmende Ergebnis verschiedener Untersuchungen. Die Behauptung, unsere Gesellschaft schiebe die alten Menschen in Alters- und Pflegeheime ab, entspricht also nicht der Realität.

Betreuung im Alter

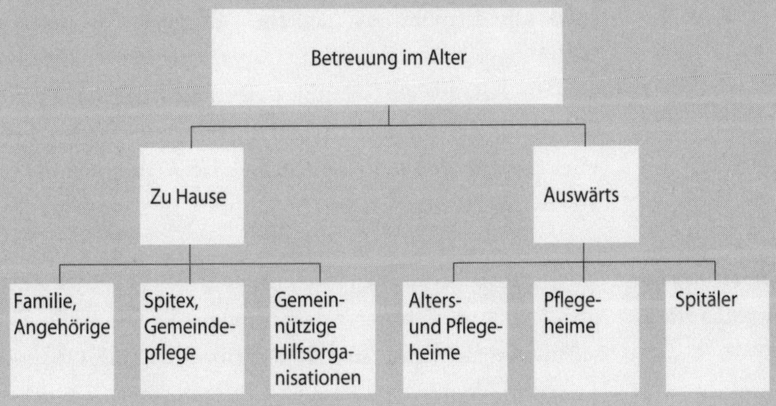

Das Betreuungsangebot ist vielfältiger und breiter geworden durch den Ausbau der Spitex, der spitalexternen Pflege, und der gemeinnützigen Hilfsorganisationen: Es reicht von der

Pflege in der Familie über lokale Hilfsorganisationen bis hin zu externen Heim- und Spitaldienstleistungen.

Grenzen der Familienpflege

Die Pflege in der Familie ist wohl die würdigste und wünschenswerteste Form der Betreuung. Tatsächlich wird auch der grösste Teil der hilfsbedürftigen Alten in der Schweiz von der Familie betreut, vor allem von den Frauen. Statistisch sind es zu rund vier Fünfteln die Ehefrauen, meist selber schon betagt, sowie die Töchter und Schwiegertöchter, die Angehörige pflegen.

Für kleinere oder vorübergehende Hilfestellungen ist die Pflege in der Familie problemlos. Schwieriger wird es, wenn Hochbetagte während Jahren der Pflege bedürfen. Die Last der Pflege liegt oft bei einem einzigen Menschen, der vielfach ohne bewusste Entscheidung allmählich in die Verantwortung hineingeraten ist.

Die Langzeitpflege von bettlägerigen Patienten ist äusserst anstrengend und aufreibend. Die Einsatzbereitschaft rund um die Uhr, die täglichen Pflegeverrichtungen in Wohnungen, die nicht für Dauerpatienten eingerichtet sind, und die soziale Isolation treiben die Pflegenden oft an den Rand der physischen und psychischen Erschöpfung. Hier erreicht die Familienpflege ihre Grenzen und muss von aussen unterstützt werden.

Aufwertung der Familienpflege

Zu den sozialpolitischen Massnahmen, welche die Familienpflege aufwerten, gehören insbesondere die finanzielle Entschädigung der Pflege und die Arbeitsteilung mit Organisationen wie Spitex, Spitälern und Pflegeheimen. Ein Schritt in die richtige Richtung ist in der 10. AHV-Revision gemacht worden, die Betreuungsgutschriften gebracht hat: Seit dem 1. Januar 1997 bewertet die AHV die private Pflege mit einem AHV-Lohn von 35'820 Franken.

Aufwertung der Familienpflege

Finanzielle Entschädigung der Pflegeleistung

Gezielte Unterstützung durch Spitex-Dienste und halbstationäre Einrichtungen wie Tageskliniken

Unentgeltliche Aus- und Weiterbildung der Pflegenden

Entlastung durch temporäre Heimplätze, um Erholungspausen und Ferien zu ermöglichen

Organisation von Erfahrungsaustausch und gegenseitiger Unterstützung

Quelle: Leben ab sechzig, Beobachter

Entschädigung von Pflegearbeit aus dem Nachlass

Die Anrechnung eines fiktiven AHV-Lohnes ist zu begrüssen, aber eine wirkliche Entschädigung ist sie nicht. Eine Lohnzahlung für private Pflegeleistungen steht nicht zur Diskussion, denn Pflegeleistungen innerhalb der Familie entsprechen einem moralischen Gebot. Doch es stellt sich die Frage, ob der Pflegeaufwand, den ein Nachkomme oder ein Verwandter für einen Verstorbenen erbracht hat, nicht aus dem Nachlass entschädigt werden sollte.

Das Gesetz sieht eine solche Entschädigung zwar nicht vor, aber sie ist durchaus gerechtfertigt, wenn man bedenkt, wie die Kosten für externe Pflege oder ein Heim den Nachlass in Mitleidenschaft ziehen würden. Um einen Konflikt unter den Erben zu vermeiden, ist eine testamentarische Zuwendung zu empfehlen.

Ambulante Dienste

Viele alte Menschen wissen, dass der Aufenthalt im eigenen Heim mit zunehmendem Alter immer riskanter wird. Sie wünschen sich daher die Gewissheit, dass notfalls jemand erreichbar ist, der Hilfe bringen kann. Neben den Nachbarn und den Verwandten kommt deshalb den Hauspflegediensten und der Spitex eine immer grössere Bedeutung zu. Nicht nur die professionellen und von den Kassen anerkannten Institutionen bieten Hilfestellung an, daneben existiert eine grosse Zahl kleinerer, gemeinnütziger Hilfsorganisationen, die sich im Pflegenotstand der letzten Jahrzehnte gebildet haben: Pikettdienste, Haushalthilfen, Mahlzeitendienste usw. Eine Übersicht über das Angebot in der eigenen Gemeinde erhält man beim Sozialdienst oder bei Pro Senectute.

Übersicht über lokale Hilfsorganisationen

Gemeindekrankenpflege/Spitex
Grund-/Behandlungs- und Aktivierungspflege, Rehabilitationsbemühungen durch Fachpersonen in Absprache mit dem Arzt

Tag- und Nachthilfedienst
Pikettdienst bei verwirrten oder gefährdeten Pflegepatienten zur Entlastung von pflegenden Angehörigen

Haushalthilfe
Übernahme von Haushaltarbeit und Begleitung durch Haushalthilfen

Mahlzeitendienst, Mittagstisch
Angebot in Heimen, Kirchgemeindehäusern oder Quartierzentren

Telefonkette
Anrufe zu vereinbarten Zeiten um sicherzustellen, dass alles in Ordnung ist

Quelle: Leben ab sechzig, Beobachter

Eintritt ins Alters- oder Pflegeheim

Viele alte Menschen wehren sich vehement gegen den Eintritt in ein Altersheim. Der Schritt ins Heim ist für viele gleichbedeutend mit sozialem Abstieg, mit Selbstaufgabe und vor allem mit dem definitiven Anfang des letzten Lebensabschnitts. Das Bild der Öffentlichkeit von den gebrechlichen Alten im Heim spiegelt diese Ängste wider.

Auch viele ältere Menschen haben dieses Bild vom Altersheim und hoffen, in ihren eigenen vier Wänden leben und sterben zu dürfen. Aber nur jedem Fünften wird dieser Wunsch erfüllt.

Das Durchschnittsalter in den Alters- und Pflegeheimen ist in wenigen Jahren von 70 auf über 80 Jahre gestiegen, weil sich immer häufiger nur noch Hochbetagte zum Eintritt entschliessen, meist erst zu einem Zeitpunkt, wo es anders einfach nicht mehr geht.

In den Heimen steigt deshalb der Anteil pflegebedürftiger Hochbetagter, die körperlich und geistig in schlechter Verfassung sind. Kein ermutigendes Bild für jüngere, noch rüstige Pensionäre, die ihren Eintritt ins Heim auch deswegen immer weiter hinausschieben.

Durchschnittsalter der Heimbewohner

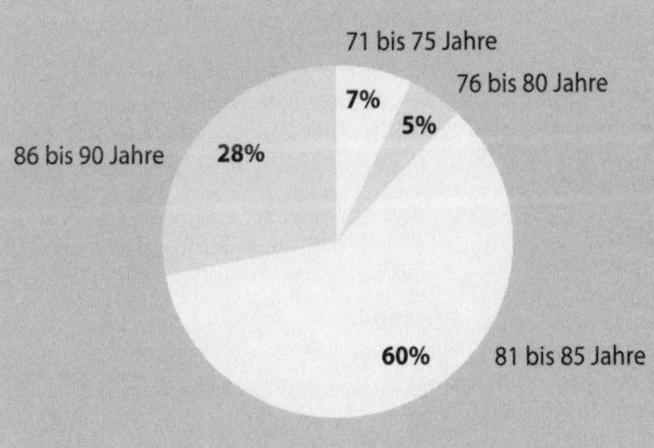

Quelle: VZ-Umfrage 5/97 bei 150 Heimen, Auswertung von 56 Antworten

Die Überalterung ist eine grosse Herausforderung für die Heime, besonders für engagiert geführte. Sie suchen Konzepte, die die Heimbewohner in die umgebende Gemeinde integrieren, und die Öffnung gegen aussen. Sie wollen ihren Bewohnern ein Zuhause bieten, das auf die speziellen Bedürfnisse älterer Menschen zugeschnitten ist, ihnen aber gleichzeitig eine möglichst grosse Mitverantwortung ermöglicht.

Wahl des Heimes

Das Altersheim beeinflusst die Länge und die Qualität des letzten Lebensabschnitts ganz entscheidend. Es braucht Geduld, um das richtige Heim auszuwählen und dann unter

Wahl des Heimes: Checkliste

Heimatmosphäre
- Freundlichkeit und Ausstrahlung des Personals und der Umgebung
- Restriktive oder liberale Hausordnung
- Aktivitäten und Unterhaltungsangebote

Mitverantwortung
- Übernahme von Aufgaben
- Mitgestaltung des Heimbetriebes
- Rolle in einer neuen Umgebung

Betreuungs- und Pflegeangebot
- Bietet das Heim genügend Pflegeplätze auch für Chronischkranke oder geistig Verwirrte?
- Kann das eigene Zimmer auch bei Pflegebedürftigkeit behalten werden?
- Bestehen Einnahmepflicht für Medikamente und Therapiezwang?

Preisbildung
- Wie hoch ist die Grundtaxe?
- Wie hoch sind die Pflegekosten?
- Ist die Preisbildung abhängig von der Vermögenssituation?

Umständen einige Monate oder gar Jahre auf den Eintritt zu warten. Viele Betagte sind bei der Suche nach dem richtigen Heim auf Unterstützung angewiesen. Bei den Angehörigen liegt die Verantwortung für die Wahl des geeigneten Heimes. Ein Heim darf keinesfalls zufällig gewählt werden, beispielsweise wegen der Lage in der Nachbarschaft. Engagiert geführte unterscheiden sich massgeblich von schlechten Heimen. Viele bieten Ferienwochen an und damit die Möglichkeit, ein mögliches künftiges Zuhause auszuprobieren.

Anmeldung Wer freiwillig und auf eigene Initiative ins Heim eintritt, ist viel eher bereit, sich an eine neue Umgebung anzupassen. Doch melden sich bedauerlicherweise die Pensionäre viel zu selten selber im Heim an. Weniger als ein Drittel der alten Menschen meldet sich eigenhändig an, 42% werden durch die Angehörigen angemeldet, 11% durch den Arzt und 10% durch die Behörden.

Wer Heimbewohner anmeldet

in %

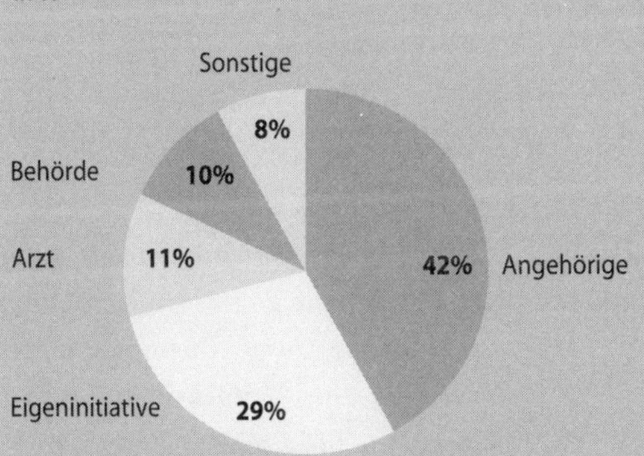

Quelle: VZ-Umfrage 5/97 bei 150 Heimen, Auswertung von 56 Antworten

Wartezeiten

Es ist damit zu rechnen, dass der Eintritt in ein Heim nicht sofort nach der Anmeldung erfolgen kann, sondern bis zu zwei Jahren gewartet werden muss – möglicherweise eine schwierige und zermürbende Zeit.

Bis vor einigen Jahren waren Wartelisten die Regel mit Dutzenden, manchmal Hunderten von Eintrittsbereiten, die auf einen freien Platz im Heim warteten. Die Wartelisten sind kürzer geworden, vielerorts gibt es gar keine mehr, obwohl die Zahl der Alten steigt. Wartelisten und entsprechend Wartezeiten können ein Hinweis darauf sein, dass ein Heim beliebt und ein Platz darin begehrt ist.

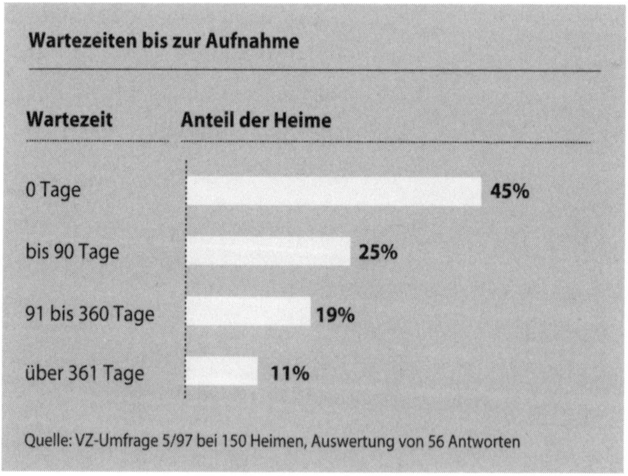

Anspruch auf einen Heimplatz

Die Aufnahmebedingungen der Heime sind unterschiedlich. Öffentliche Heime und gemeinnützige Stiftungen bevorzugen langjährige Einwohner der Trägergemeinden. Erst in zweiter Linie berücksichtigen sie Zuzüger aus andern Gemeinden oder einem andern Kanton – und verlangen dann meistens einen höheren Preis. Ortswechsel im Alter können deshalb den Eintritt in ein gemeindeeigenes Heim erschweren oder gar verunmöglichen. Diesem Umstand muss bei der Wahl des Altersdomizils Rechnung getragen werden.

Heime für Angehörige bestimmter sozialer oder religiöser Gruppierungen nehmen ausschliesslich eigene Mitglieder auf.

Kommerziell ausgerichtete Altersresidenzen akzeptieren nur zahlungskräftige Pensionäre. Solche Residenzen haben oft keine Pflegeplätze, so dass pflegebedürftige Alte dann nochmals umziehen müssen. Es lohnt sich, diesen Punkt zum voraus abzuklären.

Pflegeheime und privates Vermögen

Alters- und Pflegeheime und ihre Kosten

Alters- und Pflegeheime lassen sich einteilen in öffentliche, halbprivate und private Heime. Eine andere mögliche Kategorisierung teilt sie in Alterswohnheime, Alters- und Pflegeheime sowie Pflegeheime. Die Zugehörigkeit zu einer bestimmten Kategorie gibt noch keinen Aufschluss über die Qualität und nur einen groben Hinweis auf die Kosten. Die Heimkosten setzen sich zusammen aus der Grundtaxe (in der Regel am tiefsten in den öffentlichen Alters- und Pflegeheimen) und den Pflegekosten, die je nach Grad der Pflegebedürftigkeit unterschiedlich sind.

Preise von Alters- und Pflegeheimen

Pro Monat	**Öffentliche Alters- und Pflegeheime**	**Private Alters- und Pflegeheime**	**Private Alters-residenzen**
Träger/Besitzer	Gemeinden, Gemeindeverbände	Privatpersonen oder Firmen	Privatpersonen oder Firmen
Charakter	Gemeinnützig	Privatwirtschaftlich	Privatwirtschaftlich
Grundtaxe Durchschnitt	2'700 Fr.	3'600 Fr.	3'800 Fr.
Pflegezuschlag Durchschnitt			
• Stufe 1	1'700 Fr.	2'400 Fr.	ohne Pflege
• Stufe 2	2'500 Fr.	2'900 Fr.	ohne Pflege
• Stufe 3	3'400 Fr.	3'800 Fr.	ohne Pflege
• Stufe 4	3'900 Fr.	4'600 Fr.	ohne Pflege
Vermögenszuschlag	Meistens	Nein	Nein

Quelle: VZ-Umfrage 5/97 bei 150 Heimen, Auswertung von 56 Antworten

Die Heime sind in ihrer Preisgestaltung frei. Viele öffentliche Heime versuchen, ihre Preispolitik abzustimmen. Zusammenschlüsse von Heimen wenden einheitliche Kostenansätze an.

Der Pflegezuschlag richtet sich in der Regel nach einem speziellen Taxpunktsystem: Dieses unterscheidet vier Stufen von Pflegezuschlägen und versucht, die Pflege- und Unterstützungsleistungen in einem differenzierten Kriterienkatalog zu erfassen.[1]

Hauptinitiant dieses Punktesystems ist die Stadt Zürich, Trägerin von 28 Altersheimen. Viele öffentliche und private Heime in der ganzen Schweiz haben das gleiche Punktesystem eingeführt – teilweise mit anderen Preisansätzen. In welchem Ausmass künftig die Krankenkassen Pflegekosten übernehmen, ist noch nicht restlos geklärt: Im Streit um die Pflegetaxen muss der Bundesrat entscheiden.

Preise abhängig vom Vermögen

Die Angst, als Pflegefall in ein Heim eingeliefert zu werden und wegen der hohen Kosten das Vermögen zu verlieren, beschäftigt viele Pensionäre und ihre Angehörigen. Tatsächlich bewegen sich die Pflegeheimkosten oft in astronomischen Höhen, wobei Teile der Kosten sich in Prozenten des Vermögens oder Einkommens bemessen.

Bei Ehepaaren kommt das Pflegeheim quasi als zweiter Haushalt hinzu, denn die bisherigen Lebenshaltungskosten bleiben für den selbständigen Partner bestehen.

Öffentliche Heime: Zuschlag für Vermögen

Untersuchungen zeigen, dass besonders die Pensionäre in den öffentlichen Alters- und Pflegeheimen oft aus bescheideneren sozialen Verhältnissen kommen als die selbständig lebenden Gleichaltrigen. Entsprechend muss die öffentliche

1 Das System «BAK» wurde per 1997 abgelöst durch ein neues System «BESA»: BewohnerInnen – Einstufungs- und Abrechnungssystem.

Hand die Heimplätze subventionieren. Rund siebzig Prozent der Bewohner kommunaler Heime sind Sozialhilfeempfänger.

Die meisten öffentlichen Heime erheben abhängig von Reinvermögen und Reineinkommen einen Preiszuschlag und begründen ihn mit dem sozialen Ausgleich. Richtgrösse ist ein Zuschlag von monatlich 30 Franken pro 10'000 Franken Reinvermögen oder 1'000 Franken Reineinkommen.

Bei einem Vermögen von 500'000 Franken beträgt der monatliche Zuschlag also 1'500 Franken, umgerechnet auf ein Jahr 18'000 Franken oder 3,6% des Vermögens. Bringt dieses Vermögen einen Zinsertrag von brutto 4%, wird nochmals ein monatlicher Einkommens-Zuschlag von 600 Franken erhoben. Dieser Betrag entspricht weiteren 1,4% des Vermögens. Insgesamt macht der Zuschlag also jährlich 5% des Vermögens aus. Rechnet man Steuern und Bankgebühren hinzu, wird klar, dass der Zuschlag nicht aus dem Vermögensertrag bezahlt werden kann und an die Substanz geht.

Der Vermögenszuschlag kann den Heimaufenthalt massiv verteuern. Allerdings begrenzen die meisten öffentlichen Heime den Zuschlag auf rund 3'000 Franken monatlich. Dieser Maximalsatz entspricht je nach Tarif etwa einer Million Franken Reinvermögen oder hunderttausend Franken Reineinkommen.

Private Heime: Preis unabhängig vom Vermögen

Entgegen der Erwartung legen private Heime ihre Preise unabhängig vom Vermögen fest. Sie kalkulieren nach den Kriterien privatwirtschaftlicher Betriebsrechnungen: Ein ausgelastetes Heim arbeitet mit Gewinn. Vermögende Heimbewohner fahren im privaten Heim oft besser, weil sie keinen Zuschlag für Vermögen und Einkommen zahlen müssen.

Preisbildung in Abhängigkeit von Vermögen und Einkommen*

in Fr.

Vermögenshöhe (Reinvermögen)	Preiszuschlag pro Monat	Einkommenshöhe (Reineinkommen)	Preiszuschlag pro Monat
50'000	150	5'000	150
100'000	300	10'000	300
150'000	450	15'000	450
200'000	600	20'000	600
250'000	750	25'000	750
500'000	1'500	50'000	1'500
750'000	2'250	75'000	2'250
1'000'000	3'000	100'000	3'000
5'000'000	15'000	500'000	15'000

* Bei vielen öffentlichen Heimen liegt der maximale Preiszuschlag bei 3'000 Fr. pro Monat

Quelle: VZ-Umfrage 5/97 bei 150 Heimen, Rücklauf von 56 Heimen

Dass private Heime (nicht zu verwechseln mit privaten, aber gemeinnützigen Stiftungen) und Altersresidenzen gewinnorientiert arbeiten, gibt immer wieder zu Kritik Anlass – zu Unrecht, denn die privatwirtschaftlichen Ansätze fördern die Konkurrenz. Transparenz und verbesserte Qualität sind die Folge. Vergleiche von Qualität, Preis und Leistung, die publiziert werden, tragen zu verbesserten Heimbedingungen bei und sind auch für öffentliche Heime denkbar und wünschbar.

Ausweisung bei Zahlungsunfähigkeit?

Öffentliche Heime sind verpflichtet, die Pensionäre zu behalten, auch wenn diese nicht mehr in der Lage sind, die Kosten zu tragen. Decken die Ergänzungsleistungen der AHV und die öffentliche Sozialhilfe die Kosten nicht, senken die öffentlichen Heime in Härtefällen den Preis. Privatwirtschaftlich organisierte Heime dagegen gewährleisten einen Platz, solange er bezahlt werden kann. Zahlungsunfähigkeit hat mit grösster Wahrscheinlichkeit die Ausweisung aus dem privaten Heim zur Folge.

Zuschlag für Empfänger von Hilflosenentschädigung

Hilflosenentschädigungen sind eine Leistung der AHV/IV. Ihre Höhe entspricht dem Grad der Hilflosigkeit, das Maximum beträgt 796 Franken monatlich (Stand 97). Gelegentlich beansprucht ein Heim diesen Betrag und erhöht den Pensionspreis genau um die Hilflosenentschädigung. Betroffene Pensionäre oder ihre Angehörigen sollten sich in solchen Fällen von der Heimleitung genau erklären lassen, warum die Entschädigung beansprucht wird.

Zuschläge für Zuzüger

Die meisten Heime unterscheiden bei den Tarifen zwischen Einheimischen (aus einer oder mehreren zusammengeschlossenen Gemeinden oder dem Kanton) und Zuzügern. Die Zuschläge für Zuzüger sind beträchtlich und betragen bis zu 3'000 Franken pro Monat.

Die Gründe, die Pensionäre veranlassen, sich für ein Heim ausserhalb des bisherigen Wohnkantons zu entscheiden, sind vielfältig: Vielleicht möchten sie in die Nähe eines Verwandten ziehen oder an den Ort der eigenen Kindheit zurückkehren. Auch steuerliche oder erbrechtliche Überlegungen mögen eine Rolle spielen. Doch aus Kostensicht ist ein solcher Domizilwechsel nicht immer zu empfehlen.

Zwei Beispiele

Ein Heimaufenthalt, verbunden mit grosser Pflegebedürftigkeit, kann sehr teuer zu stehen kommen. Die Preisunterschiede zwischen den einzelnen Heimen sind enorm und (noch) nicht durch bessere Leistungen zu erklären, sondern nur durch unterschiedliche Preisbildung und fehlende

Kostenvergleich: Öffentliches und privates Pflegeheim

Kosten pro Monat	Beispiel eines öffentlichen Pflegeheims[1]	Beispiel eines privaten Pflegeheims[2]
Grundtaxe	3'000	2'250
Zuschlag in Abhängigkeit von Einkommen und Vermögen[3]	3'000	0
Total Grundtaxe	6'000	2'250
Pflegezuschlag • Stufe 1 • Stufe 2 • Stufe 3 • Stufe 4	 300 600 1'500 2'100	 1'350 2'160 3'120 3'900
Grundtaxe und Pflegezuschlag Stufe 4	8'100	6'150
Essen im eigenen Zimmer	150	0
Zuschlag für Bezüger von Hilflosenentschädigung[4]	796	0
Total	9'046	6'150

1) Alterspflegeheim „Sonnenhof" in Affoltern a.A. / ZH
2) Alterspflegeheim „Acherhof" in Schwyz / SZ
3) In diesem Beispiel: 30 Fr. pro 1'000 Fr. Reineinkommen und 30 Fr. pro 10'000 Fr. Reinvermögen, maximal jedoch 3'000 Fr.
4) Die Hilflosenentschädigung wird in der Höhe der Leistung als Preiszuschlag erhoben.

Transparenz. Vergleicht man Preise, sind überraschende Ergebnisse möglich: In der obenstehenden Abbildung ein Preisvergleich aus der Praxis, bei dem ein privates Heim deutlich besser abschneidet als ein öffentliches – für Pensionäre mit Vermögen. Die höheren Pflegekosten im privaten Heim werden durch das Fehlen von Vermögenszuschlägen mehr als ausgeglichen.

Beiträge der Krankenkasse

Das neue Krankenversicherungsgesetz sieht vor, dass die obligatorische Grundversicherung jeder Krankenkasse einen Beitrag an die Kosten von Heimen ausrichtet, die vom Konkordat der Krankenkassen anerkannt sind. Die Höhe der Leistung ist kantonal unterschiedlich und wird gegenwärtig von den Vertragsparteien ausgehandelt.

Die einzigen Kassen, die eine Zusatzversicherung für Chronischkrankenpflege anbieten, sind Helsana, Sanitas und Visana (Stand 6/97). Die CSS führt ihren entsprechenden Tarif für bestehende Versicherte weiter, er kann jedoch nicht mehr abgeschlossen werden. Visana zahlt bei stationärer Lang-zeitpflege die versicherten Beiträge nur, wenn der Versicherte eine Unterhaltspflicht zu erfüllen hat und über kein nennenswertes Privatvermögen verfügt. Die Kasse stützt sich bei dieser Praxis auf ein fünfzehn Jahre altes Bundesgerichtsurteil. Da Visana das Unzeitgemässe des Tarifs einsieht, sind Änderungen geplant. So bleiben Helsana und Sanitas die einzigen grösseren Kassen, die Langzeitpflege speziell versichern. Der Tarif «Cura» von Helsana bezahlt als einziger den versicherten Betrag (10 bis maximal 150 Franken pro Tag) ohne zeitliche Beschränkung. Es kann eine Wartefrist von 30 bis 270 Tagen eingebaut werden mit entsprechender Prämienverbilligung.

Strategien zum Schutz des Vermögens

Der Wunsch, nicht die gesamten Ersparnisse für die Pflegekosten einzusetzen, lässt viele Pensionäre nach Möglichkeiten suchen, ihr Vermögen wenigstens teilweise vor fremdem Zugriff zu schützen.

Neuregelung des Erbes Wenn ein Familienmitglied bleibend pflegebedürftig wird, sollten die erbrechtlichen Verhältnisse überprüft werden. Dabei ist insbesondere darauf zu achten, dass der Anspruch des Pflegebedürftigen auf das Minimum, also den Pflichtteil, reduziert wird, so dass er weder im Ehevertrag noch in der freien Quote zusätzlich begünstigt wird. Andernfalls kann es beim Tod des gesunden Partners ungewollt so weit kommen, dass das Pflegeheim zusätzliche Kostendeckungsbeiträge erhält: Wenn die über den Pflichtteil hinausgehende Erbschaft an den Pflegebedürftigen und damit an das Heim geht statt an die Kinder.

Schenkung Eine beliebte Variante ist die Schenkung von Vermögensteilen an die Kinder. Sie kann mit Auflagen verbunden sein, die Schenkung einer Liegenschaft zum Beispiel mit einem lebenslänglichen Wohnrecht. Wichtig: Die Schenkung muss mindestens fünf Jahre vor dem Heimeintritt erfolgen, damit sie nicht als gezielter Vermögenstransfer zur Umgehung von Heimkosten interpretiert werden kann.

Leibrente mit Rückgewähr Wer eine Leibrente bezieht, hat sein Vermögen vor fremdem Zugriff geschützt. Er übergibt es der Versicherungsgesellschaft und erwirbt dafür das Recht auf eine lebenslange Rente. Auch wenn die Kosten das Renteneinkommen übertreffen, kann nicht auf das Vermögen zugegriffen werden. Dank der Leibrentenversicherung geht der Vermögensverzehr also wesentlich langsamer vonstatten, als wenn das Heim über Vermögenszuschläge auf das Kapital zugreifen kann. Somit steigt die Wahrscheinlichkeit, dass ein Rest des Kapitals erhalten bleibt.

Im nebenstehenden Beispiel liegt der Vermögensverzehr dank Leibrente jährlich rund 20'000 Franken tiefer. Für die Kostendeckung stehen in diesem Fall monatlich 5'800 Franken zur Verfügung. Nach sieben Jahren sind bei der Leibrente noch 290'000 Franken vorhanden gegenüber 223'000 Franken beim direkten Verzehr.

Der Rentenumwandlungssatz ist tiefer, wenn eine Leibrente gemeinsam mit einem jüngeren Versicherten auf zwei Leben statt nur auf eines ausgerichtet wird. Auch damit wird der Kapitalverzehr verlangsamt (vgl. Abbildung).

Die Leibrente wird je nach Familienverhältnissen für die beiden Ehepartner oder für den Pflegebedürftigen und sein Kind abgeschlossen. Gibt es mehrere Kinder, kann auch mit jedem von ihnen eine gemeinsame Rente abgeschlossen werden.

Zugriff auf das Vermögen des Ehepartners und der Kinder

Genügen die laufenden Einnahmen nicht, um die Heimkosten zu decken, wird auf das Vermögen zurückgegriffen, auf das der Pflegebedürftige güterrechtlich Anspruch hat. Ist dieses aufgebraucht, kann der Ehegatte verpflichtet werden, für die zusätzlichen Kosten aufzukommen. Unter Umständen müssen sogar die Kinder zahlen.

Der Rückgriff auf das güterrechtliche Vermögen des Ehepartners ist die Regel. Das Vermögen der Kinder kann beansprucht werden, wenn die Eltern in den fünf Jahren vor dem Heimeintritt eine Schenkung gemacht haben. Sonst können die Kinder nur im Rahmen der Unterstützungspflicht zwischen Verwandten zu Zahlungen verpflichtet werden (vgl. «Unterstützungspflicht»).

Vermögensverzehr mit oder ohne Leibrente

	Vermögensverzehr bei 3% Netto-Zins	Leibrente von 500'000 Fr. auf 2 Leben (Mutter und Sohn), Umwandlungssatz 6%
	Verzehr pro Jahr 50'400 Fr.	**Verzehr pro Jahr/Rente 30'000 Fr.**
Jahr 1	463'844	470'000
Jahr 2	426'603	440'000
Jahr 3	388'245	410'000
Jahr 4	348'737	380'000
Jahr 5	308'043	350'000
Jahr 6	266'128	320'000
Jahr 7	222'956	290'000 *

Beispiel:	Pflegebedürftige Mutter:	80 Jahre alt
	Ersparnisse:	500'000 Fr.
	Sohn:	58 Jahre alt
	AHV-Rente der Mutter:	1'000 Fr./Monat
	Pensionskassen-Rente der Mutter:	1'500 Fr./Monat
	Hilflosenentschädigung:	800 Fr./Monat
	Total Renteneinkommen:	**3'300 Fr./Monat**
	Heimkosten inkl. Pflegekosten:	6'000 Fr./Monat
	Vermögenszuschlag:	1'500 Fr./Monat
	Total Heimkosten:	**7'500 Fr./Monat**
	Aus dem Ersparten zu bezahlen:	**4'200 Fr./Monat** (50'400.– Fr./Jahr)

* Nach dem Tod der Mutter: Wahlweise Auszahlung des Restkapitals oder lebenslängliche Weiterzahlung der Rente an den Sohn

Unterstützungspflicht zwischen Verwandten

In der Hochkonjunktur genügte das Netz der ersten, zweiten und dritten Säule; selten beanspruchte jemand zusätzliche Leistungen der Sozialversicherung, und die Hilfe seiner Verwandten suchte er schon gar nicht. Die Zeiten haben sich geändert: Immer mehr Menschen können den Lebensunterhalt ohne fremde Hilfe nicht finanzieren.

Das Zivilgesetzbuch regelt die familienrechtliche Unterstützungspflicht. Es gewichtet die wirtschaftliche Hilfeleistung zwischen Verwandten eindeutig stärker als die staatliche Sozialhilfe.

Angesichts leerer Kassen haben die Sozialämter die kaum mehr praktizierte Unterstützung durch Verwandte wieder entdeckt: Die Hilfesuchenden sollten sich zuerst an die Verwandten wenden, lautet die gesetzlich geschützte Empfehlung.

Regelung der Unterstützungspflicht

Unterstützungspflichtig sind die Verwandten in auf- und absteigender Linie bis zum Urgrossvater und den Urenkeln. Auch Geschwister müssen sich gegenseitig helfen, sofern sie in «günstigen Verhältnissen» leben, wie es im Gesetzestext heisst. In der Praxis können Geschwister mit einem steuerbaren Einkommen von über 100'000 Franken und einem steuerbaren Vermögen von über 500'000 Franken herangezogen werden.

Nur in Ausnahmefällen zwingt die öffentliche Hand Verwandte zu Zahlungen. Familiäre Solidarität soll zwischen Familienmitgliedern freiwillig spielen. Eine erzwungene Solidarität wird keine sozialen Probleme lösen, sondern belastet das familiäre Netz zusätzlich.

Ist eine Familie zerrüttet – nach jahrelanger Beziehungslosigkeit oder Gewaltätigkeit – kann es unzumutbar sein, Unterstützung einzufordern. In solchen Ausnahmefällen entscheidet das zuständige Sozialamt.

Höhe der Unterstützungspflicht

Unterstützung ist höchstens in der Höhe des Lebensbedarfs zu leisten – das Existenzminimum liegt in der Schweiz gegenwärtig bei 2'000 Franken Monatseinkommen. Verwandte können nicht verpflichtet werden, mehr zu bezahlen, selbst wenn es ihre finanziellen Verhältnisse erlaubten. Sie müssen im übrigen auch keine Schulden des Unterstützungsbedürftigen übernehmen.

Die Höhe der Zahlungen wird begrenzt auch durch die finanziellen Verhältnisse der Unterstützungspflichtigen. Ihre eigene wirtschaftliche Vorsorge soll durch die Beitragszahlungen nicht gefährdet werden.

Die Berechnung der zumutbaren Unterstützung stützt sich auf Einkommen und Vermögen beider Ehepartner

Unterstützungspflicht zwischen Verwandten

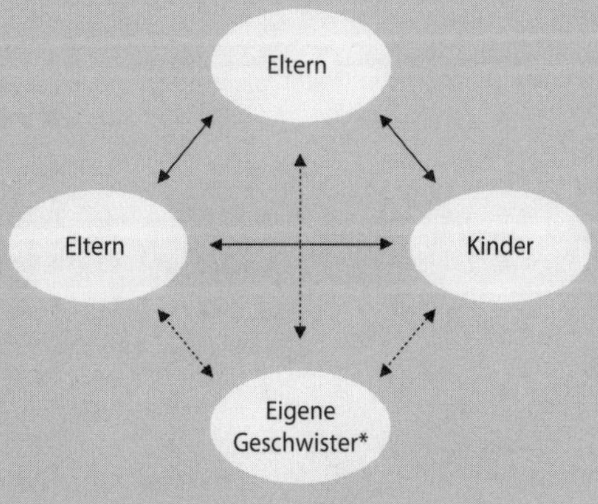

* Sofern sie sich in geistigen Verhältnissen befinden, Richtwerte > 100'000 Fr. steuerbares Einkommen und > 500'000 Fr. steuerbares Vermögen

(Ausnahme: Kanton Solothurn), obwohl es umgekehrt gegenüber Schwiegereltern keine Unterstützungspflicht gibt.

Wie wird Unterstützung geltend gemacht?

Die Unterstützung wird vom Sozialamt der Gemeinde verordnet. Dieses berechnet die Höhe der Zahlungen nach kantonalen Richtlinien oder nach eigenem Ermessen und unterbreitet den Verwandten einen Vorschlag. Lehnen die Unterstützungspflichtigen den Vorschlag ab und verweigern die Zahlung, kann das Amt seine Forderung vor Gericht geltend machen.

Praxis der Kantone

Die kantonalen Regelungen und Richtlinien sind unterschiedlich, in vielen Kantonen fehlen sie ganz. Sollten die wirtschaftlich schwierigen Zeiten aber andauern und die Kassen der öffentlichen Hand leer bleiben, wird die Unterstützungspflicht zwischen Verwandten einen neuen Stellenwert erhalten.

Gesetzliche Regelungen und Anwendungspraxis in den Kantonen*

Kanton**	Geldtendmachung	Verfahrensregeln	Höhe der Unterstützung, Einkommens- und Vermögensgrenzen
AG	Ja, häufig	Keine	Keine Richtlinien
AI	Ja, selten	Keine	Keine Richtlinien
AR	Ja, Einzelfälle	Kant. Fürsorgegesetz	Keine Richtlinien
BE	Ja, selten	Kant. Gesetz und Wegleitung	Steuerbares Einkommen minus doppelter Grenzbetrag für Ergänzungsleistungen zu AHV/IV, vom Überschuss müssen 5 bis 10% bezahlt werden
BL	Ja, selten	Kant. Wegleitung	Keine Richtlinien
BS	Ja, häufig	Kant. Richtlinien	Keine Richtlinien

Gesetzliche Regelungen und Anwendungspraxis in den Kantonen* (Forts.)

Kanton**	Geldtendmachung	Verfahrensregeln	Höhe der Unterstützung, Einkommens- und Vermögensgrenzen
GL	Ja, selten	SKöF-Richtlinien***	Nach SKöF
GR	Ja, häufig	Kant. Unterstützungsgesetz und SKöF-Richtlinien	Nach SKöF
JU	Ja, selten	Kant. Gesetz und Wegleitung	Steuerbares Einkommen minus (Existenzminimum x 1,5). Vom Überschuss müssen 5 bis 10% für die Unterstützung bezahlt werden
LU	Ja, wenn Aussicht besteht	Keine	Keine Richtlinien
NW	Ja, selten	Keine	Keine Richtlinien
OW	Ja, selten	Keine	Keine Richtlinien
SG	Ja, keine einheitliche Praxis	Bisher keine, jetzt in Vorbereitung	Bisher keine Regeln, jetzt in Vorbereitung
SH	Nur vereinzelt	Keine	Keine Richtlinien
SO	Ja, systematisch	Kant. Wegleitung	Unter 50'000 Fr. steuerbares Einkommen und/oder Vermögen besteht keine Unterstützungspflicht
SZ	Ja, selten	Keine	Keine Richtlinien
TG	Ja, häufig	Kant. Sozialhilfegesetz	Keine Richtlinien
TI	Ja, selten	Kant. Sozialhilfegesetz	Keine Richtlinien
ZG	Ja, je nach Abklärung	Kant. Sozialhilfegesetz und SKöF-Richtlinien	Nach SKöF
ZH	Ja, selten	Sozialhilfegesetz, Empfehlung der kant. Fürsorgedirektion	Keine Richtlinien, Empfehlung: Unter 80'000 Fr. Reineinkommen und/oder 300'000 Fr. Reinvermögen keine Unterstützungspflicht

* Zuständig sind immer die Behörden und Gerichte im Wohnkanton der unterstützungsbedürftigen Person, und es werden auch dessen Richtlinien angewendet

** Die Kantone FR, NE, UR, VD und VS haben auf die Umfrage nicht geantwortet

*** Schweiz. Konferenz für öffentliche Fürsorge, Bern

Quelle: Umfrage der Beobachter-Redaktion bei den kantonalen Fürsorgedirektionen im Juli 1995

KAPITEL 9

Krankenkassen und Versicherungen

Neun Zehntel unseres Glücks allein beruhen auf der Gesundheit

Arthur Schopenhauer

Kostenexplosion

Für das Gesundheitswesen werden heute gigantische Summen aufgewendet: 1995 waren es über 35 Milliarden Franken. Die Prämienaufschläge der Krankenkassen sorgen Jahr für Jahr für heftige Diskussionen. Doch allen Anstrengungen zum Trotz zeichnet sich bisher keine grundsätzliche Lösung für die Probleme ab. Als einziger Ausweg erscheint eine konsequente Deregulierung von Preisen und Leistungen; die Kassen sollten freie Hand haben in ihren Verhandlungen mit Spitälern, Ärzten und Pharmaherstellern.

Kostenentwicklung im Gesundheitswesen

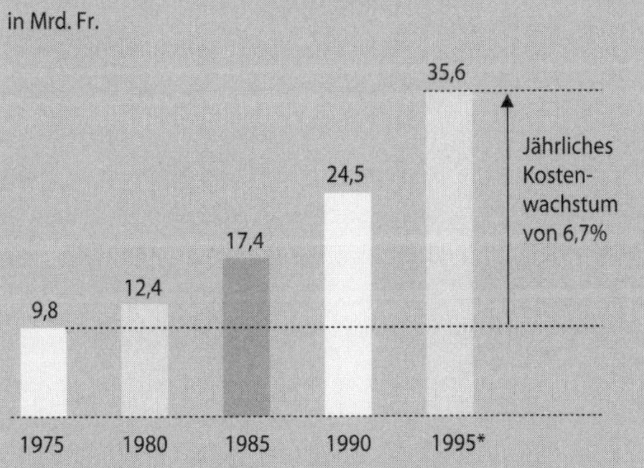

* Schätzung
Quelle: BfS Bundesamt für Statistik

50% Spitalkosten

Die Hälfte aller Kosten entfallen auf Behandlungen in Spitälern und Heimen. 32% der Kosten verursachen ambulante Behandlungen von Ärzten und Spitex (spitalexterne Krankenpflege). Die Medikamente sind nur für 11% der Kosten verantwortlich.

Für Präventivmassnahmen werden lediglich 2% ausgegeben. Präventiven Massnahmen sollte erheblich mehr Aufmerksamkeit geschenkt werden, denn Vorbeugen ist nicht nur besser als Heilen, sondern auch viel kostengünstiger.

Gründe der Kostensteigerung

Der rasche Anstieg der Kosten hat eine Reihe von Gründen. Höhere Löhne und Preise haben dazu beigetragen, aber auch die höhere Lebenserwartung: Nach dem 60. Altersjahr wird die medizinische Versorgung massiv teurer: Die Kosten steigen von 2'500 auf 5'800 Franken bei den Männern und von 3'500 auf 10'700 Franken bei den Frauen. Die höhere Lebenserwartung – eine Folge auch verbesserter medizinischer Leistungen – führt zu überproportional steigenden Gesundheitskosten.

Ein weiterer wesentlicher Grund: Quantität und Qualität der medizinischen Versorgung nehmen kontinuierlich zu. Eine grosse Zahl von Ärzten und ein hohes Niveau in Wissenschaft und Medizinaltechnik schaffen ein grosses Angebot. Dieses Angebot nehmen die Kunden in vollem Umfang in Anspruch, ohne nach dem Preis zu fragen – in der kurzsichtigen Meinung, ausser Franchise und Selbstbehalt nichts selber bezahlen zu müssen. Die Rechnung geht nicht auf, weil die Kassen mit höheren Prämien reagieren müssen. Nur etwa 40% der Kosten werden heute überhaupt noch durch die Prämien gedeckt, der Rest wird durch Selbstbehalte und Steuergelder finanziert. Die Patienten beanspruchen die Leistungen des Gesundheitswesens zum Teil wahllos und verursachen vermeidbare Kosten. Sinnvoller wäre es, gewisse medizinische Dienstleistungen zu hinterfragen und sich die Behandlungsmethoden erklären zu lassen. Niemand sollte aus Kostengründen auf eine sinnvolle Untersuchung verzichten – aber mehr Eigenverantwortung wäre hilfreich.

Weniger Leistungen im Alter?

Der rasche Anstieg der Prämien veranlasst viele Versicherte, die Leistungen zu reduzieren, beispielsweise den privaten Spitalzusatz aufzugeben. Doch gerade im Alter ist die Wahrscheinlichkeit am grössten, die Leistungen der Kasse beanspruchen zu müssen. Es ist wirklich ärgerlich, wenn man eine teure Zusatzversicherung, die man während vieler Jahre bezahlt hat, genau dann brauchen könnte, wenn man sie aus Kostenüberlegungen aufgegeben hat.

Auch ohne solch radikale Massnahmen ist es möglich, bei der Krankenkasse zu sparen.

Obligatorische Grundversicherung

Das neue Krankenversicherungsgesetz verpflichtet alle, bei einer Krankenkasse eine Grundversicherung abzuschliessen. Die Grundversicherung funktioniert solidarisch: Alle Versicherten haben Anspruch auf die gleichen Leistungen. In der Grundversicherung hat das Alter keinen Einfluss auf die Prämie.

Das Gesetz verpflichtet die Kassen, ohne Gesundheitsvorbehalt jeden Antragsteller aufzunehmen. Damit steht es bereits Kranken frei, von günstigeren Angeboten zu profitieren und für die Grundversicherung die Krankenkasse zu wechseln.

Der identische Leistungskatalog der Grundversicherung ermöglicht es jetzt, die Prämien zu vergleichen.

Leistungen der Grundversicherung

Die Grundversicherung bezahlt grundsätzlich alle Behandlungen, die ambulant in einer Arztpraxis durchgeführt werden, und den Aufenthalt in der allgemeinen Abteilung eines Spitals im Wohnkanton.

Machen medizinische Gründe eine ausserkantonale Behandlungen notwendig, werden die Kosten übernommen. Für notfallmässige Behandlungen im Ausland zahlt die Krankenkasse maximal das Doppelte der gleichen Behandlung im Wohnkanton, höhere Kosten muss der Versicherte selber tragen.

Die Grundversicherung übernimmt auch alle kassenpflichtigen, ärztlich verordneten Medikamente und richtet Beiträge an ärztlich verordnete Hilfsmittel aus. Inbegriffen ist im weitern eine volle Unfalldeckung: Auch nach der Pensionierung ist also eine zusätzliche Versicherung für unfallbedingte Heilungskosten nicht nötig. (Die Unfalldeckung gilt automatisch und muss – falls eine Unfalldeckung über den Arbeitgeber besteht – vom Versicherten explizit ausgeschlossen werden: Das bewirkt eine Prämienreduktion von 5 bis 10%.)

Leistungsübersicht In der Leistungsübersicht auf der folgenden Seite aufgeführt sind vor allem die Leistungen der Grundversicherung, die für ältere Versicherungsnehmer bedeutungsvoll sind, wie Therapien, Medikamente, Kuren oder Pflegebeiträge. Während der Übergangsfrist vom alten zum neuen Krankenversicherungsgesetz gibt es in verschiedenen Bereichen noch keine verbindlichen Regelungen. Verschiedene Verordnungen werden vermutlich noch Änderungen erfahren, sie betreffen insbesondere die Beiträge an Spitex und Pflegeleistungen in Pflegeheimen.

Pflegeleistung Die Grundversicherung zahlt Beiträge an die Kosten ärztlich verordneter Pflegeleistungen im Pflegeheim oder zu Hause. Die Höhe der Beiträge ist unterschiedlich, weil sie vorderhand noch in kantonalen Verträgen geregelt ist, doch wird eine einheitliche Tarifverordnung auf Bundesebene angestrebt. Gegenwärtig verhandeln die Vertragspartner – Spitex, Pflegeheime, Krankenkassen und Staat – über einheitliche Beitragssätze. Diese werden auch in Zukunft die Pflegekosten nur teilweise decken; eine volle Deckung würde die Prämien der Grundversicherung massiv in die Höhe treiben.

An die Spitex werden heute je nach Kanton zwischen 45 und 65 Franken pro Stunde vergütet, in der Regel für maximal 60 Stunden im Quartal, das entspricht einer täglichen Pflegezeit von 40 Minuten.

Die Beiträge an die Kosten von Pflegeheimen sind meist abhängig vom Grad der Pflegebedürftigkeit, sie liegen zwischen 8 und 70 Franken pro Tag, in der Regel ohne zeitliche Einschränkung.

Leistungsübersicht: Obligatorische Grundversicherung*

Behandlungen	Untersuchungen, Behandlungen und Pflegemassnahmen von ÄrztInnen, ChiropraktikerInnen und von Personen, die auf ärztliche Anordnung hin tätig sind (PhysiotherapeutInnen, ErgotherapeutInnen, Krankenschwestern und -PflegerInnen, LogopädInnen)
Spitalaufenthalt	Zeitlich unbeschränkter Aufenthalt in der allgemeinen Abteilung eines öffentlichen Spitals im Wohnkanton
Ausland	Behandlungen im Ausland, wenn sie in der Schweiz nicht ausgeführt werden können oder im Notfall (max. doppelter Ansatz wie im Wohnkanton)
Transporte	Beiträge an medizinisch notwendige Transporte (50%, max. 500 Fr.) und Rettungsmassnahmen (50%, max 5'000 Fr.)
Prävention	Beiträge an Untersuchungen und Massnahmen, mit denen Krankheiten frühzeitig erkannt oder verhindert werden können, z.B. Impfungen, gynäkologische Untersuchungen etc.
Medikamente	Ärztlich verordnete kassenpflichtige Medikamente und Laboruntersuchungen
Alternativmedizin	Ärztlich durchgeführte Methoden, die in ihrer Wirksamkeit, Zweckmässigkeit und Wirtschaftlichkeit anerkannt sind, werden unter bestimmten Bedingungen voll oder teilweise übernommen
Badekuren	10 Fr. pro Tag während max. 21 Tagen für ärztlich verordnete Badekuren
Krankenpflege, Spitex	Kantonal unterschiedliche Beiträge an Pflegeleistungen zu Hause (Spitex) oder im Pflegeheim
Hilfsmittel	Beiträge an Mittel und Gegenstände, welche der Untersuchung oder der Behandlung dienen (z.B. Inhalationsgeräte, Blutzuckermessgeräte; Brillen: 200 Fr. für Erwachsene alle 3 Jahre, für Kinder jedes Jahr)
Zahnarzt	Zahnunfall und schwere Erkrankung der Zähne oder des Zahnfleisches (wenn nicht zu vermeiden) oder Behandlung wegen einer schweren Allgemeinerkrankung. Behandlungen für Krankheiten wegen mangelhafter Zahnpflege werden nicht übernommen

* Wichtigste Leistungen, letztlich verbindlich ist das Krankenversicherungsgesetz

Prämienhöhe Die Prämienunterschiede in der Grundversicherung sind beträchtlich, verursacht durch eine Reihe von Faktoren, die sich gegenseitig verstärken.

Ein wichtiger Grund: die unterschiedlichen Altersstrukturen einer Kasse. Trotz des Kostenausgleichs, den Kassen mit überdurchschnittlich vielen jüngeren Versicherten bezahlen müssen, bleiben Kassen mit mehrheitlich älteren Versicherten im Nachteil. Auch innerhalb einer Kasse kann sich die Altersstruktur regional so stark unterscheiden, dass die gleiche Kasse in einer Region sehr teuer, in einer anderen dagegen durchaus günstig ist.

Weiter spielt das Verhalten der Versicherten eine Rolle. In Kantonen mit hoher Ärzte- und Spitaldichte sind ihre Ansprüche als Patienten grösser. In ländlichen Gegenden kurieren die Menschen kleinere Erkrankungen häufig zu Hause und suchen weniger rasch den Arzt auf. Die meisten Patienten sind durchaus fähig, gefährliche von harmlosen Symptomen zu unterscheiden. Ist das Vertrauensverhältnis zwischen Hausarzt und Patient intakt, sind kostentreibende Mehrfachbehandlungen seltener.

Schliesslich sind die Ärzte- und Spitalkosten in den Kantonen unterschiedlich und die Subventionen an die Spitäler nicht einheitlich.

Vorläufig bieten die Kassen innerhalb einer Region identische Leistungen mit teils enormen Prämienunterschieden an. Doch der gesetzlich mögliche Kassenwechsel ohne Gesundheitsvorbehalt wird in der Grundversicherung dazu führen, dass sich die Prämien angleichen. Allerdings ist schwierig abzuschätzen, wie lange dieser Prozess dauert. Der Prämienvergleich zwischen den 13 grössten Krankenkassen zeigt, wie gross die Unterschiede zwischen den einzelnen Kassen noch sind: in unserem Beispiel Stadt Zürich ein Unterschied von bis zu 852 Franken im Jahr.

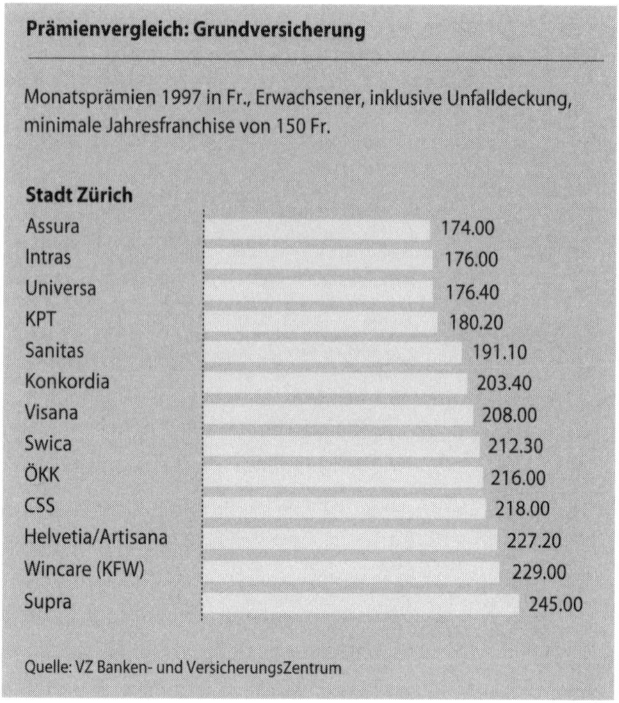

Kostenbeteiligung

In der Grundversicherung beträgt die Franchise (der Grundbetrag, der vom Versicherten zu tragen ist) mindestens 150 Franken. Zusätzlich sind 10% der Kosten bis zu einem maximalen Betrag von 600 Franken zu übernehmen. Wer die Franchise freiwillig erhöht, zahlt weniger Prämie. Der Rabatt ist gestaffelt: zwischen 10 und höchstens 40% für eine um 300 bis höchstens 1'500 Franken höhere Franchise.

Eine der kostensenkenden Massnahmen, die diskutiert wird, ist die allgemeine Erhöhung der Franchise beispielsweise auf 600 Franken pro Jahr und Person. Befürchtet wird, dass auch in wohlbegründeten Fällen weniger ärztliche Hilfe aufgesucht würde.

Prämienreduktion durch Erhöhung der Franchise

Höhe der Prämie bei maximalem Rabatt

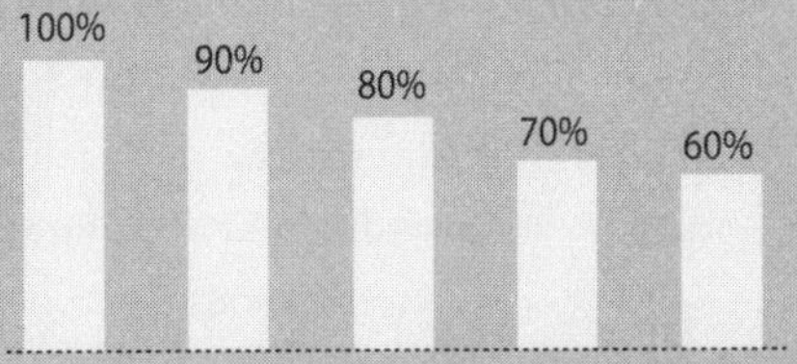

Franchise in Fr., für Erwachsene	150	300	600	1'200	1'500
Maximale Kostenbeteiligung in Fr., für Erwachsene	750	900	1'200	1'800	2'100

Anmerkung: Zusätzlich zur Franchise muss ein Selbstbehalt von 10%, max. 600 Fr. pro Jahr übernommen werden

Wer gesund ist und selten einen Arzt braucht, kann seine Franchise erhöhen. In jedem Fall lohnt sich eine Erhöhung, wenn die Prämieneinsparung höher ist als die im schlechtesten Fall zu übernehmende Franchise.

Berechnungsbeispiel: Die richtige Franchise

Grundversicherung: 2'040 Fr. pro Jahr oder 170 Fr. pro Monat

- 10% Prämieneinsparung mit Franchise 300 Fr.		204.00	
- Mehrbelastung bei maximalem Selbstbehalt:			
Franchise	300.00		
./. Normalfranchise	150.00		
- Maximale Mehrbelastung	150.00	./. 150.00	
- Netto-Einsparung		54.00	Bei positivem Resultat lohnt sich die höhere Franchise auf jeden Fall

Freiwillige Zusatzversicherungen

Die freiwilligen Zusatzversicherungen ergänzen die obligatorische Grundversicherung. Die Leistungen in den Zusatzversicherungen für Krankenpflege, Spital, Zahnpflege usw. können von den Kassen völlig frei gestaltet und kombiniert werden. Die Rechnungslegung der Zusatzversicherungen ist getrennt von der Grundversicherung. Es ist damit nicht mehr zulässig, die Zusatzversicherungen mit Prämieneinnahmen der Grundversicherung zu finanzieren oder umgekehrt.

Viele der bisher nur mit Zusatzversicherungen abgedeckten Leistungen sind aufgrund des Krankenversicherungsgesetzes neu in der obligatorischen Grundversicherung enthalten. Das Krankenversicherungsgesetz hat im Leistungsbereich eine Verschiebung der Leistungen von der Zusatz- in die Grundversicherung gebracht.

Die Grundversicherung ist dem Bundesamt für Sozialversicherung unterstellt, für die Zusatzversicherungen ist neu das Bundesamt für Privatversicherungen zuständig.

Halbprivater und privater Spitalzusatz

Die halbprivate Zusatzversicherung stellt insbesondere die freie Arztwahl sicher. In der Regel ist damit auch ein Zweibettzimmer auf der halbprivaten Abteilung eines öffentlichen oder privaten Spitals gewährleistet. Die private Zusatzversicherung gibt das Recht auf ein Einbettzimmer in der privaten Abteilung, inklusive freie Arztwahl.

1995 waren 23% der Versicherten halbprivat und 12,5% privat versichert. Heute haben die Zusatzversicherungen umgestellt auf risikogerechte Prämien; viele Versicherte können es sich nicht mehr leisten, sich halbprivat oder privat zu versichern. Das bekommen nicht nur die Kassen zu spüren, sondern auch die Ärzte und Spitäler.

Wichtigste Zusatzversicherungen im Alter

	Beschreibung	Empfohlen für
Spitex	Beitrag an Pflege zu Hause, ärztliche Verordnung notwendig	Alleinstehende und/oder ältere Personen, die auf fremde Unterstützung angewiesen sind
Pflegeheim	Beitrag an Pflegekosten im Pflegeheim	Ältere Personen
Kuren/Badekuren	Beitrag an Kosten zusätzlich zur Grundversicherung, ärztliche Verordnung nötig	Ältere Personen, bestimmte Krankheitsbilder
Haushalthilfe	Beitrag an Hilfe im Haushalt, ärztliche Verordnung nötig	Alleinstehende und/oder ältere Personen
Brillen/Kontaktlinsen	Beitrag zusätzlich zur Grundversicherung, meist keine ärztliche Verordnung nötig	Brillen- und KontaktlinsenträgerInnen
Hilfsmittel	Beitrag zusätzlich zur Grundversicherung, ärztliche Verordnung nötig	Spezielle Hilfsmittel wie Krücken, Blutdruckgeräte
Nicht-kassenpflichtige Medikamente	Ärztliche Verordnung nötig	PatientInnen, die solche Medikamente häufig brauchen
Halbprivater oder privater Spitalzusatz	Freie Arztwahl Ein- oder Zweibettzimmer auf der (halb-)privaten Abteilung	PatientInnen, die eine Vorzugsbehandlung wünschen

Übernahme von Pflegekosten

Zusatzversicherungen sind unter anderem möglich für Beiträge an ärztlich verordnete Haushalthilfe und Hauspflege. Die Leistungen werden ergänzend zur Grundversicherung ausbezahlt, sie sind in Höhe und Dauer (Ausnahme: Assura) beschränkt und je nach Kasse anders.

Übernahme von Pflegekosten durch Zusatzversicherungen

Krankenkasse	Name der Zusatzversicherung	Betrag an Haushalthilfe[1] in Fr.	Betrag an Hauspflege[1] in Fr.
Assura	Complementa Plus	--	Max. 200/Tag unbeschränkt
CSS	*Kur- und Pflegeversicherung*[2]		
	Variante 1	80/Tag, max. 800/Jahr	80/Tag, max. 800/Jahr
	Variante 2	80/Tag, max. 1'600/Jahr	80/Tag, max. 1'600/Jahr
	Variante 3	80/Tag, max. 2'400/Jahr	80/Tag, max. 2'400/Jahr
EGK	*Kombi Spital*		
	Allgemein	30/Tag, max. 21 Tage/Jahr	30/Tag, max. 21 Tage/Jahr
	Halbprivat	50/Tag, max. 21 Tage/Jahr	50/Tag, max. 21 Tage/Jahr
	Privat	70/Tag, max. 21 Tage/Jahr	70/Tag, max. 21 Tage/Jahr
Helsana	Hospital Eco	30/Tag, max. 30 Tage/Jahr	30/Tag, max. 30 Tage/Jahr
	Hospital Pius Classica	50/Tag, max. 30 Tage/Jahr	50/Tag, max. 30 Tage/Jahr
	Hospital Plus & Bonus	60/Tag, max. 30 Tage/Jahr	60/Tag, max. 30 Tage/Jahr
	Hospital Comfort Classica	70/Tag, max. 30 Tage/Jahr	70/Tag, max. 30 Tage/Jahr
	Hospital Comfort & Bonus	90/Tag, max. 30 Tage/Jahr	90/Tag, max. 30 Tage/Jahr
Intras	Uno	50/Tag, max. 180 Tage/Jahr	--
	Due	70/Tag, max. 180 Tage/Jahr	
	Optima	30/Tag, max. 15 Tage/Jahr	
	Quadra	50/Tag, max. 15 Tage/Jahr	
Konkordia[3]	Diversa	30/Tag, max. 30 Tage/Jahr	--
	Diversa Plus	50/Tag, max. 30 Tage/Jahr	
	PE3	30/Tag, max. 30 Tage/Jahr	
	PE2	50/Tag, max. 30 Tage/Jahr	
	PE1	70/Tag, max. 30 Tage/Jahr	
KPT	E1	20/Tag, max. 60 Tage/Jahr	20/Tag, max. 60 Tage/Jahr
	E2	30/Tag, max. 60 Tage/Jahr	30/Tag, max. 60 Tage/Jahr
	E3	50/Tag, max. 60 Tage/Jahr	50/Tag, max. 60 Tage/Jahr

Übernahme von Pflegekosten durch Zusatzversicherungen (Fortsetzung)

Krankenkasse	Name der Zusatzversicherung	Betrag an Haushalthilfe[1] in Fr.	Betrag an Hauspflege[1] in Fr.
Sanitas	H3	10/Tag, max. 1'800, 90 Tage/Jahr	10/Tag, max. 1'800, 90 Tage/Jahr
	H2 (Variante First)	25/Tag, max. 5'000, 90 Tage/Jahr	25/Tag, max. 5'000, 90 Tage/Jahr
	H1 (Variante First)	35/Tag, max. 7'000, 90 Tage/Jahr	35/Tag, max. 7'000, 90 Tage/Jahr
Swica	Completa	50%, max 30/Tag, 60 Tage/Jahr	50%, max 30/Tag, 60 Tage/Jahr
	Hospita 1	15/Tag, max. 60 Tage/Jahr	30/Tag, max. 720 von 900 Tagen[4]
	Hospita 2	30/Tag, max. 60 Tage/Jahr	60/Tag, max. 720 von 900 Tagen
	Hospita 4	40/Tag, max. 60 Tage/Jahr	80/Tag, max. 720 von 900 Tagen[5]
Supra	R3	Effektive Kosten, max. 1'500/Jahr	--
Universa	SC1	Max. 1'000/Jahr	--
	SC2	Max. 1'500/Jahr	
	SC3	Max. 2'500/Jahr	
	SC4	Max. 3'000/Jahr	
Visana	Ambulant II	50/Tag für 30 Tage + 25/Tag für 30 Tage/Jahr	--
	Ambulant III	100/Tag für 30 Tage + 50/Tag für 30 Tage/Jahr	
Wincare[6]	Diversa Basis	30/Tag, max. 30 Tage/Jahr	--
	Diversa Komfort	50/Tag, max. 30 Tage/Jahr	
	Spital allgemein	30/Tag, max. 30 Tage/Jahr	
	Spital halbprivat	50/Tag, max. 30 Tage/Jahr	
	Spital privat	70/Tag, max. 30 Tage/Jahr	

1 Die Maximalbeträge gelten für Haushalthilfe und Hauspflege zusammen
2 Spezialbaustein, nur in Kombination mit Standardversicherung, Spitalzusatz- oder Alternativversicherung
3 Diversa oder Diversa Plus können mit PE beliebig kombiniert werden
4 Gilt auch für Hospita 3 (Spitalliste halbprivat)
5 Gilt auch für Hospita 5 (Spitalliste privat)
6 Diversa Basis oder Diversa Komfort können mit Spital beliebig kombiniert werden

Wahl der Kasse Die Wahl der richtigen Kasse ist abhängig von den Bedürfnissen, die unabhängig von der bestehenden Lösung zu formulieren sind: Was soll versichert werden? Was ist wichtiger: eine hinreichende oder eine umfassende Versicherung? Welche Rolle spielt die Höhe der Prämie? Niemals soll eine bestehende Lösung aufgegeben oder ein Versicherungsschutz reduziert werden, bevor klar ist, was an deren Stelle tritt. Jeder kann bei verschiedenen Krankenkassen Offerten verlangen und diese miteinander vergleichen. Aufgrund der unterschiedlichen Leistungen ist ein echter Preis/Leistungs-Vergleich im Bereich der Zusatzversicherungen allerdings schwierig. Zudem wandeln sich die Angebote und Prämien ständig.

Wichtigste Empfehlung: Orientieren Sie sich bei der Wahl der Kasse an den gewünschten Zusatzleistungen.

Wahl der Kasse

Schritt 1: Klären Sie Ihre persönlichen Bedürfnisse ab	**Schritt 2: Legen Sie den notwendigen Versicherungsschutz fest**	**Schritt 3: Vergleichen Sie die Krankenkassen/ Versicherungen**
Erhöhung der Franchise	Obligatorische Grundversicherung	Offerten der geeignetsten und günstigsten Krankenkassen
Auslandschutz, Alternativmedizin, Gesundheitsvorsorge, Hilfsmittel, Pflegebeiträge	Freiwillige Zusatzversicherungen (Deckungen sind zum Teil nur in Form von krankenkasseneigenen «Paketen» erhältlich, z.B. Auslanddeckung, Alternativmedizin)	Beratung durch unabhängige Experten
Wahl von Sondermodellen (freie Arztwahl, HMO, Hausarztmodell, Zweitmeinung)	Spitaldeckung: allgemeine Abteilung ganze Schweiz, halbprivat, privat	Vergleiche im Bekanntenkreis

Vorsorge-Versicherungen nicht mehr nötig

Mit dem Pensionierungsalter sollte das Vorsorgeziel erreicht sein: ein sicheres, regelmässiges Einkommen unabhängig von der gesundheitlichen Verfassung. Es braucht keine Vorsorgeversicherungen mehr, die für den Fall der Erwerbsunfähigkeit ein Ersatzeinkommen sichern (Taggeld- und Unfallversicherungen, Erwerbsunfähigkeitsrenten). Schliesslich wird mit der Pensionierung das Lohneinkommen ersetzt durch das Alterseinkommen, das nicht zu versichern ist.

Nach der Pensionierung: keine Vorsorgeversicherungen mehr

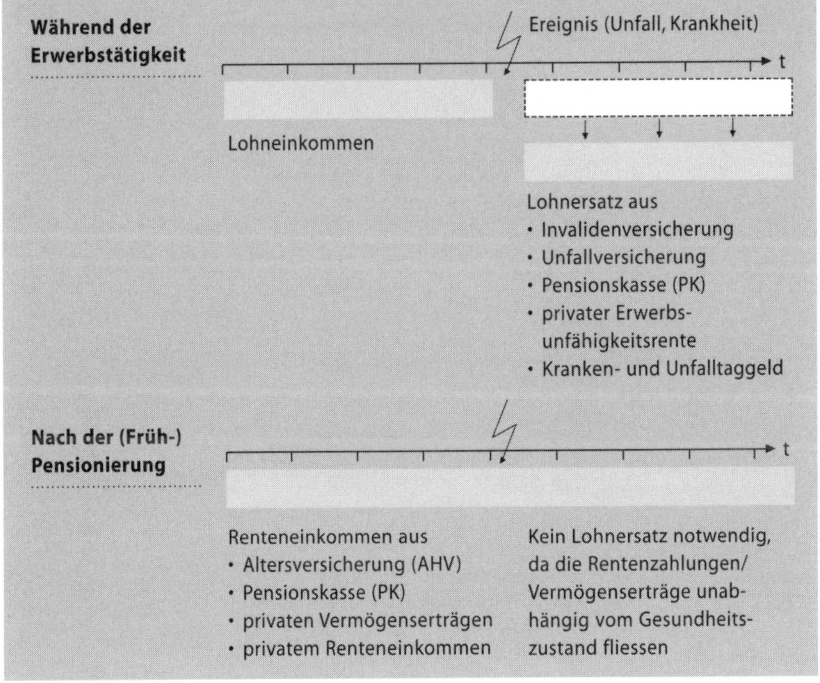

Todesfallversicherung

Es kann Sinn machen, für die Hinterbliebenen eine Todesfallversicherung einzurichten, beispielsweise mit einer wesentlich jüngeren Ehefrau oder Kindern in Ausbildung, die mit den Hinterbliebenenrenten der staatlichen und beruflichen Vorsorge nur unzureichend abgesichert wären. Reine Todesfallversicherungen können auch im hohen Alter noch abgeschlossen werden – Voraussetzung ist allerdings eine gute Gesundheit. Die Prämienunterschiede sind erheblich: 28'571 Franken beträgt die Differenz in unserem Beispiel auf 5 Jahre Laufzeit bei 500'000 Franken Todesfallkapital. Die Kosten werden unter Bezug auf den heutigen Wert des Prämientotals verglichen, da die Versicherungen mit unterschiedlichen Zahlungsströmen operieren.

Prämienvergleich: Todesfallversicherungen

Beispiel: 65jähriger Mann, 5 Jahre Laufzeit, Stand 6/97, 500'000 Fr. Versicherungssumme konstant, Barwert* des Prämientotals in Fr.

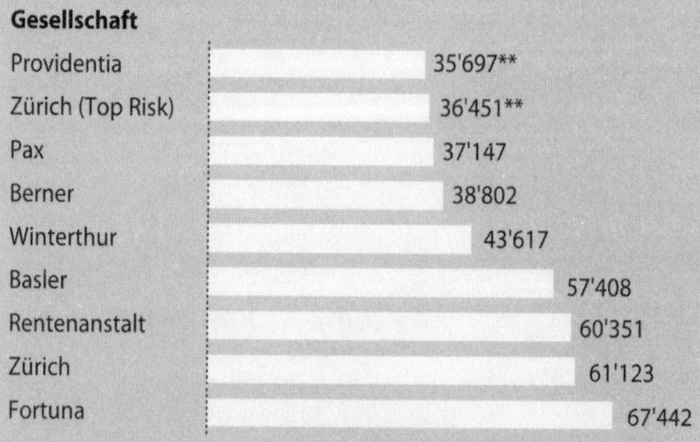

* Heutiger Gegenwert des Prämientotals, abdiskontiert mit 3% Zins

** Nichtraucher-Tarif

Andere Versicherungen Keine speziellen Empfehlungen im Zusammenhang mit der Pensionierung gibt es für alle übrigen Versicherungen: Autoversicherung, Privathaftpflicht, Rechtsschutz usw., abgesehen von minimalen Seniorenrabatten bei Haftpflicht und Hausrat. Wesentlich ist weiterhin: Leistungen auf Angemessenheit und persönliche Bedürfnisse überprüfen und verschiedene Marktangebote miteinander vergleichen.

KAPITEL 10

Anhang

Autoren

Andrea Dinevski
Senior-Beraterin und Teamleiterin «Anlageberatung und Vermögensverwaltung» im VZ in Zürich.

Nach Abschluss des Studiums an der Universität Zürich seit 1993 im VZ Banken- und VersicherungsZentrum. Schwerpunkt der beruflichen Tätigkeit in Kundenberatung und Vermögensverwaltung. Andrea Dinevski publiziert Fachartikel und ist Interviewpartnerin in Radio- und Fernsehsendungen zu aktuellen Finanzthemen. Regelmässige Referententätigkeit an internen und externen Seminaren.

Peter Stocker
Senior-Berater und Bereichsleiter «Anlageberatung und Vermögensverwaltung» im VZ in Basel.

Studium an der Höheren Wirtschafts- und Verwaltungsschule HWV in Zürich. Nach Studienabschluss zweijährige Tätigkeit bei einer Schweizer Versicherungsgesellschaft. Peter Stocker ist seit 1994 im VZ Banken- und VersicherungsZentrum. Schwerpunkt der beruflichen Tätigkeit in Kundenberatung und Vermögensverwaltung mit den Spezialgebieten «Steuerplanung» und «Wertschriftenstrategien». Regelmässige Referententätigkeit an internen und externen Seminaren.

VZ Banken- und VersicherungsZentrum

Das VZ Banken- und VersicherungsZentrum ist ein unabhängiges Beratungsunternehmen, das Transparenz schafft im Banken- und Versicherungsmarkt. Als in der Schweiz einziges Unternehmen seiner Art berät das VZ seine Kunden neutral und umfassend zu Geldanlagen, Hypotheken und Versicherungen. Systematisch analysiert das VZ die Angebote von Banken und Versicherungen, vergleicht Preise und Leistungen und wählt die besten Lösungen aus.

Das VZ bietet Dienstleistungen in drei verschiedenen Bereichen: In der *Anlageberatung und Vermögensverwaltung* erstellt das VZ Konzepte zur Optimierung von Einkommen, Vermögen und Steuern und verwaltet Wertschriftendepots von Kunden; ein Spezialgebiet ist die steuerliche und finanzielle Planung des Einkommens und Vermögens von Kunden, die sich ordentlich oder frühzeitig pensionieren lassen. In der *Kredit- und Hypothekarberatung* berät das VZ bei Finanzierungsfragen, vergleicht die Hypothekarangebote sämtlicher Banken und kann seinen Kunden die Finanzierungsvariante mit den besten Konditionen empfehlen. In der *Versicherungsberatung* werden Krankenkassen, Auto-, Hausrat-, Lebens- und Unternehmensversicherungen analysiert und die besten Angebote des Marktes ausgewählt. Als Versicherungsbroker betreut das VZ umfangreiche Versicherungsportefeuilles von Unternehmen.

Private und Firmen können sich in den VZ-Niederlassungen in Zürich und Basel beraten lassen. Weitere Informationen erhalten Sie in Zürich unter der Nummer (01) 202 25 25 oder in Basel unter (061) 279 89 89.

Stichwortverzeichnis

304 Seiten, Leinen
ISBN 3-7064-0273-4

Max Bolanz und *Matthias Reinhart* sind die Gründer des VZ Banken- und VersicherungsZentrum Zürich, des ersten unabhängigen Finanzberatungsunternehmens der Schweiz. Zusammen mit über 50 Mitarbeitern beraten die Autoren ihre Kunden ganzheitlich im Sinne einer integrierten Steuer-, Vorsorge-, Versicherungs- und Anlageberatung.

Wirksame Steuertips, einfach und verständlich dargestellt

Mit diesem Buch legen die Autoren einen Steuer-Ratgeber vor, der umfassend und einfach verständlich die Zusammenhänge des Schweizer Steuersystems aufzeigt und wirksame Steuertips gibt.

Bolanz und Reinhart haben ihr Know-how und ihre Erfahrungen aus Hunderten von Beratungsgesprächen und einer Vielzahl von Vorträgen und Seminaren verarbeitet. Für die wichtigsten Steuersituationen werden anhand von Fallbeispielen Besteuerungsgrundsätze, Optimierungs-Spielräume und kantonale Unterschiede aufgezeigt.

Einfache Grafiken veranschaulichen die Zusammenhänge und machen es dem Leser leicht, die konkreten Empfehlungen zum Steuersparen nachzuvollziehen. Umfangreiche Tabellen zeigen für alle wichtigen Steuerarten die kantonalen Bestimmungen und Steuersätze. Checklisten helfen, die aufgezeigten Steueroptimierungmöglichkeiten auf die eigene, persönliche Situation zu übertragen.

Ein wertvolles Nachschlagewerk und ein persönlicher Steuerplaner für jeden, der Steuern sparen möchte.

Überall im Buchhandel

ca. 380 Seiten, Leinen mit Schutzumschlag
ISBN 3-7064-0283-1

James Martin ist Vorsitzender eines internationalen Beratungsunternehmens. Er gilt als maßgeblicher Stratege auf dem Gebiet des Management und der Informationstechnologie. James Martin ist wahrscheinlich der einzige, der gleichermaßen als Wirtschafts-Guru und als Technologie-Guru anerkannt ist. Er sieht es als seine spezielle Aufgabe an, die Kluft zwischen Topmanagement und Informationstechnologie überbrücken zu helfen. Martin war für den Pulitzerpreis nominiert.

So werden Sie in fünf Jahren arbeiten

In diesem Buch faßt James Martin seine Forschungsergebnisse, Erfahrungen und Überlegungen zum lesbarsten, schlagkräftigsten und weitsichtigsten Buch zusammen, das er je geschrieben hat. Es beinhaltet eine Fülle eindringlicher, selbstbezogener Fragen, die sich jeder Manager stellen muß, wenn er in der Cyber-Unternehmenswelt überleben will. Und es zeigt zahlreiche Beispiele von Unternehmen auf der ganzen Welt, die für den Erfolg gerüstet sind.

Auszug aus dem Inhalt:

- Die unblutige Revolution?
- Das Nervensystem: Internet und Intranet
- Merkmale des Cyber-Unternehmens
- Cyber-Marketing: Eine Umkehr der Tradition
- Virtualität
- Netzwerke
- Ökosysteme in der Cyber-Unternehmen-Wirtschaft
- Das David-Syndrom: Kleine Newcomer schlager die Goliath-Unternehmen
- Computergesteuerte Choreographie
- Über Darwin hinaus
- Die steilsten Lernkurven
- Die unglaublichen Kosten veralteten Denkens

Überall im Buchhandel

„Mein Leben ist wie ein bunter Reisezug mit vielen Stationen. Es steigen immer wieder Menschen ein, einige unterbrechen jedoch die Fahrt und springen ab."

Die Autorin Mia Montiga führte in ihren früheren Leben viele Jahre erfolgreich zwei Unternehmen.

Das Schreiben von Kurzgeschichten, das Entwerfen von kleinen Skizzen, Bildern und Collagen ist eine ihrer Leidenschaften.

Menschen zu unterhalten und mit ihren kleinen Geschichten zu erfreuen, bereitet ihr stets Vergnügen.

DER - DIE - DAS PUFF

und

weitere lebensnahe Kurzgeschichten

Inhalt:

Alle Namen und Orte in den Geschichten wurden geändert und sind zum Teil frei erfunden!

Das Temperament

Das Temperament beschreibt die Art und Weise, wie ein Lebewesen agiert und reagiert, also laut Wikipedia seinen Verhaltensstil.

Das Temperament ist etwas, mit dem man geboren wird. Jeder Mensch und auch jedes Säugetier hat seine eigene Art und Weise, etwas zu fühlen, zu erleben, zu handeln und zu reagieren. Das Temperament zu verändern, ist kaum möglich. Beim Menschen wirkt dies wie eine aufgesetzte Maske, die er in aller Regel nicht halten kann. Das echte Temperament bricht jedoch immer wieder hervor, weil es die Urnatur ist. Mit dieser Urnatur müssen wir und auch unsere Mitmenschen leben. Eltern temperamentvoller Kinder sollten sich darauf einstellen und diese ihnen in die Wiege gelegte Urnatur akzeptieren.

Sei nicht so laut! Renne nicht so schnell! Steige und klettere nicht so hoch! Bleibe mal im Haus! Hör auf zu schreien, halte deinen Mund! Bleibe endlich mal still sitzen etc. waren die pausenlosen Ermahnungen, die ich in meiner Kindheit über mich ergehen lassen musste.

Heute würde ich zu den klassischen ADHS-Kindern zählen und wäre wahrscheinlich in dauerhaft psychologischer Behandlung. War ich nicht am Toben, lebte ich in meiner Traumwelt. Das „Zappel-Philipp"- gepaart mit dem „Hans Guck-in-die-Luft" - Syndrom war meine Welt.

Meine Eltern, besonders meine Mama und die Oma väterlicherseits, waren total überfordert mit mir. Laut meiner Großmutter erhielt ich dreimal so viel Hiebe wie ihre zwei Söhne und mein um zehn Jahre älterer Halbbruder zusammen bekamen.

Es half aber alles nichts. Ich wurde noch aufsässiger und konnte teilweise meinen Körper total steuern. Nasenbluten auf Kommando war zum Beispiel eine meiner Waffen.

Auch die Aktionen mit dem Psychostress waren nicht von Dauer. Die Geschichte mit dem Loch im Kehlkopf vom Schreien wirkte genau einen halben Tag.

Sah ich doch diesen alten Mann in Frankfurt, der ein Loch mitten im Hals hatte und nur noch mit einer schrecklich rauen Stimme flüstern konnte. Ich stellte meiner Mama damals als fünfjährige die Frage: „Mama, was hat dieser Mann?" Die Antwort meiner Mutter lautete: „Dieser Mann war als Kind immer genauso laut wie du, deshalb ist sein Kehlkopf kaputt gegangen. Den Kehlkopf brauchen wir Menschen zum Sprechen. Vom Schreien und vom lauten Reden bekommt man dann so ein Loch im Hals und kann dann nur noch so röcheln wie dieser arme Mann.“ Ich wollte diesen bedauernswerten

Herrn natürlich sofort danach fragen, wurde aber erfolgreich von meiner Mama zurückgehalten.

Zu Hause wieder angekommen, flüsterte ich genau einen halben Tag, bis mein barmherziger Großvater alles aufklärte. Er war ein absoluter Gegner der Hiebe, und diesen Psychostress verabscheute er ebenfalls.

Ich hatte auch leider keine Möglichkeit, genauso behandelt zu werden wie meine gut zwei Jahre jüngere Schwester. Sie war der Liebling der Familie, ein süßes kleines Lockenköpfchen. Lieb und ruhig, genau das Gegenteil von mir. Sie durfte mit den Eltern in den Urlaub und bekam schönere Geschenke. Ich durfte wegen meines Temperaments nicht einmal mehr mit zu allen Verwandten. Hatte ich doch während des Kaffeeplausches der Erwachsenen versucht, mit weißer Kreide das rote Backstein-Bauernhaus zu verschönern. Ich meinte es ja nur gut, aber die Verwandtschaft sah das anders. Man legte meiner Mama nahe, mich zukünftig zu Hause zu lassen. Der Wunsch wurde dann auch beherzigt. Ich habe diese Verwandten nach der Kreideaktion nie mehr wiedergesehen, aber auch nicht vermisst!

Generell hatte kaum jemand Verständnis für meine Urnatur. Es gab nur eine Ausnahme in der gesamten Familie, und das war mein Opa Fritz. Er akzeptierte mich so, wie ich war. Er beschützte mich vor vielen Hieben und hatte immer interessante Beschäftigungen für mich parat. Wir bauten ein super Häuschen im Hof für mich, eine tolle Hängeschaukel, eine Wippe etc., das war genau meine Welt. Puppen und typische Mädchensachen interessierten mich kaum. Das war die Welt meiner kleinen Schwester.

Ich liebte Dampfmaschinen, Eisenbahnen, Indianersachen und alles, was Jungs normalerweise hatten und möglichst laut war.

Selbst das verhasste Reinigen der Fingernägel machte mir mein Opa schmackhaft. Unter dem Motto: „Los Kind lass uns Schießpulver machen“, startete die Aktion. Ich saß auf seinem Schoß und er kratzte mit seinem kleinen Taschenmesser das Schwarze unter meinen Nägeln hervor. Das sogenannte Schießpulver wurde dann vorsichtig in eine kleine Papiertüte befördert. Diese Tüten waren aus unserer Gastwirtschaft und wurden eigentlich zum Verpacken von Zigarren benutzt. Die Tüte wurde dann nach der Reinigungsaktion aufgeblasen und dank des tollen Schießpulvers platzte diese dann mit einem lauten Knall zwischen Opas Händen.

Ja, das war mein Opa! Ein Superburschi und mein absoluter Liebling!

Fazit: Das Temperament war seine Schwäche.

Mein einziger Schulkamerad in der Grundschule hieß Jürgen. Er war eineinhalb Jahre älter als ich und ein zartes Knäblein!

Bei unserem ersten gemeinsamen Schulauftritt "Brüderchen, komm tanz mit mir" machte er bleibende Erfahrung mit meinem Temperament.

Der Tanz mit ihm schien mir wesentlich zu langsam und zum krönenden Abschluss wurde er von mir noch mal so richtig herumgeschleudert. Seit dieser Zeit fürchtete er sich von mir, schade!

Kleine Autorenanmerkung aus heutiger Sicht:

Mein Temperament habe ich heute noch! Ab und zu leiden meine Mitmenschen, besonders mein Gatte, noch darunter. Weitestgehend kann ich doch meine Lautstärke etc. gut kontrollieren. Ohne mein Temperament hätte ich viel weniger erlebt!

Wild und teilweise ungezähmt befreit!!!

Pfefferminzlikör

In den 70er Jahren war der Pfefferminzlikör neben dem exotischen Drink Blue Curacao mega-in bei den Teenagern und jungen Erwachsenen.

Gleichzeitig hielten auch die mit Schokolade umhüllten Pfefferminz-Plätzchen ihren Einzug in die Regale der Kaufhäuser.

Diese Süßigkeit, gepaart mit dem Pfefferminzlikör war die Krönung, aber öfters auch die „Dröhnung".

Es war ein wunderschöner Samstag im Monat Juni, und ich durfte endlich einmal bei meiner Schulfreundin Katharina im Nachbardorf übernachten.

Wir waren beide 15 Jahre alt und freuten uns wahnsinnig auf den Abend im Tanzsaal. Er lag mitten in dem kleinen Ort und war samstags das Highlight für alle jungen Leute aus dem Kreis.

Die Eltern von Katharina waren sehr lieb und großzügig und gaben uns bis Mitternacht Ausgang.

Meine Eltern waren selbstverständlich wie immer dagegen, besonders meine Stiefmutter, obwohl sie noch 20 Jahre jünger war als Katharinas Mutter. Spaß, erste Verliebtheit etc. stießen bei ihr auf Unverständnis! Hatte sie doch einen wesentlich älteren, gut "betuchten" Herrn geehelicht, und für sie war dadurch wahrscheinlich der Spaß schon kurz nach der Hochzeit zu Ende.

Man gönnte auf keinen Fall anderen ein Vergnügen und besonders nicht mir!

Man hegte den durchaus begründeten Verdacht, dass ich mich im Tanzsaal bestimmt mit meiner großen ersten Jugendliebe treffen würde.

Gegen diesen jungen Mann hegte die gesamte Familie berechtigte Vorurteile, zumindest aus heutiger Sicht gesehen. Deshalb wurden mir bereits vor meinem Besuch bei Katharina schwere Sanktionen angekündigt. Hausarrest und natürlich auch die Kürzung bzw. Streichung des ohnehin schon knapp bemessenen Taschengeldes beinhalteten die Drohungen.

Jeder Mensch, der einmal richtig verliebt war, weiß jedoch, dass alle Sanktionen der Welt hierauf keinerlei Einfluss haben.

Natürlich traf ich ihn, wir tanzten, küssten uns und hatten Spaß. Es war ein wundervoller Abend. Alle Mädels im Tanzsaal schienen mich zu beneiden. So ein gutaussehender, toller Tänzer war schließlich nicht überall zu finden.

Dieser Abend hätte so schön enden können, wären da nicht kurz vor der Mitternacht mein Stiefbruder und seine Clique aufgekreuzt.

Als erstes wurden Katharina und ich nach Hause geschickt, und man drohte dem jungen Mann mit Schlägen, sollte er nicht die Finger von mir lassen.

Ich konnte das alles nicht verstehen. Sie waren doch früher einmal beste Freunde gewesen, und mein 10 Jahre älterer Stiefbruder hatte ihn doch schließlich mit in unsere Gegend gebracht.

Völlig unglücklich und von Ängsten geplagt trat ich dann mit Katharina den Heimweg an. Ich durfte und wollte gar nicht erst an den „Zirkus“ denken, der mich morgen zu Hause erwarten würde. Ich heulte und schmiedete Ausreißpläne.

Als wir kurz vor 12 Uhr in unserem Zimmer ankamen, versuchte Katharina mich zu trösten und holte eine Flasche Pfefferminzlikör aus ihrem Kleiderschrank. Diese hatte sie zu ihrem 15. Geburtstag von ihrer Cousine erhalten und für besondere Anlässe aufbewahrt.

In meiner Verzweiflung trank ich fast die ganze 3/4 Liter Flasche auf ex aus. Kurze Zeit später hatte ich einen sogenannten totalen Filmriss.

Alles Weitere erfuhr ich dann nach meinem Erwachen aus dem Koma am nächsten Spätvormittag. Ich schämte mich entsetzlich und fühlte mich sterbenskrank. Lag ich doch in meinem eigenen Erbrochenen und hatte nicht nur das Bett, sondern auch die Wand versaut. Wie peinlich!!!

Mein mitten in der Nacht herbei zitierter Vater war ebenfalls außerstande, mich zu bändigen. Ich muss in meinem Rausch regelrechte Tobsuchtsanfälle durchlebt haben. Er beschloss deshalb, auch mit Rücksicht auf die Nachbarschaft, mich dort zu lassen.

Katharinas Eltern waren trotz der ganzen Unannehmlichkeiten und der großen Schweinerei sehr lieb und überaus verständnisvoll. Ich schämte mich jetzt noch mehr!

Ich möchte meinen Lesern lieber ersparen, was mich dann im Detail zu Hause erwartete. Die angekündigten Sanktionen wurden seitens meiner Stiefmutter und der Oma väterlicherseits noch mit körperlicher Züchtigung ergänzt.

Als ob dieses Desaster: großer Liebeskummer, bedingt durch meine Familie, entsetzlicher „Kater" vom Pfefferminzlikör, Hiebe, Taschengeldsperre und Hausarrest noch nicht genug gewesen wären?

Nein, es kam noch besser, und das Grauen nahm seinen Lauf! Ich entwickelte eine extreme Allergie gegen diesen Likör. Mein Körper war von oben bis unten mit roten, juckenden Pusteln übersät. Ich war bei mindestens drei Ärzten. Auch eine Woche Krankenhausaufenthalt mit täglichen Calcium-Spritzen brachten keine wesentliche Besserung. Ich schien komplett vergiftet zu sein!? Nach ca. 4 Wochen brachte der Besuch bei einer Hautspezialistin in Mainz Linderung und schließlich die Heilung.

Dies ist nun schon einige Jahrzehnte her. Ich hatte mindestens noch einmal großen Liebeskummer wegen eines anderen Mannes in meinem Leben, aber Pfefferminzlikör ist bis heute **ein Tabu** für mich!!!

Unsichtbar

Wir beschäftigen uns, bedingt durch die vielen äußeren Umstände, schon seit einigen Jahren mit der Kleiderordnung in unserem Land.

Es werden immer wieder Diskussionen entfacht, die sich besonders mit dem Tragen von Kopftüchern, Burkas etc. befassen. Diese Diskussionen halte ich für völlig überflüssig. Es ist mittlerweile weltweit bekannt, dass diese Kleiderordnung weder im Koran noch in anderen Religionen vorgeschrieben ist.

Die Burka entspricht nicht immer einer Vollverschleierung. Es gibt je nach Landessitten diverse Ausführungen und dementsprechend leider auch Vorgaben.

Ursprünglich ist die Burka ein fast normales Kleidungsstück und besonders angenehm im Wüstenklima zu tragen. Sie schützt vor den gnadenlosen Sonnenstrahlen und verhindert das Austrocknen der Haut. Auch die alten Kosaken trugen schon witterungsbedingt Schaf- oder Lammfell- Umhänge, die Burkas genannt wurden.

Ich möchte Ihnen heute einmal meine Erfahrungen mit dem Tragen einer Burka darlegen. Vor einigen Jahren besuchte ich die Scheich-Zayid-Moschee in Abu Dhabi. Sie ist eine der größten Moscheen in den Emiraten. Um in das Innere der Moschee zu gelangen, wurde mir aufgetragen, eine Burka zu tragen. Dieses Kleidungsstück erhielt ich leihweise beim Betreten der Moschee.

Just in diesem Moment, als ich die Burka übergezogen hatte, empfand ich eine Wesensänderung. Es war so, als ob ich ein anderes Wesen sei. Keiner kannte mich oder konnte mich auch erkennen. Ich wurde mit dem Tragen der Burka sofort „unsichtbar“.

Meine Frage, die ich hiermit an alle Burkaträgerinnen der Welt richten möchte, lautet: warum lasst ihr euch in die Unsichtbarkeit verbannen, während eure Männer ihre Authentizität ausleben?

Oft sieht man superaufgebrezelte Typen zusammen mit Vollburkaträgerinnen auf unseren Straßen. Das würde mir als Mann auch gefallen! Er präsentiert sich in seiner vollen Pracht in der Öffentlichkeit, aber seine von der Natur aus schöne Frau verbannt er in die Unsichtbarkeit. Damit ist sie ihm für alle Zeiten sicher, und er muss sich weiter nicht mehr um sie bemühen.
Das sollte anstatt eines Burka Verbots, meiner Erfahrung nach, als Diskussions-Grundlage genutzt werden.

Wir sollten die Frauen aus ihrer Unsichtbarkeit befreien!

Das Geißlein frisst den Wolf

Es war wieder einer dieser üblichen hektischen Tage aus dem Leben einer alleinerziehenden Mutter. Da der Pleitegeier permanent kreiste, blieb kaum Zeit für mein kleines Mädchen, und es gab schon gar keinen finanziellen Spielraum für einen Babysitter.

Vormittags bis ca. 15 Uhr besuchte ich eine Schule in Frankfurt, diese wurde vom Arbeitsamt gefördert. Mindestens dreimal in der Woche musste ich noch als Kellnerin abends bzw. nachts arbeiten, weil das spärliche Geld ca. 420 DM im Monat vom Amt hinten und vorne nicht reichte.

Mein geschiedener Mann, der Vater von Lisa, war auf keinen Fall bereit, uns zu unterstützen. Selbst den vom Gericht festlegten Unterhalt für seine Tochter in Höhe von 120 DM monatlich blieb er uns schuldig.

Es half alles nichts, mindestens zweimal wöchentlich kellnern musste sein! Lisa war davon überhaupt nicht begeistert, abends bzw. nachts alleine gelassen zu werden und protestierte jeweils heftig auf ihre eigene Art. Mal gab es ein langes, hysterisches Gebrülle und ein anderes Mal ging man supertraurig mit dem Bär Lumpi ins Bett und weinte.

Für Mutter und Kind war diese Situation immer sehr stressig und unschön.

Wir wohnten in einer kleinen Mietwohnung, eingebettet in einem sehr schmuddeligen Bauernhof. Die Wohnung befand sich in einem Nebengebäude. Direkt nebenan, in einem angrenzenden separaten Zimmer war noch der alte, schwerhörige Vater der Bäuerin untergebracht. Zur Beruhigung erzählte ich meinem Kind immer, dass der „Opa“ von nebenan sie bewachen würde. Dieses war natürlich fern jeglicher Realität und diente nur zur Kindesberuhigung.

Lisa hatte sehr früh gelernt, wie man die Wohnung ordentlich von innen verriegelt und abschließt. Sie konnte selbstverständlich jederzeit von innen öffnen und hätte bei Gefahr an der Tür des schwerhörigen Nachbarn klopfen können. Ich hatte ihr beigebracht, keinem Fremden zu öffnen und immer erst auf einen Stuhl zu steigen, um durch den Spion zu erspähen, wer vor der Tür steht.

Es war uns in den 70er Jahren noch nicht so bewusst, dass auch Bekannte oder Verwandte böse Menschen sein können. Wir hatten bisher jedoch Glück und waren nur von liebevollen Menschen umgeben.

Nun ging dieser hektische Tag zu Ende, und ich musste noch zur Nachtschicht in die Kneipe. Leider war ich durch verschiedene unvorhergesehene Tagesabläufe schon viel zu spät dran und verließ unsere Wohnung in größter Eile. Unten an meinem Wagen angekommen, stellte ich fest, dass ich meine Schlüssel in der Wohnung vergessen hatte. So ein Ärger, sie lagen noch auf dem Esszimmertisch.

Lisa hatte, wie immer mit ihren viereinhalb Jahren, gleich die Wohnung wieder von innen verriegelt. Sie durfte, da es erst 17 Uhr war, noch mit ihren Puppen spielen und ging dann irgendwann, beim Einsetzen der Müdigkeit, in ihr Bett.

Meine Arbeitszeit startete um 17:30 Uhr. Jetzt war es schon nach 17 Uhr und kein Schlüssel! Bis zu meiner Arbeitsstelle in einem der umliegenden Dörfer waren es noch gut 25 Minuten Fahrtzeit, und ausgerechnet heute hatten sich ca. 30 Personen zum Essen angemeldet.

Ich rannte die Treppe zur Wohnung hinauf, klopfte und schellte hektisch an der Tür. Meine kleine Tochter kam auch gleich und erkundigte sich, wer an der Tür sei. Ich sagte: „Hallo Lisa, hier ist Mama, bitte öffne mir die Tür. Ich habe meinen Autoschlüssel vergessen." Nach einer für mich unerträglich langen Wartezeit und erneutem hektischen Klopfen, erhielt ich dann folgende Antwort von innen: „Nein, ich darf und werde Fremden nicht öffnen." Ich erwiderte: „Lisa hier ist doch die Mama, du kennst doch meine Stimme, bitte öffne die Tür!" Und wieder meldete sich die kleine, altkluge Kinderstimme meiner Tochter: „Das glaube ich nicht, du bist bestimmt der Wolf und hast Kreide gefressen, damit deine Stimme wie Mamas Stimme klingt."

Ich war der Verzweiflung nahe, brauchte ich doch den Job und das Geld dringend zum Überleben. Ich bat Lisa, auf den Stuhl zu steigen und durch den Spion zu sehen, dass ich es wirklich bin. Sie folgte auch artig und stieg auf den Stuhl.

Mittlerweile war es schon 17:20 Uhr.
Lisa schaute durch den Spion und ich rief: „Siehst du, ich bin es, bitte öffne und gib der Mama den Autoschlüssel." Der Stuhl wurde gerückt, und dann schrie die kleine Kinderstimme hysterisch: „Nein, du bist nicht die Mama, du bist die Hexe oder die böse Stiefmutter und hast dich verkleidet."

Was nun?

Ich war am Verzweifeln und schrie: „Das sind doch Märchen, hier ist die Mama. Bitte öffne endlich die Tür.“ Erst als ich zu heulen begann und ihr erklärte, dass wir jetzt kein Geld hätten, um wie versprochen in den Zoo zu gehen, wurde mir Einlass gewährt.

Meine Verspätung von gut 30 Minuten beim Arbeitsantritt hatte zum Glück keine Folgen, da sich die Gäste auch ziemlich verspäteten. Meine zuvor erlebte Story erhöhte sogar mein Trinkgeld und trug zur Belustigung des Abends bei.

Als ich gegen kurz vor 1 Uhr wieder nach Hause kam, lag meine kleine Lisa tief schlummernd mit ihren Lieblingsbär Lumpi zufrieden in ihrem Bettchen.

Ich hatte doch ein sehr braves Mädchen.

Der, die, das Puff

Diese Geschichte habe ich aus der Sicht meines Enkelsohnes geschrieben. Mittlerweile ist er schon 18 Jahre alt und hat aufgrund der nachfolgenden Begebenheit keinerlei Schaden genommen.

Können Sie sich vorstellen, dass wir als Dreizehnjährige schon einmal in einem marokkanischen Freudenhaus waren? Meine Schwester und ich sind zweieiige Zwillinge und durften unsere Großeltern nach Casablanca begleiten. Es war ein Traum meiner Großmutter, auf den Spuren von Humphrey Bogart zu wandeln. Ich konnte das nicht ganz nachvollziehen, da mir weder der Film noch der Schauspieler etwas sagte.

Wir wohnten in einem Hotel direkt am Strand, der jedoch vom ersten Sonnenstrahl bis zum Sonnenuntergang von jungen Marokkanern zum Fußballfeld umfunktioniert wurde.

Strandspiele, Baden etc. waren nur bedingt möglich und der zum Hotel gehörige Pool lag leider im Schatten. Es war bereits Ende Oktober, und mit einer Außentemperatur von circa 20 °C zum Baden im Schatten zu kalt.

Casablanca (die weiße Stadt) sah nur aus der Vogelperspektive wirklich weiß aus. Grau, in manchen Gegenden total schmutzig, jedoch teilweise auch sehr bunt, wäre bezeichnender.

Unsere Großeltern versuchten, viel mit uns zu unternehmen. Wir besuchten die Moschee Hassan II mit dem 210 Meter hohen Turm, den Hafen, viele Märkte und das Quartier Habous (franz. Stadtviertel). Auch das Museum Slaoui mit seinen arabischen Kunstschätzen fehlte nicht.

Es gefiel uns alles sehr gut, und wir hatten trotz des nicht nutzbaren Strandes keine Langeweile. Das Einzige, was uns wirklich gar nicht behagte, war die marokkanische Küche. Unsere Geschmacksnerven und Mägen wollten sich einfach nicht daran gewöhnen. Zum Glück ist Casablanca eine Großstadt und unsere Lieblingslokale mit Pizzen, Hamburgern und Hühnchen waren gut vertreten. Die Großeltern fügten sich ohne Diskussionen unseren Essenswünschen. Unser Großvater, ein waschechter Hesse, der sich ebenfalls nicht an das Essen gewöhnen konnte, war direkt begeistert von der Speiseplanänderung.

So hielten wir gut neun Tage durch, dann kam der letzte Tag vor unserer Heimreise. Unsere Großeltern hegten den Wunsch, doch wenigstens einmal in ein "richtiges" Restaurant zu gehen und baten um dementsprechende Vorschläge. Ich hatte sofort die zündende Idee parat. Es gab unmittelbar gegenüber von unserem Hotel ein Restaurant mit der Werbeaufschrift auf Englisch, Französisch und Deutsch "Internationale Küche." Mir war dieses Restaurant schon gleich am ersten Tag unseres Urlaubs aufgefallen. Abends war der Eingang mit einer großen orangefarbenen arabischen Lampe wie aus Tausendundeiner Nacht beleuchtet. Rund um die Uhr ertönte arabische Musik, die mich sehr anzog.

Meine Großeltern fanden die Idee genial, da wir dadurch das Taxi sparten.

Gesagt, getan betraten wir abends ohne Reservierung das Lokal. Direkt am Eingang spielte ein arabisches Trio, und gegenüber war sogar noch ein Tisch frei. Wir wurden sofort nach dem Betreten des Lokals überaus freundlich begrüßt, und es wurde uns ein Tisch im ersten Stock angeboten. Wir wollten aber alle lieber in der Nähe der Musik sitzen und durften dort auch Platz nehmen. Der hintere Teil des Lokals war durch eine Glasscheibe abgetrennt. Dort saßen auffällig gestylte, marokkanische Frauen und rauchten Shishas. So etwas hatten wir in Casablanca bisher noch nicht gesehen. An unserem Nachbartisch saßen vier marokkanische Männer. Sie tranken Tee, wie es sich für gute Moslems gehört und rauchten ebenfalls Shisha. Während sie rauchten, spielten sie mit ihren Mobiltelefonen und reichten diese am Tisch herum.

Meine Großeltern sind eigentlich relativ normale und coole Leute. Meine Großmutter benahm sich aber irgendwie, aus einem mir unerklärlichen Grund, äußerst seltsam und schien superneugierig zu sein. Ihr Hals erreichte fast die doppelte Länge, ihre Augen waren weit geöffnet. Sie rückte auffallend nahe an den Nachbartisch und glotzte auf die Handys der Herren. Sie verdrehte nur ihre Augen, gab aber keinerlei Kommentar ab. Ich wollte ihr gerade einen kleinen Tritt unter dem Tisch verpassen, aber genau in diesem Moment rückte sie dann zum Glück wieder näher an unseren Tisch und stellte das aufdringliche Gaffen ein.

Nun kam endlich unser Essen, und es schmeckte vorzüglich. Mein Großvater saß mir gegenüber mit dem Rücken zur Musik und hatte dafür die Treppe ins Obergeschoss voll im Blick. Plötzlich erstarrte er. Sein Mund stand weit offen und das Stück Schnitzel, das auch sein Leibgericht ist, fiel ihm von der Gabel. Ich konnte leider die Treppe nicht sehen. Es entging jedoch nicht meiner Aufmerksamkeit, dass dort etwas Merkwürdiges im Gange sein müsste.

Es folgten Schritte auf der Treppe, und unten erschien eine total in Schwarz gekleidete Frau. Sie wirkte auf mich wie ein Vampir. Sie war bleich, hatte knallrote Lippen und trug einen riesigen Vampir-Umhang. Lange, schwarze Lackstiefel unterstrichen ihr Outfit. Die Gesichtsfarbe meines Opas hatte sich schlagartig geändert. Hatte er bisher noch einen rosigen Teint, schien dieser jetzt knallrot zu sein. Was war da passiert? Die Dame, welche meine Großeltern später Domina nannten, schritt zu den anderen Shisha-Raucherinnen und nahm hinter der Glasscheibe Platz.

Nachdem wir mit dem Essen fertig waren, gingen wir zurück in unser Hotel. Nun endlich klärten uns unsere weltoffenen Großeltern auf. Wir waren wohl in einem marokkanischen Freudenhaus mit guter Küche gelandet.

Die Männer vom Nachbartisch hatten die Shisha- Raucherinnen im Eva-Kostüm auf ihren Handys und trafen offensichtlich ihre Vorab-Auswahl. Die Domina trug unter ihrem schwarzen Umhang unten ohne und gewährte meinem Großvater somit tiefe Einblicke, als sie die Treppe hinunterschritt.

Ich bedauerte sehr, dass ich offensichtlich auf der falschen Seite des Tisches saß, denn 13-jährige Jungs finden unbekleidete Damen auch schon spannend.

Auch wenn mir die tiefen Einblicke verwehrt wurden, so kann ich aber jetzt schon bei gewissen Männergesprächen mitreden.

Ich war ja schließlich schon im zarten Alter von 13 Jahren in der, die, das Puff!

Der ungebetene Besucher Teil I

Endlich Sommerferien!

Ferien im Sommer, das sind die Highlights im Leben einer Lehrerin. Mein Gatte durfte zwar noch ein paar Tage vor unserem geplanten Urlaub arbeiten, aber ich konnte schon in aller Ruhe entschleunigen. Ich genoss den Sommerduft in unserem Hause, der durch die geöffnete Tür unseres kleinen idyllischen Wintergartens aus unserem bizarren Wildgarten strömte. Es war noch relativ früh am Morgen, mein Gatte hatte sich soeben auf den Weg zu seiner Arbeit verabschiedet. Ich beschloss, mich nochmals mit einer frischen Tasse Kaffee und meiner Morgenlektüre für ein Stündchen zur Ruhe zu betten. Die Temperatur war noch um die 20 Grad und somit ideal, um das Haus herunter zu kühlen.

Begleitet wurde ich von meinem außerordentlich hübschen und verschmusten Tigerkater namens Mäxchen. Nachdem Mäxchen meine Zeitung komplett zerlegt hatte, um sich seine erzwungenen Streicheleinheiten zu sichern, begab er sich endlich ans Fußende des Bettes und legte sich dort nieder. Mittlerweile war mir die Lust an den lokalen Neuigkeiten vergangen, und ich frönte meinem Laster. Der Fernseher im Schlafzimmer wurde angeschaltet. Ich döste bei einer anspruchslosen Morgensoap nochmals ein. Der Fernseher war auf Zimmerlautstärke eingestellt, und alle Türen des Hauses waren weit geöffnet. Unser Schlafzimmer befindet sich im ersten Stock unseres Hauses.

Um von unserem Garten in unser Haus zu gelangen, muss man erst den Wintergarten, dann unser Wohnzimmer und den Flur durchqueren. Anschließend führt eine Holztreppe nach oben in die Schlafräume.

Im Bett trug ich ein weißes American T-Shirt meines Mannes und einen weißen Schlüpfer, es war ja schließlich Sommer. Es war kurz vor 9 Uhr, als mich eine innere Strömung zum Erwachen brachte. Als ich meine Augen öffnete, landete ich in einem schlechten Horrorfilm. Meine Hirntätigkeit überschlug sich förmlich. Zeige keine Angst, wehre dich energisch, waren die ersten Impulse.

Stand doch unmittelbar vor meinem Bett ein schmächtiger blonder Fremder mittleren Alters. Er fixierte mich mit seinen wässrig blauen Augen und hatte einen abartigen, starren Blick. Gleich wird er mich würgen, schoss es mir durch den Kopf. Nicht mit mir!!!

Ich sprang wie eine Kung-Fu-Kämpferin aus dem Bett, stieß gleichzeitig einen animalischen, abscheulichen Schrei aus, ballte meine Fäuste und ging auf dem Blonden los. Mein ebenfalls dösendes Mäxchen sprang, aufgeschreckt durch meinen tierischen Schrei, voller Panik senkrecht in die Luft und brachte sich sofort unter unserem Bett in Sicherheit. Ich trieb den Blonden mit meinen waghalsigen Schritten und kreischenden Fragen die Treppe hinunter.

„Wo kommen Sie her, was fällt Ihnen ein, was wollen Sie etc.“, waren die Inhalte meiner Schreie.

Er ging rückwärts die Treppe hinunter und sah mir jetzt verängstigt und überrascht ins Gesicht. Er stammelte, er komme vom Schornsteinfeger. Ich schrie: „Blödsinn, der war erst vor zwei Tagen hier.“

Unten angekommen, lüftete sich das Geheimnis seines Besuchsanlasses. In unserem Flur lag ein Stapel mit aktuellen Zeitschriften. Er war Mitarbeiter einer Drückerkolonne und wollte laut eigenen Aussagen nur ein Zeitschriften Abonnement verkaufen. „Verlassen Sie sofort mein Haus, ansonsten hole ich den Revolver meines Mannes - und dann war es Notwehr!“ Ich schmiss ihm die Zeitschriften entgegen und öffnete weit unsere Haustür. Er begab sich auch ohne weiteren Widerstand nach draußen.

Unser kleines Neubaugebiet war wie ausgestorben. Waren doch alle außer mir bei der Arbeit. Ich rannte sofort durch unser Wohnzimmer und schloss die Wintergartentür zum Garten. Hier musste er sich Einlass verschafft haben. Gott sei Dank, endlich wieder in Sicherheit, signalisierte mein Hirn.

Mäxchen stand noch immer sehr misstrauisch oben an der Treppe und wagte sich nicht hinunter. So hatte er schließlich sein Frauchen noch nie erlebt.

Plötzlich setzten bei mir starke Kopfschmerzen, Brechreiz und Zittern am ganzen Körper ein. Ich packte es geradeso noch zur Toilette. Dort verbrachte ich eine entsetzlich lange Zeit. Es müssen Stunden gewesen sein. Offensichtlich stand ich unter Schock und hatte keine Gewalt mehr über meine Körperfunktionen. Mit anderen Worten: ich war zu nichts mehr fähig. Ich konnte weder die Polizei noch meinen Gatten anrufen und dachte, jetzt sterbe ich und werde in der Toilette gefunden. Erst gegen Abend hatte ich wieder meine Fassung zurück erlangt und erstattete meinem Gatten und der Nachbarin Bericht. Beide machten mir große Vorwürfe, dass ich nicht unverzüglich die Polizei kontaktiert hätte und dieser Eindringling nun ungeschoren davonkommen würde.

In meinen erlittenen Schock und die Überlebensangst konnten sie sich anscheinend nicht hineinversetzen. Die Vorwürfe wegen den leichtsinnig, weit geöffneten Türen zum Garten hin überwogen.

Egal, ich war am Leben, fühlte mich wieder gut und wusste für mich, dass Angriff die beste Art der Verteidigung ist. Hätte ich meinen Kopf unter der Bettdecke vergraben und meine Angst gezeigt, wäre ich bestimmt gewürgt worden. Davon bin ich auch heute noch überzeugt.

Leider war das jedoch noch nicht das Ende der Geschichte, aber das ist eine andere Story. Diese folgt in „Der ungebetene Besuchers Teil II."

Der ungebetene Besucher Teil II

Seit dem aufregenden, lebensbedrohlichen Eindringen des ungebetenen Besuchers waren nun genau vier Tage vergangen, und ich hatte meine Nerven und meinen Körper wieder voll im Griff.

Es war Freitag, ein wunderschöner Sommertag, und wir freuten uns auf unseren bevorstehenden Urlaub. Mein Gatte hatte nun auch endlich frei, unsere Tochter war im Ferienjob und unsere Katzen, Katerchen Mäxchen und Katze Mädi erkundeten den Garten.

Ich öffnete wiederum das Haus zum Garten hin, kochte Kaffee und servierte diesen mitsamt der Tageszeitung meinem Gatten im Bett. Anschließend begab ich mich ebenfalls wieder ins Bett und überschlug die neuesten Schlagzeilen der Tageszeitung.

Plötzlich wurde mir bewusst, dass ich ja wieder die Tür zum Garten hin geöffnet hatte und machte meinen Gatten darauf aufmerksam. Er lachte und sagte: „Der Kerl soll sich hier nur noch mal blicken lassen, dann lernt er meine rechte Faust kennen.“ Ich war beruhigt, stöberte weiterhin in der Zeitung und genoss den frischen duftenden Kaffee.

Meine Handtasche lag im Wohnzimmer und meine Geldbörse auf der schwarzen Kommode im Flur. Beides griffbereit für jeden Eindringling. In meinem Portemonnaie befanden sich neben einem beträchtlichen Betrag an Bargeld auch meine Scheckkarte und meine Kreditkarten.

Wir hatten geplant, an diesem Tag gegen 14 Uhr in unseren wohlverdienten Urlaub zu starten, um dann so gegen 17 Uhr bei meiner Freundin in Karlsruhe zu sein. Für den nächsten Tag beabsichtigten wir, die Fahrt nach Italien fortzusetzen.

Es lief alles nach Plan, kurz vor 14 Uhr mittags saßen wir in meinem weißen Golf Cabrio und fuhren in Richtung Frankfurt, um auf die Autobahn gegen Süden zu gelangen. Plötzlich stellte mein Gatte fest, dass der Bordcomputer einen Fehler anzeigte. Eine Glühbirne war defekt. Zum Glück hatten wir Ersatzlampen dabei und legten einen Stopp am amerikanischen Spezialitäten-Restaurant ein, um auf dem Parkplatz die Glühbirne zu wechseln.

Ich begab mich nach innen und kaufte noch zwei Getränke für die Weiterfahrt.

In Karlsruhe verlief alles harmonisch, und wir freuten uns auf das Wiedersehen mit unseren Freunden.

Als wir gerade beim Essen waren, schellte das Telefon. Es war unsere Tochter, die aufgeregt nach meiner

Scheckkarte fragte. Diese befand sich doch mit dem Bargeld, der Kreditkarte und dem Personalausweis in meiner Geldbörse, dachte ich!

Unsere Tochter berichtete, dass das Frankfurter Schnell-Restaurant angerufen hätte, meine Scheckkarte wäre dort gefunden worden, und sie würden die Karte in ihrem Safe für mich aufbewahren. Ich musste leider feststellen, dass meine Scheckkarte tatsächlich fehlte. Sie konnte eigentlich auch nicht so ohne Weiteres aus dem speziellen Fach herausgefallen sein. Ich hatte dort bar bezahlt und fand alles sehr merkwürdig.

Um mich rückzuversichern, beschloss ich, dort selbst noch einmal anzurufen. Meine Tochter hatte mit dem Abteilungsleiter, Herrn Braun, gesprochen. Ich wählte die Nummer und verlangte Herrn Braun. Leider gab es dort keinen Herrn Braun, und meine Scheckkarte war ebenfalls nicht dort gefunden worden. Über die Banken-Hotline ließ ich die Karte sofort sperren. Mein Bargeld und die beiden anderen Karten waren noch in der Geldbörse.

Wir informierten unsere Tochter und mahnten sie zur besonderen Aufmerksamkeit. Sie war 19 Jahre alt, hatte einen gleichaltrigen Freund. Beide hüteten unser Haus und die Katzen während unseres Urlaubs.

Am nächsten Tag setzten wir unsere Reise nach Italien fort.

Weitere drei Tage später erreichte uns ein erneuter Anruf von unserer Tochter.

„Mama, wir haben alle Angst, hier ist letzte Nacht eine Gestalt in unserem Garten herumgeschlichen, und bei den Nachbarn war er auch."

Felix, der 17-jährige Nachbarsjunge hatte unsere Tochter informiert.

Er hatte ebenfalls Angst, und seine Eltern befanden sich unglücklicherweise auch auf Reisen.

Einen Tag vor unserem Urlaubsende ereilte uns ein weiterer Anruf unserer Tochter mit folgendem Wortlaut: „Mama, wir sind wirklich froh, wenn ihr wieder nach Hause kommt. Letzte Nacht sind Tim und ich fast vor Angst gestorben, mitten in der Nacht kurz nach ein Uhr wurde plötzlich dreimal hintereinander in unserer Gästetoilette die Wasserspülung betätigt. Ich weckte Tim auf, und er ging bewaffnet mit einem Baseballschläger nach unten. Ich folgte ihm und wir schrien beide: „Wer ist da - verschwinde! Unten angekommen fanden wir die vermeintlichen Eindringlinge. Es waren unsere beiden Katzen. Der Kater Mäxchen hatte die Tür geöffnet und unsere blinde Katze Mädi saß auf dem Spülkasten, lauschte dem Wasserlauf und betätigte nach jedem Stoppen des Rauschens erneut die Spülung."

Jetzt lüftete sich endlich das Geheimnis unseres enorm hohen Wasserverbrauchs im letzten Jahr. Wir hatten schon einen versteckten Wasserrohrbruch vermutet. Der Schlüssel an unserer Gästetoilette steckte von nun an außen, und jeder Benutzer musste erst die Tür aufschließen.

Den Schlüssel zu betätigen, hatte unser Kater zum Glück noch nicht gelernt, aber Türklinken zu betätigen, waren für ihn eine Leichtigkeit.
Unsere Heimreise verlief ohne weitere Vorkommnisse. Meine Scheckkarte blieb jedoch verschwunden, und der Fremde wurde auch nicht mehr gesichtet.

Mich quälten trotzdem folgende Gedanken:

- der Besucher muss wieder im Haus gewesen sein
- er nahm meine Scheckkarte und rief bei uns an
- er folgte uns bis nach Frankfurt und erfand den falschen Namen des Abteilungsleiters

Oh Gott, wahrscheinlich hatte er es doch auf mich abgesehen?

Ich bin mir sicher, es war erneut der ungebetene Besucher!

Schuldgefühle

Können Sie sich vorstellen, wie es sich anfühlt, jeden Tag mit Schuldgefühlen zu leben? Der Tag beginnt mit schlechtem Gewissen und Seelenschmerzen und endet auch so.
Jahre und Monate konnte ich mit niemanden über meine Sorgen reden. Dies hatte zur Folge, dass ich ziemlich krank wurde. Ich magerte bis auf Kleidergröße 34 ab und war ein Nervenbündel. Freunde hatte ich kaum, aber dafür eine sehr fragwürdige Familie.
Meine Großeltern wären die einzigen Gesprächspartner gewesen, aber das wollte ich ihnen nicht zumuten.

Ich war mit 18 Jahren bereits geschieden und hatte eine zweijährige Tochter. Männer waren für mich nach dieser großen Enttäuschung nur sexhungrige Monster, die ausschließlich ihrem Trieb Folge leisten. Zu dieser Zeit war ich gar nicht mehr fähig, mir etwas anderes vorstellen zu können.

Ausgerechnet in dieser Phase traf ich Kai. Er war ein Arbeitskollege aus dem Hotel. Kai war Koch und wir waren zunächst nur beste Freunde. Wir teilten unsere Sorgen und die kleinen unangenehmen Streitigkeiten des Alltags. Kai hatte im Gegensatz zu mir schon sehr viel von der Welt gesehen, da er nach seiner Lehre zwei Jahre auf einem Schiff verbrachte.

Er war sehr belesen, sensibel, einfühlsam und zurückhaltend. Eigentlich genau das Gegenteil von meinem geschiedenen Gatten und wahrscheinlich das Beste für mich, dachte ich.

Nach einigen Monaten beschlossen wir, es gemeinsam zu versuchen. Wir zogen zusammen in eine Wohnung. Er zog zu mir.

Unsere Arbeitsstellen im Hotel kündigten wir beide und übernahmen eine Gaststätte, die wir eigenständig unter der Schirmherrschaft des Besitzers führen durften. Es war alles wunderbar, auch, dass Kai mit seinen 21 Jahren bis dato noch keinerlei sexuelle Erfahrungen hatte, störte mich nicht unbedingt.

Es war nur seine plötzliche Verhaltensänderung, die mich abstieß und mir Angst einflößte. Die Veränderung äußerte sich so, dass er mich permanent kontrollierte.

Ich hatte keine eigene Minute mehr. Selbst zum Frisör wurde ich begleitet. Besuchten männliche Gäste unsere Gaststätte, vergaß er vor lauter Eifersucht seinen Job in der Küche. Die Speisen verbrannten zum Teil oder waren total verwürzt.

Der Zustand unseres Zusammenseins - Tag und Nacht ohne Einschränkung - wurde zur Qual für mich. Er bestimmte sogar, welche Musik in unserer Freizeit gehört wurde. Klassische Werke von Wagner und melodramatische Werke der zu dieser Zeit berühmten Sängerin Alexandra bestimmten unser Leben. Begleitet wurde das Ganze mit Zitaten aus dramenbehafteten Romanen. Es war für mich ein Alptraum, und ich begann sehr schwermütig zu werden.

Zum Schutze meiner selbst beschloss ich zu handeln. Zur Gaststätte, die wir betrieben, gehörte auch eine leerstehende Wohnung. Ich drängte Kai, dort einzuziehen, um wenigstens wieder etwas Freiraum zu erlangen.

Er leistete meiner Bitte auch Folge und drohte mir jedoch sofort mit Selbstmord, falls ich es wagen würde, ihn zu verlassen.

Seine Auftritte waren für mich schauderhaft und abstoßend. Er heulte, lag auf den Knien vor mir und wenn ich ihn anflehte, dies zu lassen, verstümmelte er sich selbst. Einmal stach er sich mit einer Fleischgabel in die Hand und verbrühte sich mit kochendem Wasser. Es war abartig und abscheulich!

Wir arbeiteten bis in die Nacht hinein zusammen, und dann zog sich jeder in seine Wohnung zurück. Zum Glück hatte ich ein kleines Auto und konnte so relativ gut in meine circa drei km entfernte Wohnung flüchten. Kai hatte weder Auto noch einen Führerschein.

Die Ruhepause in der Gaststätte verbrachten wir überwiegend gemeinsam in Kais Wohnung. Ich ließ mich hauptsächlich darauf ein, um nicht noch mehr Stress zu provozieren.

Es war wieder eine Mittagspause an einem sehr kalten Tag Ende Januar. Kai nötigte mich, mit ihm Schach zu spielen. Er war ein hervorragender Spieler, und ich hatte keine Chance gegen ihn. Ich hasste dieses Spiel! Irgendwie muss ich über den langen, gut überlegten Zügen meines Gegners eingeschlafen sein.

Ich war für vielleicht höchstens 30 Minuten weggetreten. Egal wie, als ich aufwachte war Kai verschwunden!

Ich durchquerte die Wohnung und habe in der Gaststätte nach ihm gesucht. Alle Türen standen weit offen. Kai und beide Schlüsselbunde waren jedoch verschwunden.

Ich ging zurück in die Wohnung und fand bei der weiteren Durchsuchung drei leere Packungen von Schlaftabletten. Mir stockte der Atem. Ich rief sofort bei der Polizei an und bat um deren Hilfe. Dort wurde ich allerdings abgewiesen mit der Aussage: „Wo bitte sollen wir ihn denn hier suchen? Hannover ist groß!"

Ich wurde sofort weiter aktiv und bat einige Nachbarn mir zu helfen. Da ich den Eigentümer mit dem Ersatzschlüssel nicht erreichen konnte, sicherten wir die Räumlichkeiten, indem wir große Tische vor die Eingangstüren schoben. Die Nachbarn versprachen, den Haupteingang im Auge zu halten und zu überwachen.

Ich fuhr dann sofort los, um Kai zu suchen. Meine innere Stimme sagte mir: „Fahre in Richtung deiner Wohnung bis zum Ende der Stadt, dort beginnt der Wald, und Kai wird hier sein."

Es herrschten Minustemperaturen, und er musste schnellstens gefunden werden. Mit meinem Auto fuhr ich bis zum Waldrand, konnte aber niemanden sehen und stieg deswegen auch nicht aus dem Auto aus.

Es war mittlerweile schon 15 Uhr, und ich fuhr wieder zurück zur Kneipe. Der Besitzer war inzwischen mit den Ersatzschlüsseln eingetroffen und verriegelte alles. An der Tür brachten wir den Hinweis "Vorübergehend geschlossen" an.

An diesem Tage fuhr ich noch dreimal die Strecke bis zum Wald hin ab. Diese Strecke zog mich aus unerklärlichen Gründen magisch an. Erst bei Einbruch der Dunkelheit gab ich die Suche auf.

Ich informierte nochmals die Polizei und wurde jetzt mit den Worten abgewiesen: „Ihr Freund hat wahrscheinlich die Nase voll von Ihnen und ist auf der Flucht."

Meine Wohnung lag etwas außerhalb am Stadtrand in einer sehr ruhigen, relativ dunklen Wohngegend. Es war eine kleine Souterrain-Wohnung, von der Straße her schlecht einsehbar. Deswegen sparte man offensichtlich auch die Rollläden.

Die kommende Nacht war ein Albtraum. Jedes Geräusch ließ mich zusammenzucken.

Als ich total erschöpft in meinem Bett lag, klapperte es plötzlich an meinem Schlafzimmerfenster. Ich setze mich im Bett auf und rief: "Kai, bist du es?“ Zwei funkelnde Augen starrten in mein Zimmer, ich zitterte vor Angst.

Dann nahm ich meinen ganzen Mut zusammen, sprang aus dem Bett und ging in Richtung Fenster. Auf der Außenfensterbank saß eine große Tigerkatze. Sie wollte offensichtlich erkunden, warum hier um diese Zeit immer noch das Licht brannte. Die Beleuchtung hatte ich in der ganzen Wohnung eingeschaltet, weil ich die Dunkelheit in meiner derzeitigen Verfassung unerträglich fand.

Ich war froh, als es endlich Morgen war. Es war mittlerweile kurz vor acht Uhr und schon hell.

Noch vor dem Frühstück, der Morgenwäsche etc. begab ich mich wieder in mein Auto und fuhr in Richtung Wald, um die Suche nach Kai fortzusetzen. Der Wald zog mich immer wieder an, ohne dass ich eine Erklärung dafür hatte.

Kurz vor dem Waldrand sah ich endlich jemanden. Es war ein älterer Herr, der seinen Dobermann Gassi führte. Ich kurbelte die Autoscheibe herunter, erzählte ihm meine Geschichte und beschrieb Kais Kleidung - schwarze Lederjacke mit Fellbesatz und Jeans. Der fremde Herr versprach mir Ausschau nach einem 1,85 Meter großen schlanken, blonden Mann zu halten.

Anschließend fuhr ich in meine Wohnung zurück, erledigte meine Morgentoilette und versuchte, mich zu sammeln.

Etwa zwei Stunden später, ich wollte gerade wieder losfahren und weitersuchen, erschienen zwei Kripobeamte bei mir. Sie berichteten, dass man Kai gefunden habe, und er sei leider erfroren. Sie berichteten ferner, dass ihn ein Spaziergänger mit Hund gefunden hätte.

Der Fundort lag keine drei Meter vom Waldrand entfernt. Kai muss mich bei meiner ersten Suchaktion noch gesehen haben. Wäre ich doch nur aus meinem Wagen ausgestiegen, dann hätte ich ihn noch retten können.

Ich wurde von der Kripo ins Präsidium bestellt, musste dort viele Fragen beantworten und durfte dann Kai im Leichenschauhaus identifizieren. Es war der blanke Horror. Kai lag dort blau und steif gefroren mit offenem Mund. Seine Zähne sahen wie anormale Hauer aus. Nicht einmal das Erbrochene von den Schlaftabletten hatte man von seinem Kinn und den Wangen entfernt. Diesen entsetzlichen Anblick wurde ich in meinem ganzen Leben nicht mehr los.

Die Kripo präsentierte mir auch einen Abschiedsbrief, dieser war persönlich an mich gerichtet und befand sich in Kais rechter Jackentasche.

Es war alles so abscheulich, dass mich kurzzeitig meine Kräfte verließen. Die Kripobeamten zeigten keinerlei Regung. Sie vergrößerten sogar noch mein Leid, indem sie den Abschiedsbrief in Kopie, ohne mich vorher um Erlaubnis zu fragen, an eine große renommierte Tageszeitung gaben.

Nach dieser Veröffentlichung wurde ich pausenlos angerufen, wie zum Beispiel von alten Kollegen aus dem Hotel. Beschimpfungen, Beleidigungen und Sexangebote waren an der Tagesordnung. Einer der alten Kollegen bedrohte mich sogar, und ich hatte Angst um mein Leben. Daher beschloss ich, Hannover so schnell wie möglich zu verlassen und suchte nach einer Bleibe in Frankfurt.

Beim Einpacken meiner Habseligkeiten fand ich in meinem Kleiderschrank ein Päckchen mit der Aufschrift: "Bitte erst nach meinem Tod öffnen und lesen!" Mich schauderte es erneut, und ich bekam bereits Magenschmerzen bevor ich das Päckchen überhaupt geöffnet hatte. Was wird das jetzt wieder sein? Es war das Buch von Johannes Mario Simmel "Liebe ist nur ein Wort" mit einer persönlichen Widmung von Kai an mich.

In Frankfurt angekommen begann ich das Buch zu lesen und es gruselte mich erneut. Es schien unsere Geschichte zu sein. Mir war die Rolle von Verena Lord zugeschrieben, und Kai spielte bis zu seinem Ende die Rolle von Oliver Mansfeld.

An meinem neuen Wohnort angekommen, fasste ich relativ schnell Fuß und fand auch eine gute Arbeit. Mein schlechtes Gewissen ließ mich jedoch nicht mehr los. Täglich machte ich mir Vorwürfe, dass ich Kai einmal im Taumel der ersten Gefühle meine Liebe geschworen hatte.

Alle drei bis vier Monate, besonders nach Alkoholkonsum, hatte ich meinen sogenannten Moralischen und schwor mir, nie wieder einem Mann meine Liebe zu gestehen.

Dieser ganze Zustand zog sich fast vier Jahre hin. Mittlerweile war ich 23 Jahre alt, hatte einen sehr netten neuen Lebensgefährten, aber die Schuldgefühle nagten nach wie vor an mir. Auch die Aussagen meines neuen Freundes: "Mach dir keine Vorwürfe mehr, Kai war ein kranker Mensch", halfen nicht.

Die spätere Kenntnis, dass Kai mit 17 schon einmal einen Selbstmordversuch unternommen hatte, änderte leider auch nichts an meinen Schuldgefühlen. Ich fühlte mich nach wie vor mitverantwortlich für seinen Tod.

Noch in diesem Jahr sollte sich mein Leben komplett verändern. Es war wieder Winter und es schneite heftig. Ich war auf dem Nachhauseweg von der Arbeit und fuhr mit ca. 30 km/h in einer Kolonne, als plötzlich ein Van mit überhöhter Geschwindigkeit und abgefahrenen Reifen frontal auf meinen Wagen knallte.

Schwer verletzt wurde ich in die Uniklinik gefahren. Ich war am Sterben! Klinisch war ich bereits tot. Die Ärzte versuchten jedoch, mich zurück zu holen.

Mit 23 Jahren schien es Ihnen noch viel zu früh für mich. Ich hörte ihre aufgeregten Ansagen.

Sie holten den Professor, einen Spezialisten, hinzu, und er erteilte weitere Befehle.

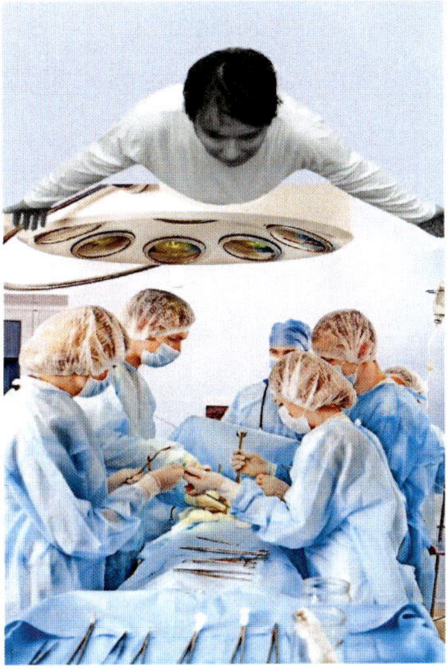

Mein Blutverlust war enorm: 3,5 Liter, und es gab keine vorrätigen Reserven. Ich schwebte über dem OP-Tisch und beobachtete alles von oben. Da lag ich nun, ein Haufen Elend. Ich war bereit, diesen Haufen Elend hinter mir zu lassen und zu entschweben.

Dann erschien Kai und schrie: "Jetzt kriege ich dich doch!" Er streckte die Hände nach mir aus, zerrte an mir und lachte hämisch. Er schrie immer wieder: "Ich kriege dich."

Das muss das sogenannte Jüngste Gericht sein, schoss es mir durch den Kopf. Wahrscheinlich ist das die Hölle. Nur, hierhin wollte ich nicht und schon gar nicht zu ihm. Ich wehrte mich und schrie, ohne meine Lippen zu bewegen: „Du bekommst mich nie!"

Durch einen unmenschlichen Schmerz erlangte ich für kurze Zeit mein Bewusstsein zurück und war wieder am

Leben. Blutkonserven wurden eingeflogen, und ich wurde stabilisiert.

Ich hatte es noch einmal geschafft und war dem vermeintlichen Fegefeuer entkommen.

Über dieses Erlebnis aus dem Jenseits konnte ich lange Zeit mit niemandem reden.

Meine Schuldgefühle bin ich aber nach dem "Treffen im Jenseits mit Kai" für immer losgeworden.

Das Mokkatässchen

Mindestens ein- bis zweimal wöchentlich musste unsere Mama zu ihrer Mutter nach Paulsberg, um nach dem Rechten zu sehen.

Oma Else war seit vielen Jahren kränklich und schaffte ihre Hausarbeit nicht mehr alleine. Sie war eine herzensgute Person, aber leider immer nur am Jammern. Überhaupt war ihre Krankheit nicht das schwache Herz, sondern sie sehnte sich nach Anerkennung.

Unser quirliger, kerngesunder und sehr erfolgreicher Opa Karl konnte damit gar nicht umgehen. Seine Anerkennung bestand darin, zu meckern, wenn das Mittagessen nicht pünktlich aufgetragen wurde. Ansonsten fand er nur abwertende und verachtende Worte für Else.

Auch die restliche Familie schenkte ihr keine große Beachtung. Nur ihre Schwester und Nichte behandelten sie sehr liebevoll. Else verbrachte deswegen mindestens einen Nachmittag wöchentlich in ihrem Elternhaus, welches am anderen Ende des Ortes stand.

Unsere Mama war der Meinung: So eine überempfindliche, wehleidige und schlampige Ehefrau hätte ihr Papa nicht verdient. Während Mama im Hause der Oma Else putzte und für Ordnung sorgte, gab sie auch dementsprechende Kommentare ab: "Mutter lass dich nicht so hängen. Sei froh, dass Papa sich längst nicht schon eine andere Frau gesucht hat", waren ihre üblichen Sprüche.

Für mich und meine Schwester war es deswegen fast unmöglich, diese Oma zu akzeptieren. Verstärkt wurden unsere Gefühle noch dadurch, dass Else sehr ängstlich und extrem langsam war.

Opa Karl war das Gegenteil. Unternehmungslustig und sehr wendig. Das imponierte uns mehr. Opa Karl stammte im Gegensatz zu Else aus einem sehr ärmlichen Hause. Sie hatten sieben Kinder, und die Eltern hatten schwer zu kämpfen, alle durchzubringen. Der Uropa, sein Vater, war ein sehr naturverbundener Bursche gewesen und züchtete Bienen. Sein Erkennungszeichen war eine rote Rose, die er während der Sommerzeit immer zwischen den Zähnen hielt, wenn er seine Bienen besuchte. Das hat uns unsere Mama erzählt, wir haben ihn leider nicht mehr kennengelernt.

Es war nun wieder einer dieser schönen Spätsommertage, und wir waren bei Oma Else. Ich war fünf und meine Schwester drei Jahre alt. Wir zogen beide die gleichen selbst genähten Sommerkleidchen von unserer Tante Lieschen an, und ich hatte mir sogar gegen meinen Willen Zöpfe flechten lassen.

Unsere Mama konnte uns an diesen Tagen nur bewegen, mit zur Oma Else zu fahren, weil sie uns versprach, dass wir heute unsere Uroma Karoline kennenlernen würden. Wir waren sehr neugierig auf sie. Eine Uroma, so etwas hatten nicht viele in dieser Zeit.

Kaum in Paulsberg angekommen, nervten wir und wollten unverzüglich unsere Uroma sehen. Mama hatte natürlich keine Zeit, wie immer.

Sie war hauptberuflich Geschäftsfrau und hatte zusätzlich zwei Haushalte zu führen. Alles wurde nur mit der entsprechenden Hektik geschafft.

Meine Schwester und ich wurden sehr oft schon alleine losgeschickt. Ich trug im Alter von fünf Jahren die volle Verantwortung und übernahm damit die klassische Erstgeborenen- Rolle. Diese Rolle wurde ich erst kurz vor meinem 40. Geburtstag wieder los und erfreulicherweise ohne Selbsthilfegruppe oder Psychologen. Eigenverantwortung sollte im Erwachsenenalter von jeder Person selbst getragen werden.

Unsere Mama gab uns eine kurze Wegbeschreibung, und wir machten uns auf zu unserer Uroma. Wir gingen die Hauptstraße in Paulsberg hinunter und blieben wie befohlen am Straßenrand. Es fuhren zu dieser Zeit zum Glück kaum Autos auf dem Lande.

Wir mussten die Häuser zählen, und an dem fünften Haus von oben, sollten wir die Straße überqueren und in einen Hof zu dem ältesten kleinen Fachwerkhaus gehen.

Mama sagte vorab: „Das Haus ist schon sehr alt und sieht nicht mehr schön aus. Die Fenster sind im Sommer immer geöffnet und eure Uroma sitzt dort an einem der Fenster.“ Sie wohnte dort alleine.

Nun standen wir in dem besagten Hof, sahen das schäbige Häuschen mit den geöffneten Fenstern. Wir standen dort wie angewurzelt und staunten. Am Fenster saß eine uralte, damals fast 80-jährige Frau, ganz in Schwarz mit schwarzem Kopftuch. Sie sah trotz der düsteren Kleidung gütig aus und lächelte uns an.

Ich war beeindruckt, weil sie ununterbrochen mit ihrem Kopf wackelte und mich an die Wackelhunde erinnerte, die damals groß in Mode waren. Fast jeder zweite Mensch mit Auto hatte so ein Tier auf seiner Rückbank sitzen, nur wir leider nicht.

„Hallo ihr zwei feinen Mädchen, wo seid ihr denn her?“ begrüßte uns die alte Frau. Wie uns vorab aufgetragen, antworteten wir im Chor: „Wir sind Irmis Kinder und wollen dich besuchen.“ Unsere Uroma freute sich sehr, uns zu sehen. Das alte Gesicht strahlte, ihre Augen wurden feucht und glänzten.

Sie bat uns, einen Moment zu warten, weil sie etwas für uns holen wollte. Es dauerte für uns Kinder unendlich lange, bis unsere Uroma Karoline wieder am Fenster erschien. Das Aufstehen und das Laufen mussten doch recht beschwerlich für sie sein.

Als sie zurückkam, reichte sie uns zwei kleine, wunderschöne goldene Mokka-Tässchen aus dem Fenster und sagte: "Diese habe ich extra für Irmis Mädchen aufgehoben, damit sie ein Andenken an ihre Uroma haben."

Das war die einzige Begegnung mit meiner Uroma Karoline, an die ich mich erinnern kann.

Das Mokkatässchen habe ich heute noch und vielleicht kann ich es ja einmal an meine Urenkel weitergeben? Die müssen jedoch noch erst geboren werden.

Ich liebe das Mokkatässchen und werde Karoline nicht vergessen! Schön, dass ich sie überhaupt kennenlernen durfte.

Das Durchschnittsalter betrug 1960 bei Frauen 72 Jahre, und Männer erreichten mit viel Mühe meist nur 67 Jahre! Karoline und wir hatten großes Glück!

Unsere Oma Else erreichte trotz mangelnder Anerkennung und einem großen Schicksalsschlag ein stolzes Alter von 86 Jahren. Ihre Tochter, unsere Mama verunglückte tödlich mit 28 Jahren.

Als Erwachsene sah ich Oma Else mit anderen Augen und hatte mehr Verständnis für ihre Situation. Sie war ein sehr liebenswerter Mensch!

Das Weihnachtskarussell

Immer, wenn wir den Weihnachtsmarkt besuchen und das alte, nostalgische Kinderkarussell sehen, begleitet uns ein wunderbares Geschenk. Es ist die Erinnerung an die erste Karussellfahrt unserer Enkelkinder.

Leon war gerade erst ein Jahr alt geworden und besuchte zum ersten Mal in seinem jungen Leben einen Weihnachtsmarkt. Leon ist ein Zwillingskind, und beide Kinder hatten als „Frühchen" einen super schweren Start ins Leben. Seine Schwester Luisa war leider noch schlimmer dran, da sie zusätzlich noch mit einem schweren Herzfehler geboren wurde. Sie und unsere Tochter befanden sich zu diesem Zeitpunkt immer noch in der Herzklinik.

Ich kaufte zwei Karten für das Karussell, setzte Leon auf ein Pferdchen und stellte mich daneben, um ihn festzuhalten. Die Musik, die Lichter und dann noch die beginnende Karussellfahrt verzauberten den kleinen Mann.

Ein Strahlen und lautes „Krähen“ vor Freude begleiteten die Fahrt. Der Großvater stand vor dem Karussell, beobachtete uns aufmerksam und auch sein Gesicht spiegelte eine große Freude wider. Man konnte fast seine Gedanken lesen: „Endlich hat es der kleine Kerl geschafft und kann sein Leben genießen."

Nach dieser Karussellfahrt und einem Rundgang auf dem Weihnachtsmarkt haben wir uns dann auf den Heimweg begeben. Unser kleiner Leon schlief sofort zufrieden im Auto ein.

Kurz vor unserem Heimatort ertönte im Autoradio das Lied „Always on my mind“ von Elvis Presley. Der kleine Leon öffnete seine Augen und summte die Melodie mit. Mein Mann und ich glaubten an ein Wunder.

Als wir die Geschichte zu Hause erzählten, hielten uns alle für leicht bis mittelschwer senil. Es war unmöglich, dass ein einjähriges Kind in der Lage sein sollte, eine Melodie mit zu summen. Wir waren trotzdem davon überzeugt, dass unser Enkelsohn hochmusikalisch sein muss.

Ein Jahr später konnten wir auch endlich den Weihnachtsmarkt mit unserer kleinen Enkeltochter Luisa besuchen. Sie strahlte bereits in unserem Auto wie eine kleine Prinzessin. Ihre Gedanken konnten wir förmlich lesen: "Endlich nehmen die mich auch einmal alleine mit!“ Stand sie doch bisher krankheitsbedingt immer ihrem Bruder nach und musste sich dadurch oft zurückgesetzt fühlen.

Das kleine Herz war krank, aber der Verstand war bereits sehr ausgeprägt. Auch sie durfte zum ersten Mal in ihrem Leben mit dem schönen, alten, nostalgischen Karussell fahren und saß auf dem gleichen Pferdchen wie ihr Bruder Leon im letzten Jahr.

Ihr Strahlen während der Fahrt erhellte zusätzlich den gesamten Weihnachtsmarkt. Es hat sich tief in die Herzen ihrer Großeltern eingeprägt.

Heute sind unsere Zwillinge 18 Jahre alt und tolle Kinder. Leon ist selbstverständlich hochmusikalisch und spielt sehr gut Klavier.

Luisa ist eine super Schülerin und möchte bereits seit ihrem vierten Lebensjahr gerne Tierärztin werden.

„Leckeres“ Nachwort:

Vielleicht wurden Sie ja durch die ein oder andere kleine Geschichte zum Vorlesen inspiriert?

Damit sich alle so richtig wohlfühlen, möchte ich Ihnen nicht das Waffel-Rezept vorenthalten, welches ich in einem kleinen Heimatmuseum auf einem alten Waffeleisen entdeckt habe.

Die Mengenangabe auf dem Eisen reicht für eine Großfamilie mit acht bis zehn Personen.

Hervorragend zu diesen köstlichen Waffeln passt noch eine gute Tasse Kaffee oder ein leckerer englischer Tee.

Ich wünsche Ihnen gute Entspannung und viel Spaß.

Uraltes Waffelrezept

Sehr lecker!!!

In der modernen Küche kann dieses Rezept auch mit dem Thermomix zubereitet werden. (Hefe, Milch und Zucker bei 37°C ansetzen, dann die restlichen Zutaten hinzufügen, Knetteigeinstellung aktivieren und in weniger als drei Minuten ist der Teig fertig).

Zutaten auf dem Waffeleisen:

2 Pf. Mehl

1,5 Liter Milch

6 - 8 Eier

3/4 Pf. Butter

20 g Hefe

80 g Zucker

Erworbene Bildquellen:

Cover Photo: CanStockPhoto Things, durch Autorin bearbeitet

OPBild: CanStock Photo Bild csp 1027743, durch Autorin bearbeitet

ISBN 978-3-00-056219-8